Großes Übungsbuch Spanisch NEU

Grammatik

Pedro Álvarez Olañeta
Trinidad Bonachera Álvarez

Hueber Verlag

3. 2. 1. | Die letzten Ziffern
2018 17 16 15 14 | bezeichnen Zahl und Jahr des Druckes.
Alle Drucke dieser Auflage können, da unverändert, nebeneinander benutzt werden.
1. Auflage

Umschlaggestaltung: creative partners gmbh, München
Umschlagfoto: Frau © iStockphoto/ZoneCreative, Keulen und Hand © Thinkstock/iStockphoto
Redaktion: Jürgen Frank, Hueber Verlag, München; Valerio Vial, München
Layout + Satz: Sieveking · Agentur für Kommunikation, München
Druck und Bindung: Auer Buch + Medien GmbH, Donauwörth
Printed in Germany
ISBN 978-3-19-107906-2

VORWORT

Das **Große Übungsbuch Spanisch** richtet sich an Lernende mit Grundkenntnissen, die sich die spanische Grammatik intensiv aneignen wollen. Das Buch lädt außerdem zur Auffrischung und Wiederholung ein.

Das **Große Übungsbuch Spanisch** kann sowohl im Selbststudium als auch kursbegleitend in Schulen, Sprachenschulen, Volkshochschulen und Hochschulen eingesetzt werden.

Das **Große Übungsbuch Spanisch** umfasst alle wichtigen Themen der spanischen Gegenwartsgrammatik, die in 300 kompakten Übungen abgehandelt werden. Das Buch geht dabei gezielt auf die Probleme und Schwierigkeiten ein, die sich einem Spanischlernenden stellen.

Das **Große Übungsbuch Spanisch** bietet eine Vielzahl unterhaltsamer, didaktisch sinnvoller Übungstypen, die je nach Thema gezielt ausgewählt wurden: Lückentexte, Satzrekonstruktionen, Zuordnungsübungen, Vervollständigung von Tabellen, Multiple Choice und Übersetzungen.

Anschauliche Beispiele zeigen, wie bestimmte Übungen funktionieren.
Neue, dem Alltagsleben entnommene Vokabeln werden automatisch über die Übungen vermittelt.

Jede Lerneinheit beginnt mit einer knappen einleitenden Erklärung zu dem jeweiligen Grammatikthema. Die angehängte Wortschatzliste am Ende jeder Übung erspart ein langes Nachschlagen in Wörterbüchern.

Selbstverständlich enthält das Buch auch die Lösungen zu allen Übungen und eine Liste der gebräuchlichsten grammatischen Fachbegriffe.

Das **Große Übungsbuch Spanisch** bietet Ihnen so die Möglichkeit, Ihr Spanisch kompakt und konsequent zu verbessern.

Die Autoren und die Redaktion wünschen Ihnen viel Vergnügen, Ausdauer und Kurzweil.

¡Mucha suerte!

LERNTIPPS

Wie arbeiten Sie optimal mit diesem Buch?

Sie möchten Übungen zu einem Thema machen, das Sie schon kennen?

Lesen Sie zunächst die Einleitung am Anfang einer Lerneinheit und wiederholen Sie dadurch Ihr Grundwissen. Bearbeiten Sie dann die dazugehörigen Übungen und vergleichen Sie anschließend Ihre Lösungen mit dem Schlüssel im Buch.

Sie möchten Übungen zu einem Thema machen, das Sie noch nicht kennen?

Studieren Sie hierzu das Thema zuallererst ausführlich in Ihrem Grammatikbuch. Nehmen Sie anschließend ihr **Großes Übungsbuch Spanisch** zur Hand und lesen Sie aufmerksam die Grammatik-Erklärungen zu dem von Ihnen ausgewählten Thema durch. Dann bearbeiten Sie die zu dem jeweiligen Thema passenden Übungen. Überprüfen Sie anschließend Ihre Lösungen anhand des Schlüssels im Buch. Eventuell müssen Sie eine Übung mehrmals machen. Auch ist es sinnvoll, eine gewisse Zeit verstreichen zu lassen, bis sich die Lerninhalte „gesetzt haben", und dann eine Übung zu einem späteren Zeitpunkt noch einmal zu machen.

Sie möchten sich den Wortschatz zu den Übungen einprägen?

Da es sinnvoller ist, Vokabeln im Kontext zu lernen, empfiehlt es sich, zuerst die Übung zu machen. Lesen Sie danach die dazugehörige Vokabelliste zwei bis drei Mal durch. Dann decken Sie die deutsche Spalte ab und versuchen, die spanischen Wörter zunächst ins Deutsche zu übersetzen. Später decken Sie die spanische Spalte ab und verfahren umgekehrt. Wiederholen Sie diesen Vorgang ruhig mehrmals. Gehen Sie auch die Vokabeln von unten nach oben durch, um sie nicht immer in derselben Reihenfolge zu üben. Schließlich markieren Sie die Wörter, die Ihnen am meisten Schwierigkeiten bereiten, und wiederholen diese gesondert.

Beachten Sie auch den folgenden Hinweis:

Im gesamten Übungsbuch wird auf die *Große Lerngrammatik Spanisch* von Hueber mit der Abkürzung *Gr LGr* verwiesen.

INHALTSVERZEICHNIS

AUSSPRACHE UND SCHREIBUNG

→ Gr LGr S. 20–58

Die wichtigsten Ausspracheregeln des Spanischen

c	vor *a*, *o*, *u*, **Konsonant**	[k]	**k** in Karte
	vor *e*, *i*	[θ]	englisches **th** in **th**anks
ch	immer	[tʃ]	**tsch** in **tsch**üss
g	vor *a*, *o*, *u*, **Konsonant**	[g]	**g** in Garten
	vor *e*, *i*	[x]	**ch** in Da**ch**
gu	vor *e*, *i*	[g]	**g** in Garten
gü	vor *e*, *i*	[gw]	**gu** in **Gu**elfen
j	immer	[x]	**ch** in Da**ch**
ll	immer	[ʎ]	enge Verbindung von **l** und **j**
ñ	immer	[ɲ]	enge Verbindung von **n** und **j**
qu	vor *e*, *i*	[k]	**k** in Karte
z	immer	[θ]	englisches **th** in **th**anks

1 **Welches Wort passt der Aussprache nach nicht in die jeweilige Gruppe?**

[b] vaca, vena, whisky, vino, boca, burro
[θ] plaza, cero, cine, poco, pozo, azúcar
[k] casa, queso, cesta, kilo, tequila, cosa, cuna, claro, clima, crema, crisis
[g] gas, guerra, gesto, guiso, gota, gusto, grande, globo
[x] jamón, geranio, jefe, jirafa, gimnasia, Goya, joya, jugar
[r] rata, pera, arte, trabajar, padre, brazo
[rr] perra, resto, Enrique, rico, roto, pero, ruso

la vena	die Vene	**el globo**	die Kugel, der Luftballon
el burro	der Esel		
el pozo	der Brunnen	**el geranio**	die Geranie
la cesta	der Korb	**la joya**	der Schmuck
la cuna	die Wiege	**la rata**	die Ratte
el gesto	die Geste	**la pera**	die Birne
el guiso	der Eintopf	**roto**	kaputt
la gota	der Tropfen		

Betonung

Hier die Regeln:

a. Mehrsilbige Wörter, die auf **Vokal**, *n* oder *s* enden, werden auf der vorletzten Silbe betont:
cantan (sie singen), *tijeras* (Schere), *espalda* (Rücken).

b. Mehrsilbige Wörter, die auf **Konsonant** außer *n* oder *s* enden, werden auf der letzten Silbe betont:
aprender (lernen), *girasol* (Sonnenblume), *ciudad* (Stadt), *nariz* (Nase).

c. Mehrsilbige Wörter, die von den oben genannten Regeln abweichen, tragen einen grafischen Akzent auf dem betonten Vokal:
melón (Melone), *portugués* (Portugiese), *mamá* (Mama), *azúcar* (Zucker), *Rodríguez*, *cámara* (Kamera), *México*, *pájaro* (Vogel).

Wichtig!

- Diphthonge gelten als eine Silbe. Im Spanischen können *i* oder *u* untereinander oder mit einem der Vokale *a*, *e* und *o* einen Diphthong bilden, aber nur, wenn *a*, *e* oder *o* den Silbenton (nicht unbedingt den Wortakzent) trägt:
  hue-so (Knochen), *rui-do* (Lärm), *bai-lar* (tanzen).
  Ist das *i* oder *u* (in Verbindung mit *a*, *e* und *o*) dagegen betont, gilt es als zwei Silben und wird durch einen grafischen Akzent angezeigt: *o-ír*, *incre-í-ble*, *Ma-rí-a*.
- Wenn sich die Vokale *a*, *e* und *o* untereinander verbinden, bilden sie verschiedene Silben (man spricht von „Hiatus"), wobei jeder seinen Lautwert behält: *hé-ro-e* (Held), *ca-er* (fallen), *pe-le-a* (Streit).
- Normalerweise tragen die einsilbigen Wörter keinen grafischen Akzent, aber eine Reihe von gleichlautenden einsilbigen und zweisilbigen Wörtern tragen ihn zur Bedeutungsunterscheidung: *sí* (ja) / *si* (wenn / ob), *té* (Tee) / *te* (dich / dir), *sólo* (nur) / *solo* (allein) usw.
- Ausrufe- und Fragewörter tragen einen grafischen Akzent: *¿Qué quieres?* (Was willst du?)

2 A **Lesen Sie die folgenden Wörter, in denen die betonten Silben unterstrichen sind, und entscheiden Sie dann, ob sie mit oder ohne grafischen Akzent geschrieben werden.**

rapidamente (schnell), *caracter* (Charakter), *programa* (Programm), *oficina* (Büro), *lapiz* (Bleistift), *imagen* (Bild), *dificil* (schwierig), *todavia* (noch), *petroleo* (Erdöl), *caos* (Chaos), *violin* (Geige), *cumpleaños* (Geburtstag), *pais* (Land), *ultimo* (letzter), *ojo* (Auge), *pierna* (Bein), *panaderia* (Bäckerei), *alfiler* (Stecknadel), *sabado* (Samstag), *aleman* (Deutscher), *arbol* (Baum), *traido* (gebracht), *balcon* (Balkon), *balcones* (Balkone), *gramatica* (Grammatik), *caida* (Fall / Sturz), *miel* (Honig), *baul* (Truhe), *medio* (halb), *dia* (Tag)

2 B **Entscheiden Sie jetzt, welches der folgenden gleichlautenden Wörterpaare den grafischen Akzent trägt.**

	a.		b.
1. a.	Habla de la ciudad.	b.	Quizás ese pianista de un concierto en la catedral.
2. a.	Quiero mas dinero.	b.	... mas no te quiero.
3. a.	Se la verdad.	b.	Se llama Marcos.
4. a.	Tu no sabes nada.	b.	He visto a tu padre.
5. a.	Me duele el brazo.	b.	He hablado con el.
6. a.	Me voy a mi casa.	b.	No es para mi.
7. a.	¿Cual prefieres?	b.	El chico del cual te hablé ...
8. a.	Aun no he terminado.	b.	Aun por la noche trabaja.
9. a.	No me gusta este coche.	b.	Este no es su coche.
10. a.	Solo quiero saludarte.	b.	No quiero estar solo.

quizás	vielleicht	**doler**	wehtun
mas – más	aber – mehr	**aun – aún**	sogar – noch
la verdad	die Wahrheit	**saludar**	grüßen

3 **Trennen Sie nun die Wörter von Übung 2 a) nach Sprechsilben.**

4 **Schreiben Sie die folgende Postkarte ab und ergänzen Sie dabei Kommas, Frage- und Ausrufezeichen sowie grafische Akzente. Entscheiden Sie auch, ob die Wörter klein- oder großgeschrieben werden.**

querida veronica

como estas. yo me lo estoy pasando muy bien en cordoba. he conocido a un chico muy simpatico que se llama victor con el que ya he hecho varias excursiones a otras ciudades de andalucia. mañana si hace buen tiempo vamos a ir a cadiz a la playa. tambien nos acompañara un chico ingles que por cierto es guapisimo.

y tu. cuando te vas de vacaciones. tu estaras en canada cuando yo regrese a casa.
que suerte.

bueno un besito y hasta pronto.

barbara

pasárselo bien	Spaß haben	**la suerte**	das Glück
acompañar	begleiten	**el besito**	das Küsschen
regresar	zurückkehren	**hasta pronto**	bis bald

SUBSTANTIVE

→ Gr LGr S. 60–65

Genus regelmäßiger Substantive

Wir beginnen mit den Substantiven, die auf Vokal enden. Am schwierigsten sind die Substantive auf *-e*, da sie maskulin oder feminin sein können.

Singular	Genus	Beispiel
auf *-o*	maskulin	*libro*
auf *-a*	feminin	*plaza*
auf *-e*	maskulin	*puente*
	feminin	*noche*

5 **Maskulin oder feminin? Ordnen Sie die Substantive dem passenden Feld zu.**

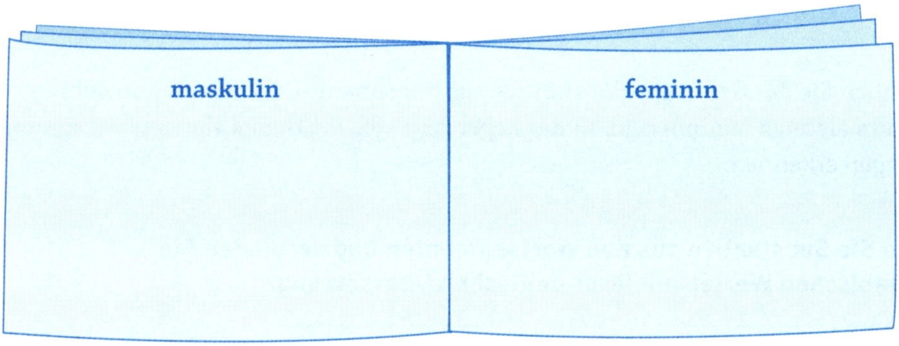

bolso pelo vino lengua diente puerta revista cara cabeza queso noche dedo costumbre calle equipaje brazo sofá té ventana pierna cuchillo periódico bolsa boca bolígrafo plato

diente	Zahn	**cuchillo**	Messer
lengua	Sprache, Zunge	**equipaje**	Gepäck
revista	Zeitschrift	**bolso**	Handtasche
bolígrafo	Kugelschreiber	**bolsa**	Tasche

6 Vervollständigen Sie die Sätze mit dem passenden Substantiv.

carne • tomate • fuente • coche • nombre • uniforme • pie • torre • nieve • llave

1. Antonio siempre va al trabajo en autobús porque no tiene ....
2. En algunos colegios los niños llevan ....
3. La iglesia de mi pueblo sólo tiene una ....
4. ¿Qué prefieres comer hoy .... o pescado?
5. No sé dónde está la .... de la casa.
6. No podemos ir a esquiar porque no hay .... en las montañas.
7. No me gusta la pasta con tanto ....
8. En invierno no funciona la .... de la plaza.
9. ¿Puede escribir aquí, por favor, su .... y su apellido?
10. Se ha doblado el .... derecho jugando al fútbol.

Welche der Substantive auf *-e* sind maskulin? ....

Welche der Substantive auf *-e* sind feminin? ....

.... **torre**	der Turm	**esquiar**	Ski fahren
.... **nieve**	der Schnee	.... **apellido**	der Nachname
.... **llave**	der Schlüssel	**doblarse**	umknicken

Jetzt üben Sie das Genus der Substantive auf Konsonant. Diese können sowohl maskulin als auch feminin sein. In der Regel lässt sich ihr Genus aber an bestimmten Endungen erkennen.

7 Bilden Sie Substantive aus den Wortsegmenten und verbinden Sie die spanischen Wörter mit ihrer deutschen Übersetzung.

1.	el congelad-	-ión	das Sprichwort
2.	la impres-	-triz	der Haufen
3.	la multit-	-ad	die Menge
4.	el tóra-	-ez	der Brustkorb
5.	la prótes-	-ón	der Ausweis
6.	la ac-	-ud	der Eindruck
7.	el mont-	-x	das Mal
8.	el carne-	-or	die Freundschaft
9.	el refr-	-t	die Prothese
10.	la v-	-is	der Gefrierschrank
11.	la amist-	-án	die Schauspielerin

Vervollständigen Sie jetzt die Regeln.

Feminin sind in der Regel Substantive auf ....
Maskulin sind in der Regel Substantive auf ....

→ Gr LGr S. 71–72

Pluralbildung regelmäßiger Substantive

Folgendes Schema hilft Ihnen bei den nächsten beiden Übungen.

Singular	Plural	Beispiel
Substantive auf **Vokal**	*-s*	*libros, plazas, puentes*
Substantive auf **Konsonant**	*-es*	*corazones, señores, ciudades*

8 **Kreuzen Sie an, ob die Substantive maskulin (m) oder feminin (f) sind. Setzen Sie sie dann in den Plural.**

	Singular	m	f	Plural
1.	planta	☐	☐	....
2.	virtud	☐	☐	....
3.	melón	☐	☐	....
4.	sangre	☐	☐	....
5.	universidad	☐	☐	....
6.	cuadro	☐	☐	....
7.	viaje	☐	☐	....
8.	nivel	☐	☐	....
9.	acción	☐	☐	....
10.	balcón	☐	☐	....
11.	lección	☐	☐	....
12.	tren	☐	☐	....

.... **virtud**	die Tugend	.... **cuadro**	das Gemälde, das Bild
.... **sangre**	das Blut	.... **nivel**	die Ebene, das Niveau

9 **Ergänzen Sie die Tabelle, indem Sie die Substantive in den Plural bzw. in den Singular setzen. Achtung: Einige Substantive weisen zwei Pluralformen auf.**

Singular	Plural
ley	....
jamón	....
....	jardines
teléfono	....
....	jerséis
reloj	....
farmacia	....
....	ciudades

Singular	Plural
....	rubíes
....	botellas
mostrador	....
....	reyes
déficit	....
tabú	....
buey	....
menú	....

el jamón	der Schinken	**el déficit**	das Defizit
el reloj	die Uhr	**el buey**	der Ochse
el mostrador	die Theke, der Schalter	**el menú**	das Menü

→ Gr LGr S. 65–67

Besonderheiten beim Genus

Einige Substantive weichen bezüglich des Genus von den oben dargestellten Regeln ab.

10 **Hier sind 12 Substantive auf *-ma*, *-a* oder *-o* diagonal, senkrecht oder waagrecht in allen Richtungen versteckt. Suchen Sie sie und tragen Sie sie in die passende Spalte ein, wenn nötig auch mehrmals.**

```
R A D I O P D T I P
Ñ Z I I N C C W R A
P I P R A A H O X R
O C L I M A B Q U T
E M O A H L A O J I
M E M Z E Ñ O T U S
A L A M E T S I S T
A L A G R I M A B A
```

maskulin	feminin

11 **Ordnen Sie die Substantive aufgrund ihrer Bedeutung dem passenden Feld zu. Kreuzen Sie dann an, ob diese Wortgruppen maskulin oder feminin sind.**

Cantábrico millón zeta Teide
elle domingo azul Mulhacén Índico rosa
naranjo aguardiente cava Aneto mosto
doce lunes verde jueves Mediterráneo
pino roble eñe cuarenta

m ☐ f ☐	m ☐ f ☐	m ☐ f ☐	m ☐ f ☐	m ☐ f ☐	m ☐ f ☐	m ☐ f ☐	m ☐ f ☐
día	mar / océano	árbol	número	letra	color	monte	vino

→ Gr LGr S. 67–70

Substantive natürlichen Geschlechts

Substantive natürlichen Geschlechts haben in der Regel eine maskuline und eine feminine Form. Einige Substantive unterscheiden sich nur in der Endung, andere haben zwei unterschiedliche Formen, wieder andere nur eine einzige:

niño kleiner Junge	*niña* kleines Mädchen
poeta Dichter	*poetisa* Dichterin
presidente Präsident	*presidenta* Präsidentin
actor Schauspieler	*actriz* Schauspielerin
español Spanier	*española* Spanierin
hombre Mann	***mujer*** Frau
príncipe Prinz	*princesa* Prinzessin
estudiante Student	***estudiante*** Studentin

12 **Vervollständigen Sie die Tabelle mit den passenden Substantiven.**

maskulin	feminin
hijo	....
....	profesora
....	bailarina
jefe	....
....	gata
abuelo	....

maskulin	feminin
perro	....
....	española
presidente	....
alemán	....
....	doctora
....	niña

Ordnen Sie nun die Substantive in der Tabelle den folgenden Schemata zur Bildung der femininen Form zu.

-o → -a ....

-e → -a ....

+ -a ....

la bailarina	die Tänzerin	**la gata**	die Katze
el jefe	der Chef	**el perro**	der Hund
el abuelo	der Großvater		

13 **Finden Sie zu den deutschen Wortpaaren die passende spanische Übersetzung. Geben Sie dann an, welche fünf Suffixe bei diesen Sonderfällen im Spanischen benutzt werden, um die feminine Form zu bilden.**

policía gallo condesa poeta ~~príncipe~~ heroína poetisa actor sacerdotisa ~~princesa~~ duque sacerdote héroe actriz Papisa gallina piloto emperador emperatriz alcalde conde (mujer-)piloto rey alcaldesa (mujer-)policía reina duquesa Papa

maskulin – feminin	masculino – femenino	Suffixe zur Bildung der femininen Form
Prinz – Prinzessin Graf – Gräfin Herzog – Herzogin Bürgermeister – Bürgermeisterin	príncipe - princesa	-esa
Papst – Päpstin Priester – Priesterin Dichter – Dichterin		
Schauspieler – Schauspielerin Kaiser – Kaiserin Hahn – Henne Held – Heldin König – Königin		
Pilot – Pilotin Polizist – Polizistin		

14 **Maskulin, feminin oder beides? Versuchen Sie, folgende Substantive den zwei angegebenen Gruppen zuzuordnen.**

Substantive mit zwei verschiedenen Formen		Substantive mit einer einzigen Form
maskulin	feminin	

mujer artista marido estudiante toro macho caballo colega

vaca periodista guía víctima turista mamá yegua

padrino malabarista hembra cantante papá madrina

Zwei Endungen sind erkennbar für Substantive mit einer einzigen Form für beide Geschlechter: ....

→ Gr LGr S. 72–73

Besonderheiten bei der Pluralbildung

Einige Substantive weisen Besonderheiten bei der Pluralbildung auf:

a. Sie erhalten einen grafischen Akzent im Plural, z. B. *joven* → *jóvenes*.

b. Sie verlieren einen grafischen Akzent im Plural, wobei sich die Betonung ändert, z. B. *carácter* → *caracteres*.

c. Sie ändern den letzten Buchstaben, z. B. *actriz* → *actrices*.

d. Sie bleiben unverändert, wenn sie mehrsilbig sind und auf eine unbetonte Silbe enden, die auf *-s* bzw. *-x* auslautet, z. B. *crisis* → *crisis*; *tórax* → *tórax*.

15 Setzen Sie die folgenden Substantive in den Plural.

1. lunes → ....
2. inglés → ....
3. luz → ....
4. imagen → ....
5. régimen → ....
6. alemán → ....
7. crimen → ....
8. espécimen → ....
9. virus → ....
10. juez → ....
11. autobús → ....
12. mes → ....

Ordnen Sie nun die Substantive dieser Übung den oben genannten Besonderheiten zu.

a. ....

b. ....

c. ....

d. ....

el lunes	der Montag	**el régimen**	das Regierungssystem
el inglés	der Engländer	**el crimen**	das Verbrechen
la luz	das Licht	**el espécimen**	das Exemplar
la imagen	das Bild	**el juez**	der Richter

→ Gr LGr S. 73

Einige Substantive werden im Spanischen nur im Plural verwendet: a) Fächer (z. B. *Matemáticas* = Mathematik), b) Gegenstände, die aus mehreren identischen Teilen zusammengesetzt sind (*prismáticos* = Fernglas), c) Personenbezeichnungen eines beide Geschlechter umfassenden Kollektivs (*abuelos* = Großeltern).

16 **Vervollständigen Sie das Kreuzworträtsel mit den spanischen Entsprechungen der deutschen Wörter. Kreuzen Sie dann bei jedem Wort an, um welche Art von Substantiv es sich handelt: a), b) oder c).**

1. Menschen
2. Eltern
3. Brille
4. Hausaufgaben
5. Zange
6. Schere
7. Adresse
8. Kinder

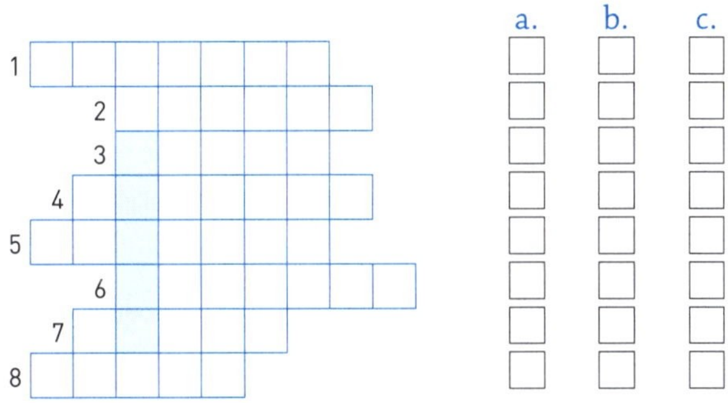

Aus den markierten Kästchen ergibt sich ein Substantiv, das sich auf mehrere Personen bezieht, aber trotzdem grammatisch als Singular betrachtet und verwendet wird. Welches?

Lösungswort: ....

→ Gr LGr S. 75–77

Komposita (zusammengesetzte Substantive)

Das Genus der Komposita folgt drei einfachen Regeln:

a. Wenn das zusammengesetzte Wort ein Verb enthält, dann ist es maskulin:
el rascacielos (Wolkenkratzer) → *rascar* (kratzen) + *cielo* (Himmel).

b. Wenn es ein Substantiv enthält, hat es meistens das Genus dieses Substantivs:
la enhorabuena (Glückwünsch) → *en* (in) + *la hora* (Stunde) + *buena* (gut).

c. Wenn es aus zwei Substantiven besteht, dann bestimmt das zweite Substantiv das Genus des zusammengesetzten Wortes:
la autopista (Autobahn) → *auto* (Auto) + *la pista* (Bahn).

17 **Ordnen Sie die spanischen Komposita ihren deutschen Entsprechungen zu und kreuzen Sie dann an, ob sie maskulin oder feminin sind.**

guardaespaldas → guardar *(bewachen)* + (la) espalda *(Rücken)*
camposanto → (el) campo *(Land / Feld)* + santo *(heilig)*
malvivir → mal *(schlecht)* + vivir *(leben)*
puntapié → (la) punta *(Spitze / Zacken)* + (el) pie *(Fuß)*
abrelatas → abrir *(öffnen)* + (la) lata *(Dose)*
correveidile → corre *(renne)* + ve *(gehe)* + y *(und)* + di *(sage)* + le *(ihm / ihr)*
menosprecio → menos *(weniger)* + (el) precio *(Preis)*
sinrazón → sin *(ohne)* + (la) razón *(Vernunft / Verstand / Grund)*
engañabobos → engañar *(betrügen / überlisten)* + bobo *(albern / Einfaltspinsel)*
quitamanchas → quitar *(entfernen / beseitigen / wegnehmen)* + (la) mancha *(Fleck)*
bocacalle → (la) boca *(Mund)* + (la) calle *(Straße)*
ciempiés → cien *(hundert)* + (el) pie *(Fuß)*

		m	f
Fußtritt	....	m ☐	f ☐
Klatschmaul	....	m ☐	f ☐
Friedhof	....	m ☐	f ☐
Verachtung	....	m ☐	f ☐
Querstraße	....	m ☐	f ☐
Unsinn	....	m ☐	f ☐
Leibwächter	....	m ☐	f ☐
Tausendfüß(l)er	....	m ☐	f ☐
Fleck(en)entferner	....	m ☐	f ☐
miserables Leben	....	m ☐	f ☐
Dosenöffner	....	m ☐	f ☐
Bauernfänger	....	m ☐	f ☐

Auch die Pluralbildung der Komposita folgt einfachen Regeln:

a. Die meisten bilden den Plural wie einfache Substantive:
ferrocarril (Eisenbahn) → *ferrocarriles*; *sordomudo* (Taubstumme) → *sordomudos*

b. Einige Komposita weisen jedoch Besonderheiten auf:

- Sie sind unveränderlich, wenn sie aus Verb + Substantiv im Plural bestehen:
el paraguas (Regenschirm) → *los paraguas*, *el abrelatas* (Dosenöffner) → *los abrelatas*.
- Bei Komposita mit getrennter Schreibweise wird nur der erste Teil verändert:
coche cama (Schlafwagen) → *coches cama*, *perro de raza* (Rassehund) → *perros de raza*.
- Nur in wenigen Fällen werden beide Teile des Kompositums in den Plural gesetzt:
central nuclear (Atomkraftwerk) → *centrales nucleares*.

18 **Verbinden Sie die spanischen Komposita mit ihren deutschen Entsprechungen. Setzen Sie sie dann in den Plural.**

		Plural
rascacielos	Kontaktlinse	....
videocasete	Liedermacher	....
llave inglesa	Retortenbaby	....
sacacorchos	Schreibmaschine	....
lente de contacto	Wolkenkratzer	....
hora punta	Unwohlsein / Unbehagen	....
cantautor	Schraubenschlüssel	....
bebé probeta	Videokassette	....
máquina de escribir	Hauptverkehrszeit	....
malestar	Korkenzieher	....

19 **Wiederholung. Ordnen Sie die unten stehenden Wörter dem richtigen Artikel zu und setzen Sie sie in den Plural.**

luz • israelí • fuente • flor • lunes • carácter • tema • camión • nieve • puente • lago • bocacalle • moto • juventud • plan • víctima • mapa • roble • Papa • papa • crisis • abrelatas

LA

LOS

LAS

EL

ARTIKEL

→ Gr LGr S. 80–82

Bestimmter Artikel: Formen

Der bestimmte Artikel richtet sich in Genus und Numerus nach dem Substantiv, das er begleitet: Er kann maskulin oder feminin sein und im Singular oder im Plural stehen.

	Singular	Plural
maskulin	*el piso* die Wohnung	*los pisos* die Wohnungen
feminin	*la silla* der Stuhl	*las sillas* die Stühle

Im Spanischen gibt es außerdem den neutralen Artikel *lo*, der ausschließlich zur Substantivierung von Adjektiven (*lo bueno* das Gute), Ordnungszahlen (*lo primero* das Erste), Possessivpronomen (*lo tuyo* das deine) und als Relativpronomen (*lo que vemos* [das,] was wir sehen) verwendet wird.

Achtung! Bei femininen Substantiven, die mit **betontem** *a* oder *ha* beginnen, wird im Singular der maskuline Artikel *el* benutzt. Steht das Substantiv im Plural, wird er von *las* begleitet: *el águila negra* der schwarze Adler, aber: *las águilas negras*.

20 **Schreiben Sie vor jedes Substantiv den passenden bestimmten Artikel. Setzen Sie dann die Substantive mit den jeweiligen Artikeln in den Plural bzw. in den Singular.**

1. .... cine ....
2. .... ama de casa ....
3. .... amigas ....
4. .... crisis ....
5. .... garaje ....
6. .... quioscos ....
7. .... cheque ....
8. .... jardines ....
9. .... hacha ....
10. .... habitación ....

.... **cine**	Kino	.... **cheque**	Scheck
.... **ama de casa**	Hausfrau	.... **hacha**	Axt
.... **quiosco**	Kiosk	.... **habitación**	Zimmer

21 **Fügen Sie zu den spanischen Substantiven den richtigen bestimmten Artikel hinzu. Ordnen Sie dann die deutsche Übersetzung zu. In einigen Fällen gibt es zwei Möglichkeiten.**

tercero • pantalones • estudiante • suyo • lunes • alma • malo • mía • monedas • capital

1. *el tercero* .... *der Dritte* ....
2. ....
3. ....
4. ....
5. ....
6. ....
7. ....
8. ....
9. ....
10. ....
11. ....
12. ....
13. ....
14. ....
15. ....
16. ....

die meine • das Böse • der Dritte • der Böse • die Seele • der seine • das Vermögen • Montag • das Dritte • die Hauptstadt • der Student • die Hosen • Montags • die Münzen • das seine • die Studentin

→ Gr LGr S. 82

Die Präpositionen ***de*** und ***a*** verschmelzen mit dem bestimmten Artikel ***el*** zu ***del*** bzw. ***al***.

22 **Vervollständigen Sie die Sätze mit *de* oder *a* und dem passenden Artikel.**

1. Hoy voy a ir .... teatro con mis amigos.
2. Ese chico es el hijo .... profesora de español.
3. Aquél es el coche .... señor Pombo.
4. Esta mañana he visto .... dueños .... bar de la esquina.
5. Para llegar a la estación tienes que girar ahora .... derecha.

aquél	der/die/das dort / da	**la esquina**	die Ecke
el dueño	der Besitzer	**girar**	abbiegen

→ Gr LGr S. 82–85

Bestimmter Artikel: Gebrauch

Wie im Deutschen weist der bestimmte Artikel auf ein Substantiv hin, das als bekannt vorausgesetzt wird. In einigen Fällen unterscheidet sich der spanische Gebrauch vom deutschen.

23 A **Bestimmter Artikel im Spanischen, kein Artikel im Deutschen. Verbinden Sie die folgenden spanischen Sätze mit ihrer deutschen Übersetzung und merken Sie sich dabei die Unterschiede.**

1.	Son las siete.	a.	Am Dienstag werde ich Rosa sehen.
2.	Me gusta mucho el vino tinto.	b.	Macarena hat einen sehr großen Mund.
3.	La física es mi asignatura favorita.	c.	Sonntags arbeite ich nie.
4.	El verde es el color de la esperanza.	d.	Ich mag Rotwein sehr.
5.	Las naranjas tienen muchas vitaminas.	e.	90% der Klasse sind damit nicht einverstanden.
6.	La gula es uno de los siete pecados capitales.	f.	Alle Nachbarn gehen auf Pedros Hochzeit.
7.	Se quieren casar a los cinco meses de conocerse.	g.	Herr Fernández ist noch nicht angekommen.
8.	Me fui a Perú a los cinco años.	h.	Physik ist mein Lieblingsfach.
9.	Macarena tiene la boca muy grande.	i.	Spielst du gern Karten?
10.	El 90% de la clase no está de acuerdo con eso.	j.	Gefräßigkeit ist eine der sieben Todsünden.
11.	El martes veré a Rosa.	k.	Orangen haben viele Vitamine.
12.	Los domingos no trabajo nunca.	l.	Mit fünf Jahren ging ich nach Peru.
13.	¿Te gusta jugar a las cartas?	m.	Marcos kann sehr gut Flöte spielen.
14.	Marcos sabe tocar muy bien la flauta.	n.	Grün ist die Farbe der Hoffnung.
15.	El señor Fernández no ha llegado todavía.	o.	Es ist sieben Uhr.
16.	Todos los vecinos vamos a la boda de Pedro.	p.	Sie wollen schon nach fünf Monaten Bekanntschaft heiraten.

23 Übersetzen Sie jetzt die folgenden Sätze ins Spanische.

B

1. Mir gefallen Blumen sehr.

   ....

2. Nach zehn Kilometern mussten wir umkehren.

   ....

3. Ich spiele jeden Tag Gitarre.

   ....

4. Meine Mutter hat schwarze Augen.

   ....

5. Es ist Viertel nach drei.

   ....

6. Ich muss Frau López anrufen.

   ....

7. Am Freitag essen wir zusammen.

   ....

8. 30% der Schüler sind durchgefallen.

   ....

9. Rot ist meine Lieblingsfarbe.

   ....

10. Spielen wir heute Fußball?

   ....

dar la vuelta	umkehren	**suspender**	durchfallen
la guitarra	die Gitarre	**favorito**	Lieblings-

24 Bestimmter Artikel im Deutschen, kein Artikel im Spanischen. Wie würden Sie diese Sätze auf Deutsch sagen?

1. Mañana es dos de enero.

   ....

2. El dos de enero voy a Eslovaquia.

   ....

3. Siempre voy a la compra en coche.

   ....

4. He estado en Turquía de vacaciones.

   ....

5. Los Pérez ya no viven en Suiza.

   ....

Eslovaquia	Slowakei	**Suiza**	Schweiz

25 **Ordnen Sie die folgenden Länder- und Städtenamen der passenden Spalte zu.**

~~Salvador~~ Habana Suiza Senegal Ecuador India China Yemen Paraguay Uruguay Canadá Brasil Estados Unidos ~~Turquía~~ Países Bajos Eslovaquia Camerún Afganistán Japón Cairo ~~Perú~~ Mongolia Pakistán Congo

mit Artikel	ohne Artikel	mit oder ohne Artikel
El Salvador	*Turquía*	*(El) Perú*

26 **Mit oder ohne Artikel? Bringen Sie nun die folgenden Satzteile in die richtige Reihenfolge und fügen Sie dabei, wenn nötig, einen bestimmten Artikel hinzu.**

1. tren – viaja – a – 7 – en – agosto – Alemania – señora Alcántara – de

   ....

2. Suiza – chicas – en – quesos – todos – probaron

   ....

3. gustan – monumentos – me – Cairo – de

   ....

4. mate – Argentina – en – caro – muy – es – no

   ....

5. cenan – miércoles – 9 – a – padres – siempre – sus – con

   ....

6. a – escribir – años – sabía – no – ocho – todavía

   ....

7. manos – mi – grandes – abuelo – tiene

....

8. demasiado – 15% – de – bebe – población

....

probar	probieren, kosten	**demasiado**	zu viel
el mate	der Mate-Tee	**la población**	die Bevölkerung

→ Gr LGr S. 86–87

Unbestimmter Artikel: Formen

Der unbestimmte Artikel stimmt in Genus und Numerus mit dem Substantiv überein, auf das er sich bezieht. Die Pluralform wird lediglich vor Substantiven, die nur im Plural gebraucht werden, als unbestimmter Artikel verwendet, wie z. B. ***unas tijeras*** (eine Schere), ansonsten hat diese Pluralform die Bedeutung „ungefähr“ oder „einige“.

	Singular	Plural
maskulin	*un piso* eine Wohnung	*unos pisos* einige Wohnungen
feminin	*una silla* ein Stuhl	*unas sillas* einige Stühle

Achtung! Bei femininen Substantiven, die mit **betontem** *a* oder *ha* beginnen, wird im Singular der maskuline Artikel *un* benutzt: *un águila* ein Adler.

27 **Ordnen Sie die folgenden Substantive der richtigen Spalte zu. In einigen Fällen gibt es zwei Möglichkeiten.**

meses • tesis • hadas • tema • armario • comestibles • gafas • idea • vestido • dentista • lugares • haba

un	una	unos	unas

.... **tesis**	These, Doktorarbeit	.... **comestibles**	Lebensmittel
.... **hada**	Fee	.... **lugar**	Ort
.... **armario**	Schrank	.... **haba**	Saubohne

28 **Beantworten Sie die Fragen mit den angegebenen Wörtern und *un*, *una*, *unos* oder *unas*.**

1. ¿Cuántos habitantes tiene tu ciudad? (tres millones)
   Mi ciudad tiene unos tres millones de habitantes.
2. ¿Qué te has comprado? (guantes)
3. ¿Qué has sacado del frigorífico? (cerveza)
4. ¿Qué te han regalado por tu cumpleaños? (radio)
5. ¿A cuántos kilómetros está tu pueblo de Madrid? (doscientos kilómetros)
6. ¿Qué se ha roto tu hermano? (brazo)

el guante	der Handschuh	**el frigorífico**	der Kühlschrank
sacar	herausnehmen	**romperse**	(zer)brechen

→ Gr LGr S. 88–89

Unbestimmter Artikel: Gebrauch

Wie im Deutschen dient der unbestimmte Artikel zur Einführung neuer Personen, Gegenstände oder Sachverhalte.

29 **Übersetzen Sie die folgenden Sätze ins Spanische. Achtung! In einigen Fällen weicht das Spanische vom Deutschen ab.**

1. Ich habe ein halbes Kilo Fleisch gekauft.
2. Penélope Cruz ist eine spanische Schauspielerin.
3. Wir haben ein neues Auto.
4. Kannst du mir ein anderes Buch geben?
5. Marta ist eine der Töchter meiner Freundin María.

6. Habt ihr ein Auto?

....

7. Ich habe schon einen Freund.

....

8. Ich brauche eine andere Badehose.

....

In welchen der oben stehenden Sätze wird im Spanischen kein unbestimmter Artikel verwendet? ....

la actriz	die Schauspielerin	**necesitar**	brauchen
el novio	(fester) Freund	**el bañador**	die Badehose

Bestimmter und unbestimmter Artikel: Gebrauch in der Gegenüberstellung

In der nächsten Aufgabe müssen Sie sich zwischen dem bestimmten Artikel, dem unbestimmten Artikel oder der Auslassung des Artikels entscheiden. Achten Sie also auf den richtigen Gebrauch.

30 **Bestimmter oder unbestimmter Artikel? Setzen Sie den jeweils passenden Artikel ein.**

1. ¿Hay .... parque cerca de tu colegio?
2. .... pantalones están en el armario.
3. .... matemáticas me gustan mucho.
4. .... viernes siempre comemos pescado.
5. Cáceres es .... ciudad española.
6. Gana aproximadamente .... dos mil euros.
7. Tengo .... hija de catorce años.
8. .... amarillo está este año de moda.

el armario	der Schrank	**aproximadamente**	ungefähr
ganar	verdienen; gewinnen	**amarillo**	gelb

31 Wählen Sie die richtige Lösung aus.

1.	.... reina doña Sofía es .... Grecia.	a.	la	b.	una	c.	Ø
		d.	del	e.	de La	f.	de
2.	Siempre entro a trabajar a .... 8 de la mañana.	a.	las	b.	unas	c.	Ø
3.	En esta época .... águila real emigra.	a.	la	b.	el	c.	lo
4.	Quiero .... medio kilo de cebolla.	a.	un	b.	una	c.	Ø
5.	Es el mejor escritor .... país.	a.	del	b.	de el	c.	de
6.	En el centro de la plaza hay .... fuente.	a.	la	b.	una	c.	Ø
7.	.... malo es que nunca haces lo que dices.	a.	lo	b.	Ø	c.	el
8.	La política .... España .... siglo XX fue muy intensa.	a.	a la	b.	de la	c.	Ø
		d.	del	e.	de el	f.	al
9.	Este fin de semana hemos ido .... campo.	a.	a la	b.	en el	c.	al
10.	La semana próxima me iré .... Cairo.	a.	al	b.	a El	c.	a
11.	He comprado .... otra casa.	a.	una	b.	Ø	c.	lo
12.	Marcos tiene .... nariz aguileña.	a.	la	b.	un	c.	el

.... **águila**	Adler	.... **escritor**	Schriftsteller
.... **real**	Königs-, königlich	.... **fuente**	Brunnen
.... **cebolla**	Zwiebel	.... **nariz aguileña**	Hakennase

→ Gr LGr S. 90–91

32 Vervollständigen Sie die festen Ausdrücke, wo erforderlich, mit dem passenden Artikel und ordnen Sie sie der richtigen Gruppe zu. Achtung! In einigen Fällen gibt es zwei Möglichkeiten.

1. Llegaremos a Pamplona a .... principios de mes.
2. Por .... mañana no tengo ganas de hablar.
3. En .... verano siempre vamos a la playa.
4. Esta noche vamos a cenar a .... casa de unos amigos.
5. Cuando llegamos a casa todavía era de .... día.
6. Vengo con .... intención de ayudarte.
7. .... verano próximo nos veremos en Barcelona.
8. En .... Semana Santa siempre vamos a Sevilla.

Mit Artikel: ....

Ohne Artikel: ....

Mit oder ohne Artikel: ....

el principio	der Anfang	**la intención**	die Absicht
tener ganas de algo	Lust auf etwas haben	**La Semana Santa**	die Karwoche

33 **Vervollständigen Sie die Redewendungen, wo nötig, mit dem richtigen Artikel. Schreiben Sie anschließend die deutsche Entsprechung darunter.**

die Nase voll haben • keinen Finger krumm machen • die Dinge beim rechten Namen nennen • wie eine kalte Dusche • über Gott und die Welt reden • die rechte Hand von jemandem sein • Nicht für alles Gold der Welt! • Geld regiert die Welt.

¡Ni por todo .... oro de .... mundo!

estar hasta .... narices

no mover .... dedo

Poderoso caballero es .... don dinero.

hablar de .... divino y de .... humano

ser .... mano derecha de alguien

como .... jarro de .... agua fría

llamar a .... pan, pan y a .... vino, vino

ADJEKTIVE

→ Gr LGr S. 93–98

Form des Adjektivs

Das spanische Adjektiv stimmt in Genus und Numerus mit dem Substantiv überein, auf das es sich bezieht. Im Gegensatz zum Deutschen stehen die meisten spanischen Adjektive nach dem Substantiv:
el chico guapo (der hübsche Junge) *la chica guapa* (das hübsche Mädchen)

Maskuline Adjektive, die auf *-o*, *-án*, *-ín*, *-ón* und *-or* enden, bilden die feminine Form durch Anhängen von *-a*. Dasselbe gilt für Adjektive, die eine Nationalität oder Herkunft bezeichnen und auf **Konsonant** enden:
el chico alemán (der deutsche Junge) *la chica alemana* (das deutsche Mädchen)

Adjektive, deren Grundform eine andere Endung hat, sind in Bezug auf das Genus unveränderlich:
el hombre triste (der traurige Mann) *la mujer triste* (die traurige Frau)

Achtung!

a. Einige Komparative (*mayor* älter / größer, *menor* jünger / kleiner, *mejor* besser und *peor* schlechter) und Adjektive auf *-ior* (z. B. *superior* höher) sowie *marrón* (braun) haben eine einzige Form für beide Geschlechter:
María es mi hermana menor. María ist meine jüngere Schwester.

b. Adjektive auf *-ete* und *-ote*, die von Adjektiven auf *-o/-e* abgeleitet sind, bilden die feminine Form auf *-a*: *grande* (groß) → *un hombre grandote* (ein riesiger Mann) – *una mujer grandota* (eine riesige Frau).

34 Ergänzen Sie die feminine Form der Adjektive im Singular.

maskulin	feminin
hombre educado	mujer ....
señor guapo	señora ....
joven holgazán	joven ....
niño parlanchín	niña ....
abuelo gruñón	abuela ....
padre trabajador	madre ....
chico danés	chica ....
profesor francés	profesora ....
ciudadano español	ciudadana ....

educado	höflich	**trabajador**	fleißig
holgazán	faul	**gruñón**	brummig
parlanchín	redselig	**danés**	dänisch

Die Pluralbildung des Adjektivs folgt den gleichen Regeln wie beim Substantiv: Die auf *-í*, *-ú* oder **Konsonant** endenden Adjektive bilden den Plural durch Anhängen von *-es*, die auf **Vokal** endenden (außer *-í* und *-ú*) mit *-s*. Vergessen Sie nicht die Änderungen in der Schreibung und Betonung, die Sie schon bei der Pluralbildung der Substantive gelernt haben (→ Gr LGr. S. 73).

35 Setzen Sie die Beispiele aus der vorigen Übung in den Plural.

maskulin		feminin	
Singular	**Plural**	**Singular**	**Plural**
hombre educado	*hombres educados*	*mujer educada*	*mujeres educadas*

36 Setzen Sie die passende Form der in Klammern angegebenen Adjektive ein. Ordnen Sie ihnen dann ihr Gegenteil zu.

salado • idealista • sincero • pequeño • lento • complicado • viejo • infiel • distinto • fuerte • fácil • triste

1. (débil) una persona ....
2. (feliz) unos niños ....
3. (joven) unas mujeres ....
4. (difícil) un examen ....
5. (fiel) una esposa ....
6. (realista) un hombre ....
7. (veloz) unos coches ....
8. (simple) un tema ....
9. (similar) unas respuestas ....
10. (hipócrita) un tío ....
11. (dulce) una comida ....
12. (grande) una mesa ....

débil	schwach	la respuesta	die Antwort
fiel	treu	hipócrita	heuchlerisch
veloz	schnell	el tío	der Kerl, der Typ
similar	ähnlich	dulce	süß

37 **Suchen Sie in dieser *sopa de letras* diagonal, senkrecht oder waagrecht in allen Richtungen versteckt die spanischen Bezeichnungen für die deutschen Adjektive. Ordnen Sie die gefundenen Adjektive dann in die richtige Spalte ein und vervollständigen Sie die Tabelle.**

I A P I O P D N I P D
Ñ N I O N C O W R A O
P I T R S R H O R H R
O C L E R I B U U T M
E M O A L L B O J I I
E A M A R I L L O S L
L L A M A T G I E T O
B I R A Q U I E S A N
A Z Y R U A S E N I A
M U I N G L E S O T I
A S F O D A G L E D E

möglich englisch ~~irakisch~~ blond schläfrig freundlich gelb schlank braun intelligent

	Singular	Plural		Singular	Plural
maskulin feminin	iraquí iraquí	iraquíes iraquíes	maskulin feminin		
maskulin feminin			maskulin feminin		
maskulin feminin			maskulin feminin		
maskulin feminin			maskulin feminin		
maskulin feminin			maskulin feminin		

→ Gr LGr S. 98–102

Übereinstimmung des Adjektivs

Das spanische Adjektiv stimmt mit dem Substantiv in Genus und Numerus überein, und zwar sowohl wenn es unmittelbar vor oder nach dem Substantiv steht (= attributiver Gebrauch) als auch wenn es nach einem Verb steht (= prädikativer Gebrauch):

Mi hijo pequeño es rubio. — *Mis hijos pequeños son rubios.*
Mi hija pequeña es rubia. — *Mis hijas pequeñas son rubias.*

38 **Bilden Sie Sätze mit den angegebenen Wörtern und dem Verb *ser*.**

1. enfermera / encantador — *La enfermera es encantadora.*
2. Manolo / muy cortés — ....
3. leones / feroz — ....
4. película / divertido — ....
5. bomberos / valiente — ....
6. niño / regordete — ....
7. Lola / muy pesado — ....
8. ciudades / ruidoso — ....

rubio	blond	**valiente**	mutig
encantador	reizend	**regordete**	pummelig
feroz	wild	**pesado**	lästig
divertido	lustig	**ruidoso**	laut
los bomberos	die Feuerwehr		

39 **Setzen Sie die passende Form der angegebenen Adjektive ein.**

difícil • alemán • sucio • bonito • cansado • necesario • norteamericano • rico • bueno

1. **estar** *sein*
   Toda la familia está muy .... después del viaje.
2. **ser** *sein*
   Estas salchichas son .... y están realmente ....
3. **parecer** *finden, scheinen*
   Esos turistas parecen ....

4. **quedar** *stehen*
   La blusa te queda muy ....
5. **resultar** *sich herausstellen*
   El examen les resulta muy .... a los alumnos.
6. **creer** *glauben*
   Creemos .... la limpieza de la ciudad.
7. **considerar** *halten für*
   Consideramos muy .... las ideas del alcalde.
8. **llevar** *tragen*
   Siempre llevas los pantalones ....

la salchicha	die Wurst	**el alcalde**	der Bürgermeister
el alumno	der Schüler	**sucio**	schmutzig
la limpieza	die Sauberkeit		

Wenn sich ein Adjektiv auf Substantive mit verschiedenem Genus bezieht, wird die maskuline Pluralform verwendet:

Hoy lleva una chaqueta y un vestido muy caros y elegantes.	Heute trägt sie eine Jacke und ein Kleid, die beide sehr teuer und elegant sind.

Wird ein Substantiv von mehr als einem gleichwertigen Adjektiv begleitet, wird das Bindewort *y* zwischen den beiden letzten eingefügt:

Le gustan las mujeres altas y deportivas.	Ihm gefallen große, sportliche Frauen.

40 **Übersetzen Sie die Sätze ins Spanische.**

1. Ich habe einen roten Rock und eine rote Hose.
   ....
2. Federico und Mónica sind keine Italiener.
   ....
3. Das Mädchen ist freundlich und lustig.
   ....
4. Das Haus meines Vaters ist groß, hell und sehr teuer.
   ....
5. Sie braucht ein billiges Auto und eine billige Wohnung.
   ....
6. Wir haben einen kaputten Tisch und einen kaputten Stuhl.
   ....
7. Das Buch und der Film scheinen sehr unterhaltsam.
   ....

8. Ihr habt einen Adoptivsohn und eine Adoptivtochter.

....

9. Es ist ein schönes, ruhiges und malerisches Dorf.

....

10. Juan und Juana sind verärgert und sehr müde.

....

la falda	der Rock	**roto**	kaputt
amable	freundlich	**adoptivo**	Adoptiv-
divertido	lustig	**pintoresco**	malerisch
luminoso	hell	**el pueblo**	das Dorf
caro	teuer	**enfadado**	verärgert
barato	billig		

→ Gr LGr S. 102–108

Stellung des Adjektivs

Wie bereits festgestellt, stehen die meisten attributiv gebrauchten Adjektive nach dem Substantiv. In dieser Stellung hat das Adjektiv eine unterscheidende Funktion. Im folgenden Satz wird nach den schwarzen und nicht etwa nach den braunen oder weißen Schuhen gefragt.

*¿Dónde están mis zapatos **negros**?* — Wo sind meine schwarzen Schuhe?

Hat das Adjektiv nur eine beschreibende Funktion, dann steht es vor dem Substantiv:

*Mírame con tus **negros** ojos.* — Schau mich mit deinen schwarzen Augen an.

Eine Reihe von Adjektiven werden normalerweise immer vorangestellt, z. B. ***último*** (letzter), ***penúltimo*** (vorletzter), ***el mejor*** (der beste), ***el peor*** (der schlechteste), ***medio*** (halb), ***próximo*** (nächster). Die Ordnungszahlen können vorangestellt oder nachgestellt werden: *la **segunda** planta / la planta **segunda*** (das zweite Stockwerk).

Einige Adjektive mit einer wertenden Bedeutung können auch vor dem Substantiv stehen:

*Es una **buena** compañera de trabajo.* — Sie ist eine gute Kollegin.

Aber wenn das Adjektiv von einem Adverb begleitet wird, steht es immer nach dem Substantiv:

*Es una compañera de trabajo **muy buena**.* — Sie ist eine sehr gute Kollegin.

41 **Setzen Sie die richtige Form des Adjektivs in der rechten Spalte je nach Kontext vor oder nach dem Substantiv ein. Achtung! In einigen Fällen gibt es zwei Möglichkeiten.**

1. Las .... ciudades .... como Madrid tienen mucho tráfico.	grande
2. El .... pintor .... Pablo Picasso era de Málaga.	famoso
3. El .... estudiante .... todavía no sabe bien español.	belga
4. Necesito .... kilo .... de fresas para el pastel.	medio
5. Mis padres viven en el .... piso	octavo
6. He comprado dos .... mesas .... para el salón.	cuadrada
7. Es la .... naranja .... que me queda.	último
8. Es la .... bicicleta .... que tengo.	primera
9. Tenemos que resolver un .... problema	muy difícil
10. Nunca he tenido un .... coche	verde

el tráfico	der Straßenverkehr	**la fresa**	die Erdbeere
el pintor	der Maler	**el pastel**	der Kuchen
famoso	berühmt	**resolver**	lösen

→ Gr LGr S. 105–106

Bedeutungsänderung bei Stellungsänderung

Einige spanische Adjektive haben verschiedene Bedeutungen, je nachdem, ob sie vor oder nach dem Substantiv stehen.

42 **Vervollständigen Sie die Lücken mit der richtigen Form der angegebenen Adjektive und entscheiden Sie dann, was sie jeweils auf Deutsch bedeuten.**

1. **solo**
   a. un .... niño → • ein Kind, das allein ist, ohne Begleitung
   b. un niño .... • ein einziges Kind

2. **triste**
   a. un .... trabajador
   b. un trabajador ....
   - ein armseliger Arbeiter
   - ein trauriger Arbeiter
3. **simple**
   a. una .... respuesta
   b. una respuesta ....
   - bloß / nur eine Antwort
   - eine einfache Antwort
4. **pobre**
   a. una .... muchacha
   b. una muchacha ....
   - ein bedauernswertes Mädchen
   - ein armes (= mittelloses) Mädchen
5. **cierto**
   a. .... rumor
   b. un rumor ....
   - sicheres Gerücht
   - ein gewisses Gerücht
6. **viejo**
   a. unas .... amigas
   b. unas amigas ....
   - Freundinnen, die man schon lange kennt
   - Freundinnen, die schon alt sind
7. **grande**
   a. .... mujeres
   b. mujeres ....
   - große Frauen
   - bedeutende Frauen
8. **dichoso**
   a. un .... jefe
   b. un jefe ....
   - ein glücklicher Chef
   - ein verdammter Chef
9. **valiente**
   a. ¡.................... madre!
   b. una madre ....
   - eine schlechte Mutter
   - eine mutige Mutter
10. **santo**
   a. todo el .... jueves
   b. todo el Jueves ....
   - der ganze Gründonnerstag
   - der ganze liebe Donnerstag

→ Gr LGr S. 106–107

Wegfall der Endung bei vorangestellten Adjektiven

Die Adjektive ***bueno***, ***malo***, ***alguno***, ***ninguno***, ***primero*** und ***tercero*** verlieren das ***-o*** vor einem maskulinen Substantiv im Singular:

*un **buen** libro* — ein gutes Buch
*el **tercer** hombre* — der dritte Mann

Die Adjektive ***grande*** und ***cualquiera*** (irgendeiner) verlieren vor einem maskulinen oder femininen Substantiv im Singular die letzte Silbe bzw. das ***-a***:

*una **gran** mujer* — eine große Frau
***cualquier** mujer* — irgendeine Frau

Das maskuline Adjektiv ***santo*** wird vor einem Eigennamen zu ***san*** verkürzt:

San *Juan*	der heilige Johannes

Ausnahmen:

Santo *Tomás*	der heilige Thomas
Santo *Domingo*	der heilige Dominikus

43 **Setzen Sie das passende Adjektiv in der korrekten Form ein. In einigen Fällen gibt es zwei Möglichkeiten.**

santo • bueno • malo • cualquiera • alguno • primero • tercero • grande

1. Ya sé que es un .... libro, pero a mí no me ha gustado.
2. Es una .... película que ha ganado un Goya.
3. Está muy triste porque sólo ha conseguido el .... puesto.
4. Paco ha sido la .... persona que me ha felicitado por mi cumpleaños.
5. Necesito .... cosa para comer, no me importa qué.
6. La señora Granda siempre le reza a .... Pancracio.
7. No podemos hacer eso; es un .... ejemplo para los niños.
8. He comprado .... tazas para el desayuno.

ganar	gewinnen	**el cumpleaños**	der Geburtstag
conseguir	bekommen	**rezar**	beten
el puesto	der Platz	**la taza**	die Tasse
felicitar	gratulieren	**el desayuno**	das Frühstück

→ Gr LGr S. 107–108

Stellung mehrerer Adjektive beim Substantiv

a. Wenn sich zwei Adjektive auf ein Substantiv beziehen, steht das unterscheidende nach und das nicht unterscheidende vor dem Substantiv:
la ***bonita*** *chica* ***francesa*** — das schöne französische Mädchen

b. Wenn beide Adjektive unterscheidend sind, steht direkt nach dem Substantiv das Adjektiv, das mit dem Substantiv eine Sinneinheit bildet:
la situación ***política*** *actual* — die aktuelle politische Situation

c. Wenn mehrere Adjektive die gleiche Funktion haben, stehen sie nach dem Substantiv und werden durch ***y*** oder ***pero*** verbunden:
un piso grande ***pero*** *barato* — eine große, aber billige Wohnung

44 An welcher Stelle müssen die hinter den Sätzen angegebenen Adjektive stehen? Achten Sie auf die Übereinstimmung und ergänzen Sie, falls erforderlich, ein Bindewort.

1. ¿No conoces a ese chico? Es un .... torero .... (cordobés / famoso)
2. Esa .... chica .... es la prima de Jorge. (lindo / mexicano)
3. La .... bandera .... es .... (rojo / gualda / española)
4. La .... danza .... es de una .... belleza .... (europeo / clásico / grande)
5. Es el .... libro .... que leo. (inglés / primero)
6. Tiene un .... carácter .... que no me gusta en absoluto. (frío / calculador)
7. Nos han regalado una .... mesa y unas sillas .... (antiguo / muy bonito)
8. Todos los días se bebe .... litro de .... cerveza .... (alemán / medio)
9. He leído bastante sobre la .... situación .... (actual / político / interesante / francés)
10. Ese .... problema .... no me deja dormir. (económico / dichoso)

la bandera	die Fahne	**calculador**	berechnend
gualdo	goldgelb	**regalar**	schenken
la belleza	die Schönheit	**la silla**	der Stuhl

45 Vervollständigen Sie die festen Ausdrücke und Redewendungen mit einem Adjektiv. Die Übersetzung hilft Ihnen dabei.

1. .... vez	selten
2. .... suerte	Pech
3. .... suerte	Glück
4. ¡........ viaje!	Gute Reise!
5. tener una información de .... mano	etwas aus erster Hand haben
6. tener la cabeza	einen Dickkopf haben
7. No es .... pera en dulce.	Das ist kein Honigschlecken.
8. una idea	eine fixe Idee
9. El que ríe el .... ríe	Wer zuletzt lacht, lacht am besten.
10. irse con las manos	leer ausgehen

46 Wiederholung. Wählen Sie die richtige Lösung aus.

1. Las puertas y las vetanas son ………………………… .
   a. azul b. azulas c. azules
2. No todos los niños son ………………………… .
   a. feliz b. felices c. felizes
3. Jaime y Lucía eran muy ………………………… en el pueblo.
   a. queridos b. querides c. queridas
4. Ha sido una ………………………… noticia para todos.
   a. mal b. mala c. malo
5. Estos chicos son ………………………… alumnos.
   a. buen b. buenas c. buenos
6. Es un hombre muy ………………………… .
   a. idealisto b. idealiste c. idealista
7. Me gustan mucho los platos ………………………… .
   a. hindú b. hindúes c. hindús
8. Es la ………………………… vez que veo esta película.
   a. tercer b. tercera c. tercero
9. Ya no vivimos en la planta ………………………… .
   a. tercer b. tercera c. tercero
10. Son los ………………………… caramelos que he tomado nunca.
   a. mejoros b. mejor c. mejores

la noticia	die Nachricht	**la planta**	das Stockwerk; die Pflanze
el alumno	Schüler; Student	**el caramelo**	Bonbon

VERGLEICHSSTRUKTUREN

→ Gr LGr S. 110–128

Komparativ gleichen Grades

47 Lesen Sie die folgenden komparativen Sätze. Bilden Sie dann selbst entsprechende Sätze. Es gibt oft mehr als eine Möglichkeit.

a. Bei Adjektiven und Adverbien:

tan + Adjektiv / Adverb + *como*

Marta es tan guapa como María.	Marta ist **so** hübsch **wie** María.
Marta trabaja tan bien como María.	Marta arbeitet **genauso** gut **wie** María.

tan poco + Adjektiv / Adverb + *como*

Marta es tan poco trabajadora como su hermana.	Marta ist **so wenig** fleißig **wie** ihre Schwester.
Ella se viste tan poco elegantemente como él.	Sie kleidet sich **genauso wenig** elegant **wie** er.

igual de + Adjektiv / Adverb + *que*

Marta es igual de inteligente que María.	Marta ist **genauso** intelligent **wie** María.
Marta conduce igual de rápido que María.	Marta fährt **genauso** schnell **wie** María.

1. El curso de francés es difícil. – El curso de español también es difícil.
   El curso de francés es tan difícil como el (curso) de español.
   El curso de francés es igual de difícil que el (curso) de español.
2. Lucas es poco alegre. – Víctor también es poco alegre.
   ……………………
   ……………………
3. El profesor analizó el texto profundamente. – El alumno también analizó el texto profundamente.
   ……………………
   ……………………
4. Mi coche está limpio. – La moto de Juan también está limpia.
   ……………………
   ……………………

alegre	fröhlich	**limpio**	sauber
profundo	tief, gründlich		

b. Bei Substantiven:

tanto/-a/-os/-as + (Substantiv) + *como*

Marta y María siguen teniendo tantos amigos como antes.	Marta und María haben immer noch **so viele** Freunde **wie** früher.

tan poco/-a/-os/-as + (Substantiv) + *como*

Marta tiene tan poco (dinero) como María.	Marta hat **so wenig** (Geld) **wie** María.

el / la / los / las mismo/-a/-os/-as + (Substantiv) + *que*

Marta tiene el mismo coche que María.	Marta hat **das gleiche** Auto **wie** María.

1. Santiago tiene muchas deudas. – Su mujer también tiene muchas deudas.

....

....

2. Teresa tiene poca ropa. – Sonia también tiene poca ropa.

....

3. Carmen ha comprado el libro *Solas*. – Eva también ha comprado el libro *Solas*.

....

las deudas	die Schulden	**la ropa**	die Kleidung, die Kleider

c. Bei Verben:

Verb + *tanto* + *(...) como*

Marta trabaja tanto en casa como María.	Marta arbeitet **so viel** zu Hause **wie** María.

Verb + *tan poco* + *(...) como*

Marta y María comen tan poco como un pajarito.	Marta und María essen **so wenig wie** ein Vögelchen.

Verb + *igual que*

Marta y María piensan igual que antes.	Marta und María denken **genauso wie** damals.

Verb + *lo mismo que*

Marta gana lo mismo que María.	Marta verdient **dasselbe wie** María.

Verb + *como*

Lo haremos como quiere la madre de Marta y María.	Wir werden es so machen, **wie** die Mutter von Marta und María es will.

1. Enrique bebe una copa de vino al día. – Pepa también bebe una copa de vino al día.

2. Gil sólo duerme 4 horas al día. – Asu también duerme sólo 4 horas al día.

3. Carlos se peina muy bien todas las mañanas. – La madre de Carlos quiere que él se peine muy bien todas las mañanas.

la copa	das Glas	**sólo**	nur
al día	am / pro Tag	**peinarse**	sich kämmen

48 **Schreiben Sie jetzt auf, welche anderen Dinge bei den Schwestern Marta und María auch gleich sind. Dafür müssen Sie die folgenden Satzteile ordnen und dabei, wenn nötig, *como* oder *que* hinzufügen. Beachten Sie dabei auch die Übereinstimmung des Adjektivs.**

1. Marta – cartas – los amigos – a – escribe – tanto – María
   Marta escribe tantas cartas a sus amigos como María.
2. Marta – María – igual de – lentamente – anda
3. Marta – cocina – María – tan poco
4. Marta – rojo – María – zapatos – tiene – tanto
5. Marta – tiene – los ojos – María – negro – tan
6. Marta – apellidos – el mismo – María – tiene
7. Marta – tanto – María – bebe – cerveza
8. Marta – la guitarra – mal – y – el piano – tan – toca – María
9. Marta – María – poco – fuma – tan
10. Marta – poco – de – tan – estudiar – ganas – María – tiene

Komparativ höheren und niedrigeren Grades

Im Spanischen wird die Ungleichheit durch *más / menos (...) que* ausgedrückt:

más / menos* + Adjektiv / Adverb + *que

*Mi madre es **más alegre que** mi padre.*	Meine Mutter ist fröhlich**er als** mein Vater.
*Mi madre conduce **más rápido que** mi padre.*	Meine Mutter fährt schnell**er als** mein Vater.

Verb + *más / menos* + *que*

*Juan gana **más / menos que** su mujer.*	Juan verdient **mehr / weniger als** seine Frau.

más / menos* + Substantiv + *que

*Tú tienes **más / menos** dinero **que** tu padre.*	Du hast **mehr / weniger** Geld **als** dein Vater.

49 Übersetzen Sie die folgenden Sätze ins Spanische.

1. Meine Großmutter war strenger als mein Großvater.

   ....

2. Mein Großvater war weniger fröhlich als meine Großmutter.

   ....

3. Jorge spricht langsamer als du.

   ....

4. Das Orchester spielt heute weniger langsam als gestern.

   ....

5. Es ist leichter zu reden als zu schweigen.

   ....

6. In dieser Firma gibt es mehr Frauen als Männer.

   ....

7. Sie arbeiten mehr im Winter als im Sommer.

   ....

8. Heutzutage wird mehr gereist als früher.

   ....

severo	streng	**callarse**	schweigen
alegre	fröhlich	**la empresa**	die Firma
pausadamente, lentamente	langsam	**actualmente**	heutzutage

In den folgenden Fällen wird das deutsche **als** durch *de* (und nicht durch *que*!) wiedergegeben:

más / menos de + Zahl / Menge

En el bar había más de veinte personas.	In der Kneipe waren **mehr als** zwanzig Leute.

más / menos (+ Adjektiv / Adverb +) *de lo que* + Verb

Es más divertido de lo que pensaba.	Es ist lustig**er**, **als** ich dachte.

más / menos + Substantiv + *del que / de lo que / la que / los que / las que* + Verb

Compra más fruta de la que puede comer.	Sie kauft **mehr** Obst, **als** sie essen kann.

más / menos + *de* + *lo* + Adjektiv

Trabaja más de lo necesario.	Er arbeitet **mehr als** nötig.

50 ***Que* oder *de(l)*? Vervollständigen sie die folgenden komparativen Sätze.**

1. Este año visitarán España más turistas .... el año pasado.
2. Sandra tiene más ropa .... la que se puede poner.
3. La ruptura con su novio fue más dolorosa .... lo que había imaginado.
4. Patricia ya tiene más .... cuarenta años.
5. El examen es más difícil .... lo que pensaba.
6. Este examen es más fácil .... el anterior.
7. Hace menos .... lo que parece.
8. Este puesto de trabajo es más interesante .... el tuyo.

la ropa	die Kleidung, die Kleider	**doloroso**	schmerzhaft
		imaginar	sich vorstellen
la ruptura	die Trennung	**el puesto de trabajo**	der Arbeitsplatz

Relativer Superlativ

Der relative Superlativ wird mit der Komparativform *más / menos (...) que* und dem bestimmten Artikel vor dem Adjektiv oder dem Substantiv gebildet:

Artikel + (Substantiv) + *más / menos* + Adjektiv (+ *de / que*)

Es la (mujer) más / menos divertida (de todas).	Sie ist **die** lustig**ste** / langweilig**ste** [am wenig**sten** lustige] (Frau) **von** allen.
Es la (película) más interesante que he visto.	Es ist der interessant**este** (Film), **den** ich gesehen habe.

51 A Verbinden Sie die spanischen Sätze mit ihren deutschen Übersetzungen.

1.	Esto es **lo más** bonito **de** todo.	a.	Sie arbeiteten am wenigsten (von allen).
2.	Es **la** idea **más** tonta **que** has tenido nunca.	b.	Er hat die wenigsten Bücher (von uns).
3.	Es **el que** tiene **menos** libros (**de** nosotros).	c.	Er ist der reichste Mann des Landes.
4.	Son **las que menos** trabajaron (**de** todas).	d.	Das ist das Schönste von allem.
5.	Es **el** hombre **más** rico **del** país.	e.	Sie arbeitet am schnellsten.
6.	Es **la que** trabaja **más** rápidamente.	f.	Das ist die dümmste Idee, die du je gehabt hast.

51 B Beantworten Sie die Fragen mit den Superlativen der Übung a).

1. ¿Es el Sr. Sans muy rico? – *Sí, es el hombre más rico del país.*
2. ¿Son ésas las que más trabajaron? – *No,* ……
3. ¿Crees que esto es bonito? – *Sí,* ……
4. ¿Es Sol la que trabaja más lentamente? – *No,* ……
5. ¿Te gusta mi idea? – *No,* ……
6. ¿Tiene Daniel pocos libros? – *Sí,* ……

→ Gr LGr S. 113–116

Unregelmäßige Formen

Einige Adjektive und Adverbien haben unregelmäßige Komparativformen, einige haben regelmäßige und unregelmäßige Komparativformen.

Positiv	Komparativ	Superlativ
bueno gut	*mejor* besser	*el mejor* der beste
malo schlecht	*peor* schlechter	*el peor* der schlechteste
grande groß	*mayor* größer / älter	*el mayor* der größte / älteste
pequeño klein	*menor* kleiner / jünger	*el menor* der kleinste / jüngste
mucho viel	*más* mehr	*el más* + Adjektiv
		el que más der meiste / am meisten
poco wenig	*menos* weniger	*el menos* + Adjektiv
		el que menos der wenigste / am wenigsten

Positiv	Komparativ	Superlativ
alto groß / hoch	*superior* größer / höher / besser / überlegen	*el superior* der größte / höchste / beste
bajo klein / niedrig	*inferior* kleiner / niedriger / geringer / unterlegen / schlechter	*el inferior* der kleinste / niedrigste / geringste

Auf ***superior*** (höher, besser), ***inferior*** (niedriger, minderwertig), ***anterior*** (vorhergehend, vorherig) und ***posterior*** (später, darauf folgend) folgt ***a***:

*Tu inteligencia es **superior a** la mía.* Deine Intelligenz ist **höher als** meine.

52 Vervollständigen Sie den Text mit einem unregelmäßigen Komparativ oder Superlativ.

En la reunión de padres de esta tarde se hablará sobre qué es .... para cada niño. No es lo mismo ser .... de los hermanos, con todas sus reponsabilidades, que ser .... Tampoco se puede olvidar que a veces la situación de los hijos intermedios, «los niños sandwich», puede ser .... que la de sus hermanos y sus posibilidades de triunfar también .... a las de éstos al no tener ninguno de los privilegios que se les conceden a los primogénitos y a los benjamines.

la reunión	die Versammlung	**conceder**	zugestehen, gewähren
la responsabilidad	die Verantwortung	**el primogénito**	der Erstgeborene
intermedio	in der Mitte befindlich	**el benjamín**	der jüngste Sohn
el privilegio	das Privileg, das Vorrecht		

→ Gr LGr S. 119–123

Absoluter Superlativ

Der absolute Superlativ drückt einen hohen Grad einer Eigenschaft aus. Er wird im Spanischen mit dem Adverb ***muy*** oder mit dem Suffix ***-ísimo*** gebildet:

Adjektiv: Stamm des Adjektivs + ***-ísimo/-a/-os/-as***
Sevilla es una ciudad bellísima. Sevilla ist eine wunderschöne Stadt.

Adverb: Stamm des Adjektivs + ***-ísima*** + ***-mente***
Trabaja lentísimamente. Er arbeitet sehr langsam.

Beachten Sie die orthographischen Veränderungen:
c → qu *rico → riquísimo*
g → gu *largo → larguísimo*
z → c *feliz → felicísimo*

53 Wandeln Sie die Sätze wie im Beispiel um.

1. Hay que recorrer un camino muy largo. *Hay que recorrer un camino larguísimo.*
2. El año pasado rodó un corto muy bueno. ……………
3. Estas lentejas están muy malas. ……………
4. Los plátanos están todavía muy verdes. ……………
5. Ya se lo he dicho muy claramente. ……………
6. Siempre hace las cosas muy tranquilamente. ……………
7. Me he comprado una falda muy moderna. ……………
8. Nuestro jefe es muy locuaz. ……………
9. Me respondieron muy simpáticamente. ……………
10. Estas alumnas están muy preparadas. ……………

recorrer	(Weg) zurücklegen	**el plátano**	die Banane
rodar	rollen, (Film) drehen	**la falda**	der Rock
el corto	der Kurzfilm	**locuaz**	geschwätzig
las lentejas	die Linsen	**el / la alumno/-a**	der / die Schüler/-in

Es gibt im Spanischen weitere Möglichkeiten, den absoluten Superlativ auszudrücken. In der nächsten Übung werden Sie ein paar dieser Konstruktionen kennenlernen.

54 Ersetzen Sie in jedem Satz den Superlativ durch ein Synonym aus dem Kästchen. Achten Sie auf Genus und Numerus des Superlativs.

requeteguapo • superbueno • caro caro • sumamente tonto • extraordinariamente listo • horrorosamente feo • enormemente complicado • increíblemente interesante • verdaderamente sucio • remalo

1. Este restaurante es carísimo. ....
2. La protagonista de la peli es malísima. ....
3. El nuevo proyecto es interesantísimo. ....
4. Esas sillas son feísimas. ....
5. Esos chicos son tontísimos. ....
6. La situación es complicadísima. ....
7. Con esa chaqueta estás guapísimo. ....
8. Es de una calidad buenísima. ....
9. Es muy listo para los negocios. ....
10. Tu habitación está muy sucia. ....

el / la protagonista	der / die Hauptdarsteller/-in	**tonto**	dumm
la peli = película	der Film	**la chaqueta**	die Jacke
la silla	der Stuhl	**listo**	clever, schlau

55 Vervollständigen Sie die festen Ausdrücke und Redewendungen mit einem Komparativ. Die Übersetzung hilft Ihnen dabei.

1. tener .... paciencia .... Job	eine Engelsgeduld haben
2. estar .... delgado .... un fideo	ein Strich in der Landschaft sein
3. beber .... un cosaco	saufen wie ein Loch
4. .... vale pájaro en mano .... ciento volando.	Besser ein Spatz in der Hand als eine Taube auf dem Dach.
5. mostrar su .... cara	sich von seiner besten Seite zeigen
6. ser .... la marabunta	schlimmer als einen Sack voller Flöhe hüten
7. hablar .... un loro	ohne Punkt und Komma reden
8. haber salido de lo	aus dem Gröbsten heraus sein
9. ser .... leal	treu wie Gold sein
10. tener .... cara .... espalda	frech wie Oskar sein

56 Wiederholung. Wählen Sie die richtige Lösung aus.

1. Tú nunca vas a tener .... problemas .... yo.
   a. tan ... como b. tantas ... que c. tantos ... como
2. Eres .... guapa .... tu madre.
   a. igual de ... como b. igual de ... que c. tan ... que
3. David ha dicho .... tú.
   a. tanto ... como b. lo mismo ... que c. lo mismo ... como
4. Ha sido .... noticia que me han dado nunca.
   a. la peora b. la mala c. la peor
5. Ese piso tenía .... 40 metros cuadrados.
   a. más ... de b. menos ... que c. más ... que
6. Su carácter es mucho .... complicado .... lo que creía.
   a. más ... que b. menos ... que c. más ... de
7. Este coche es .... sucio .... he visto nunca.
   a. más ... que b. el más ... que c. el más ... de
8. Las dueñas de la pensión eran ....
   a. simpaticísimas b. simpatiquíssimas c. simpatiquísimas
9. Tienes las manos ....
   a. superfrías b. sobrefrío c. superfríos
10. Ha ordenado todos los papeles en .... dos horas.
    a. menos ... como b. menos ... de c. menos ... que

el piso	die Wohnung	**la dueña**	die Besitzerin
complicado	kompliziert, schwierig	**ordenar**	ordnen

POSSESSIVA

→ Gr LGr S. 129–141 und 198–200

Unter „Possessiva“ werden sowohl die Possessivbegleiter, auch Possessivadjektive genannt, als auch die Possessivpronomen zusammengefasst.
Possessiva als Begleiter (bzw. Adjektiv):

Mi piso es grande. — **Meine** Wohnung ist groß.

Possessiva als Pronomen:

¿Y el tuyo? — Und **deins**?

Zwei Klassen von Possessivbegleitern sind im Spanischen zu unterscheiden:

- diejenigen, die **vor** einem Substantiv bzw. vor Adjektiv + Substantiv stehen:
  Mi casa es tu casa. — Mein Haus ist dein Haus.
- diejenigen, die immer **nach** dem Substantiv stehen:
  Una amiga mía está en España ahora. — Eine Freundin von mir ist jetzt in Spanien.

→ Gr LGr S. 129–131

Die vorangestellten Possessivbegleiter

57 A **Vervollständigen Sie die Tabelle mit den passenden vorangestellten Possessivbegleitern.**

	Singular	
Person	**männlich**	**weiblich**
1. Singular: *yo* ich	*mi coche* mein Auto	.... *empresa* meine Firma
2. Singular: *tú* du	.... *coche* dein Auto	*tu empresa* deine Firma
3. Singular: *él* er / *ella* sie / *usted* Sie	.... *coche* sein / ihr / Ihr Auto	.... *empresa* seine / ihre / Ihre Firma
1. Plural: *nosotros/-as* wir	.... *coche* unser Auto	.... *empresa* unsere Firma
2. Plural: *vosotros/-as* ihr	.... *coche* euer Auto	*vuestra empresa* eure Firma
3. Plural: *ellos* / *ellas* sie / *ustedes* Sie / ihr[1]	.... *coche* ihr / Ihr / euer[1] Auto	.... *empresa* ihre / Ihre / eure[1] Firma

[1] Sprachgebrauch in Hispanoamerika

	Plural	
Person	**männlich**	**weiblich**
1. Singular: *yo* ich	.... *coches* meine Autos	.... *empresas* meine Firmen
2. Singular: *tú* du	.... *coches* deine Autos	.... *empresas* deine Firmen
3. Singular: *él* er / *ella* sie / *usted* Sie	.... *coches* seine / ihre / Ihre Autos	*sus empresas* seine / ihre / Ihre Firmen
1. Plural: *nosotros/-as* wir	*nuestros coches* unsere Autos	.... *empresas* unsere Firmen
2. Plural *vosotros/-as* ihr	.... *coches* eure Autos	.... *empresas* eure Firmen
3. Plural: *ellos* / *ellas* sie / *ustedes* Sie / ihr[1]	*sus coches* ihre / Ihre / eure[1] Autos	.... *empresas* ihre / Ihre / eure[1] Firmen

[1] Sprachgebrauch in Hispanoamerika

57 B **Welche Besonderheiten der vorangestellten Possessivbegleiter können Sie in Bezug auf die Übereinstimmung von Geschlecht und Zahl mit dem Besitzobjekt feststellen?**

....

....

58 **Vervollständigen Sie die Sätze mit vorangestellten Possessivbegleitern. In Klammern steht die Person, auf die sie sich beziehen.**

1. Alberto trabaja muchísimo. (él) .... empresa no para de crecer.
2. ¿Cuándo llegarán (tú) .... hermanos?
3. Alejandra vive todavía con (ella) .... padres.
4. Aurora es modelo. Se ve en (ella) .... manera de andar.
5. (yo) .... padres están de vacaciones.
6. Nos gustan mucho (vosotros) .... bromas.
7. Por favor, ¿puede repetir (usted) .... pregunta?
8. (nosotros) .... hijas son muy distintas.

la empresa	die Firma	**la manera de andar**	der Gang
parar de	aufhören zu	**la broma**	der Scherz
crecer	wachsen	**distinto**	unterschiedlich

→ Gr LGr S. 131–141

Die nachgestellten Possessivbegleiter

59 A **Vervollständigen Sie die Tabelle mit den passenden nachgestellten Possessivbegleitern.**

	Singular	
Person	**männlich**	**weiblich**
1. Singular: *yo* ich	*un coche* ***mío*** ein Auto von mir	*una empresa* .... eine Firma von mir
2. Singular: *tú* du	*un coche* .... ein Auto von dir	*una empresa* ***tuya*** eine Firma von dir
3. Singular: *él* er / *ella* sie / *usted* Sie	*un coche* .... ein Auto von ihm / ihr / Ihnen	*una empresa* .... eine Firma von ihm / ihr / Ihnen
1. Plural: *nosotros/-as* wir	*un coche* .... ein Auto von uns	*una empresa* .... eine Firma von uns
2. Plural: *vosotros/-as* ihr	*un coche* ***vuestro*** ein Auto von euch	*una empresa* .... eine Firma von euch
3. Plural: *ellos* / *ellas* sie / *ustedes* Sie / ihr[1]	*un coche* .... ein Auto von ihnen / Ihnen / euch[1]	*una empresa* ***suya*** eine Firma von ihnen / Ihnen / euch[1]

[1] Sprachgebrauch in Hispanoamerika

	Plural	
Person	**männlich**	**weiblich**
1. Singular: *yo* ich	*coches* .... Autos von mir	*empresas* .... Firmen von mir
2. Singular: *tú* du	*coches* .... Autos von dir	*empresas* .... Firmen von dir
3. Singular: *él* er / *ella* sie / *usted* Sie	*coches* ***suyos*** Autos von ihm / ihr / Ihnen	*empresas* .... Firmen von ihm / ihr / Ihnen
1. Plural: *nosotros/-as* wir	*coches* .... Autos von uns	*empresas* ***nuestras*** Firmen von uns
2. Plural *vosotros/-as* ihr	*coches* .... Autos von euch	*empresas* .... Firmen von euch
3. Plural: *ellos* / *ellas* sie / *ustedes* Sie / ihr[1]	*coches* .... Autos von ihnen / Ihnen / euch[1]	*empresas* .... Firmen von ihnen / Ihnen / euch[1]

[1] Sprachgebrauch in Hispanoamerika

59 B **Welche Besonderheit der nachgestellten Possessivbegleiter können Sie in Bezug auf die Übereinstimmung von Geschlecht und Zahl mit dem Besitzobjekt feststellen?**

....

60 A **Vervollständigen Sie die Sätze mit nachgestellten Possessivbegleitern. In Klammern steht die Person, auf die sie sich beziehen.**

1. Los libros (nosotros) .... son los que están en la maleta.
2. La carta (tú) .... aún no ha llegado.
3. Estas amigas (ella) .... no me caen bien.
4. La propuesta (yo) .... es parecida a la propuesta (vosotros) ....
5. Las entradas (usted) .... las ha recogido su mujer hace cinco minutos.
6. Un viejo truco (él) .... es fingir que no sabe nada.
7. El piso (nosotras) .... es el primero a la derecha.
8. El coche (ustedes) .... es el azul.

la maleta	der Koffer	**la entrada**	die Eintrittskarte
Ella no me cae bien.	Ich kann sie nicht leiden.	**recoger**	abholen
		el truco	der Trick
la propuesta	der Vorschlag	**fingir que**	so tun, als ob
parecido	ähnlich	**el piso**	die Wohnung

60 B **Bei einigen präpositionalen Wendungen kann man sowohl vorangestellte als auch nachgestellte Possessivbegleiter ohne Bedeutungsunterschied benutzen. Vervollständigen Sie dementsprechend die Tabelle.**

en mi presencia / ausencia	en presencia / ausencia	in meiner An- / Abwesenheit
en vuestro nombre	en nombre	in eurem Namen
por su cuenta	por cuenta	selbständig
por su parte	por parte	seinerseits / ihrerseits / Ihrerseits
a nuestro favor	a favor	zu unseren Gunsten
de mi parte	de parte	von mir
en tu lugar	en lugar	an deiner Stelle
por tu culpa	por culpa	deinetwegen

Der spanische Gebrauch der Possessivbegleiter weicht in einigen Fällen vom deutschen ab: Wenn die Besitzverhältnisse klar sind, bevorzugt man im Spanischen den bestimmten Artikel, vor allem bei Körperteilen, Kleidung oder persönlichen Gebrauchsgegenständen.

61 **Verbinden Sie die deutschen Sätze mit ihren spanischen Entsprechungen.**

1.	Mein Kopf tut weh.	a.	Me he olvidado **el** reloj en casa.
2.	Ich werde jetzt mein Auto waschen.	b.	Siento el frío en **los** pies.
3.	Reich mir deine Hand.	c.	Tienes que limpiarte mejor **los** dientes.
4.	Mein Haar ist nass.	d.	Quítate **la** chaqueta.
5.	Ich habe meine Uhr zu Hause liegen lassen.	e.	Dame **la** mano.
6.	Du musst deine Zähne besser putzen.	f.	Voy a lavar ahora **el** coche.
7.	Ich spüre die Kälte an meinen Füßen.	g.	Me duele **la** cabeza.
8.	Zieh deine Jacke aus.	h.	Tengo **el** pelo mojado.

62 A **In einigen Fällen ist die Nachstellung der Possessivbegleiter obligatorisch. Verbinden Sie diese Fälle mit den jeweils dazu passenden Beispielsätzen.**

1.	Artikel + Substantiv	a.	He soñado con dos amigos míos. Ich habe von zwei Freunden von mir geträumt.
2.	Demonstrativadjektiv + Substantiv	b.	Ninguna idea tuya me convence. Keine von deinen Ideen überzeugt mich.
3.	Zahlwort + Substantiv	c.	¡Qué horror, Dios mío! Mein Gott, wie schrecklich!
4.	Indefinitadjektiv + Substantiv	d.	Una hermana mía se llama Laura. Eine Schwester von mir heißt Laura.
5.	besondere Betonung des Possessivums	e.	Muy señor mío: ... Sehr geehrter Herr, ...
6.	in Ausrufen	f.	Este conocido mío es francés. Dieser Bekannte von mir ist Franzose.
7.	in der Anrede	g.	Es una opinión tuya, no mía. Das ist eine Meinung von dir, nicht von mir.

62 B **Vervollständigen Sie diese E-Mail mit den passenden voran- bzw. nachgestellten Possessivbegleitern. In Klammern steht die Person, auf die sie sich beziehen.**

Querido (yo) .... amigo ....:

He recibido los dos (tú) .... mensajes .... y me he reído mucho con (tú) .... chistes .... En cuanto al viaje que me propones, me gustaría que viniera también algún (nosotros) .... amigo .... En este sentido, te recuerdo que Francisco es (tu) .... amigo .... pero no mío. La verdad es que este (tú) .... amigo .... no me parece simpático y prefiero que no venga. Si quieres que vengan también Esther y (ella) .... hermana ...., a mí me parece bien. Tampoco me parecería nada mal que viniera la (ellas) .... amiga .... tan guapa y simpática que conocimos el fin de semana pasado. ¿Por qué no hacemos el viaje con (yo) .... coche ...., que es más grande y seguro que el tuyo? En cualquier caso estoy encantado con la idea del viaje: ¡qué ganas tengo de volver a verte, (yo) .... amigo ....!

Un fuerte abrazo,
Iker

el mensaje	die Nachricht	**preferir**	bevorzugen
reírse	lachen	**guapo**	schön, hübsch
el chiste	der Witz	**encantado**	(hoch)erfreut
proponer	vorschlagen	**el abrazo**	die Umarmung

→ Gr LGr S. 198–200

Die Possessivpronomen

Die Formen der Possessivpronomen sind dieselben wie die der nachgestellten Possessivbegleiter. Der einzige Unterschied besteht darin, dass die Possessivpronomen immer mit dem bestimmten Artikel verwendet werden.

*Este coche es **mío**.* — Dieses Auto gehört mir. (wörtlich: Dieses Auto ist meins.)

*Este coche es **el mío**.* — Dieses Auto ist meins. (wörtlich: Dieses Auto ist das Meine / Meinige.)

63 Setzen Sie die passenden Possessivpronomen ein.

1. Mi dibujo es muy bueno, pero (ella) ………… es mejor.
2. Mi profesora es ésa, (vosotros) ………… es aquélla.
3. Nuestros resultados son peores que (ustedes) ………… .
4. Vuestra casa está cerca de (nosotros) ………… .
5. Este libro es (yo) ………… .
6. De todas las propuestas (tú) ………… me parece la mejor, aunque (ellos) ………… también es buena.

el dibujo	die Zeichnung	**cerca de**	in der Nähe von
peor	schlechter	**parecer**	scheinen
la propuesta	der Vorschlag	**aunque**	obwohl

DEMONSTRATIVA

→ Gr LGr S. 142–146, 200–202, 205–206 und 209

Unter „Demonstrativa“ werden sowohl die Demonstrativbegleiter, auch Demonstrativadjektive genannt, als auch die Demonstrativpronomen zusammengefasst.

***Este** libro es muy interesante.* (Adjektiv)	**Dieses** Buch ist sehr interessant.
*¿Y **ése** que estás leyendo tú?* (Pronomen)	Und **dieses**, das du gerade liest?

→ Gr LGr S. 142–146

Die Demonstrativbegleiter

64 Vervollständigen Sie die Tabelle mit den passenden Demonstrativbegleitern.

	Singular	Plural
maskulin	*este vaso* dieses Glas	.... *vasos* diese Gläser
feminin	.... *mesa* dieser Tisch	.... *mesas* diese Tische

	Singular	Plural
maskulin	.... *vaso* dieses Glas da	.... *vasos* diese Gläser da
feminin	.... *mesa* dieser Tisch da	*esas mesas* diese Tische da

	Singular	Plural
maskulin	.... *vaso* dieses Glas dort	.... *vasos* diese Gläser dort
feminin	*aquella mesa* dieser Tisch dort	.... *mesas* diese Tische dort

65 Setzen Sie die passenden Formen der Demonstrativbegleiter ein.

1. ¿De quién son .... (ese) libros?
2. ¿Conoces a .... (aquel) chicas?
3. .... (este) película no me gusta.
4. .... (aquel) hombre se parece a ti.
5. ¿Quién vive en .... (ese) casa?
6. .... (aquel) árboles son perales.
7. .... (este) regalos son los nuestros.
8. .... (ese) perro se llama Pepe.

la película	der Film	**el peral**	der Birnbaum
parecerse a alguien	jemandem ähneln	**el regalo**	das Geschenk

Este, *ese* und *aquel* weisen sowohl auf Personen als auch auf Gegenstände und Begriffe hin. Es ist, als ob man auf etwas sprachlich zeigen würde.

66 **Versuchen Sie, die richtigen Personalpronomen, Ortsadverbien und Entfernungsaspekte den passenden Demonstrativbegleitern zuzuordnen, um ihren üblichen Verwendungszusammenhang zu verdeutlichen.**

Personalpronomen	Ortsadverbien	Entfernungsaspekt
yo, tú, él, ella, usted, nosotros, nosotras, vosotros, vosotras, ellos, ellas, ustedes	*allí / allá* (dort), *ahí* (da), *aquí / acá* (hier)	in der Nähe des Sprechenden, in der Nähe des Angesprochenen oder weit entfernt von beiden

1. *Este, esta, estos, estas*

   ……………………………………………

2. *Ese, esa, esos, esas*

   ……………………………………………

3. *Aquel, aquella, aquellos, aquellas*

   ……………………………………………

67 **Vervollständigen Sie die Sätze mit den passenden Demonstrativbegleitern.**

1. ¿Quién es …………………… mujer que está sentada a tu lado?
2. ¿Quién es …………………… hombre que está sentado al lado de Álvaro?
3. …………………… camisa que llevo es mi favorita.
4. No me creo …………………… historias que cuentas.
5. El domingo subiremos a …………………… montañas.
6. …………………… señora es mi mujer.
7. …………………… días de nuestra infancia fueron maravilloso.
8. …………………… libro que lees parece interesante.

a tu lado	neben dir	**favorito**	Lieblings-
estar sentado	sitzen	**la infancia**	die Kindheit
llevar	tragen	**maravilloso**	wunderbar

68 Verbinden Sie die spanischen Sätze mit ihren deutschen Entsprechungen.

1.	¿Qué hacemos esta noche?
2.	En este momento no está en casa.
3.	Aquella vez tuvimos un problema.
4.	En ese momento me sentí bien.
5.	Esos pendientes te quedan muy bien.
6.	Aquel señor está dormido.
7.	¿Qué has hecho esta mañana?
8.	En aquella época no había libertad.

a.	Dieser Herr dort schläft.
b.	Damals gab es keine Freiheit.
c.	Was machen wir heute Abend?
d.	Was hast du heute Morgen gemacht?
e.	Im Moment ist er / sie nicht zu Hause.
f.	In diesem Moment fühlte ich mich gut.
g.	Diese Ohrringe stehen dir gut.
h.	Damals hatten wir ein Problem.

→ Gr LGr S. 200–202

Die Demonstrativpronomen

Die Demonstrativpronomen haben dieselben Formen wie die Demonstrativbegleiter und denselben Verwendungszusammenhang. Als Pronomen werden sie meistens mit einem Akzent geschrieben und somit von den Adjektiven differenziert: ***éste***, ***ése***, ***aquél***.

69 A **Vervollständigen Sie die Tabelle mit den passenden Demonstrativpronomen und Ortsadverbien, um den Verwendungszusammenhang zu verdeutlichen.**

		DEMONSTRATIVPRONOMEN		
Entfernungsaspekt		**maskulin**	**feminin**	**Ortsadverbien**
in der Nähe des Sprechenden	Singular Plural			
in der Nähe des Angesprochenen	Singular Plural			
weit entfernt von beiden	Singular Plural			

69 B **Vervollständigen Sie die Sätze mit den richtigen Demonstrativpronomen.**

1. .... de aquí son mis libros.
2. Mi hermana es .... que está ahí.
3. .... son las palabras que quería oír.
4. .... que pasa por allí es mi padre.
5. .... de enfrente son nuestros amigos.
6. Mira, ... es el amigo que quería presentarte.

la palabra	das Wort	**enfrente**	gegenüber
oír	hören	**presentar**	vorstellen

→ Gr LGr S. 205–206

Die neutralen Demonstrativpronomen

Die Demonstrativpronomen *esto*, *eso*, *aquello* werden „neutrale Demonstrativpronomen" genannt. Sie beziehen sich auf bereits erwähnte Sachverhalte, nicht näher bestimmte Gegenstände, Aussagen, ganze Sätze oder Satzteile. Deshalb beinhalten sie keine Informationen über Genus und Numerus. Sie werden nur als Pronomen verwendet – daher ohne Akzent geschrieben – und verweisen auch auf dieselben räumlichen, zeitlichen und subjektiv empfundenen Entfernungsaspekte.

70 **Vervollständigen Sie die Sätze mit den neutralen Demonstrativpronomen.**

1. ¿Qué es .... que está sobre la mesa? – .... es una sorpresa para ti.
2. ¿Qué es .... que se mueve a lo lejos?
3. No sé para qué es .... que llevas.
4. .... que has dicho no me gusta.
5. .... es mío, ... tuyo y .... de Lucía.
6. .... que estás pensando, también lo pienso yo.
7. .... que acabo de decir es lo que más me importa.
8. Sube un poco .... que está allí.

la sorpresa	die Überraschung	**llevar**	tragen
moverse	sich bewegen	**importar**	wichtig sein
a lo lejos	in der Ferne	**subir**	*hier* hochheben

INDEFINITA

Indefinita, z. B. *alguno/-a* (irgendein/-e), *ninguno/-a* (kein/-e), *cada* (jede/-r/-s), beziehen sich auf Personen, Sachen oder Mengen, die nicht näher bestimmt sind. Unter den zahlreichen Indefinita werden wir uns hier auf diejenigen beschränken, die am häufigsten gebraucht werden oder sich von den deutschen unterscheiden. Wir behandeln auch nicht diejenigen Indefinita, die in anderen Kapiteln dargestellt werden, wie *uno/-a/-os/-as* beim Artikel bzw. bei den reflexiven Verben, *bastante/-s* und *demasiado/-a/-os/-as* bei den Adverbien und Adjektiven, *mucho/-a/-os/-as* und *poco/-a/-os/-as* bei den Adjektiven und Adverbien sowie *más*, *menos* und *tanto/-a/-os/-as* bei den Vergleichsstrukturen.

→ Gr LGr S. 147–149, 154–155, 162 und 226

In der folgenden Übung trainieren Sie den Gebrauch von ***todo/-a/-os/-as*** (ganz, alle/-s, jede/-r/-s), ***cada*** (jede/-r/-s, alle, jedermann), ***cada uno / una*** (jede/-r/-s, jede/-r/-s einzelne) und ***cualquiera*** (irgendein/-e, jede/-r/-s), die alle die Grundbedeutung „jede/-r/-s" haben.

71 A **Sehen Sie sich die folgenden Beispiele mit ihren deutschen Übersetzungen genau an. Versuchen Sie anschließend, die Übersetzungen von „jede/-r/-s" *(todos/-as los/las, cada, cada uno/una, cualquier/-a)* ihren Grundbedeutungen zuzuordnen.**

Los veo todos los días.	Ich sehe sie jeden Tag.
Los veo cada dos días.	Ich sehe sie alle zwei Tage / jeden zweiten Tag.
Toda España está ahora de fiesta.	Ganz Spanien feiert jetzt.
Todas las colegas lo saben.	(Jede Kollegin ...) Alle Kolleginnen wissen es.
Cada uno piensa en un número.	Jeder (einzelne) / Jedermann denkt an eine Zahl.
Eso lo sabe hacer cualquiera.	Das kann jeder machen.
Dime cualquier número.	Sag mir irgendeine Zahl.
Voy al cine todos los jueves.	Ich gehe jeden Donnerstag ins Kino.
El tranvía pasa cada diez minutos.	Die Straßenbahn fährt alle zehn Minuten.
Me gustaría saber qué piensa cada uno.	Ich würde gern wissen, was jeder einzelne denkt.
Cada miembro tiene su propia opinión.	Jedes Mitglied hat seine eigene Meinung.
Ya me lo habían advertido todos.	Jeder / Alle hatte/-n mich schon davor gewarnt.

<table>
<tr><th></th><th>Grundbedeutung</th><th colspan="2">Entsprechung im Spanischen</th></tr>
<tr><td rowspan="4">JEDE/-R/-S

bezieht sich auf</td><td>• die Gesamtheit innerhalb einer Gruppe.</td><td>ALS PRONOMEN
ALS ADJEKTIV</td><td>..........
..........</td></tr>
<tr><td>• einzelne Bestandteile einer Gruppe in distributiver Verbindung zu anderen einzelnen Elementen.</td><td>ALS PRONOMEN
ALS ADJEKTIV</td><td>..........
..........</td></tr>
<tr><td>• ein beliebiges Element einer Gruppe.</td><td>ALS PRONOMEN
ALS ADJEKTIV</td><td>..........
..........</td></tr>
<tr><td>• eine Handlung, deren Regelmäßigkeit durch Zahlen, Zeitabschnitte oder andere Indefinita (cierto, poco, mucho) wiedergegeben wird.</td><td colspan="2">..........</td></tr>
</table>

71 Setzen Sie die passenden Übersetzungen von „jede/-r/-s“ ein.

B

1. .... veranos vamos al mismo pueblo de la costa.
2. .... de nosotros tiene que llevar un plato distinto para la fiesta.
3. Lo importante es terminar la tarea, así que .... idea se agradece.
4. Por esta estación el tren sólo pasa .... tres horas.
5. Esperamos que .... participante aporte su grano de arena.
6. .... tardes toma un té a las cinco, como en su país.
7. Viene a vernos .... cierto tiempo. (... *von Zeit zu Zeit*)
8. Al encuentro puede asistir ...., pues está abierto al público.
9. .... poco tiempo lo llamo para saber cómo está.
10. Han venido .... a la fiesta.

el verano	der Sommer
la costa	die Küste
llevar	bringen
el plato	*hier* das Gericht
la tarea	die Aufgabe / Arbeit
agradecer algo	für etwas danken
esperar	hoffen
el / la participante	der / die Teilnehmer/ -in
aportar su granito de arena	sein Scherflein beitragen
el té	der Tee
el encuentro	das Treffen
abierto al público	für den Publikumsverkehr geöffnet
llamar	anrufen

72 **Verbinden Sie die folgenden spanischen Redewendungen und Sprichwörter mit ihren deutschen Entsprechungen. Überprüfen Sie dabei jedes Mal die Übereinstimmung der Grundbedeutungen von „jede/-r/-s" mit den spanischen Entsprechungen.**

1. Cada oveja con su pareja.
2. Cualquiera se equivoca.
3. Todos los duelos con pan son menores.
4. Cada cual tiene / lleva su cruz.
5. Cada cosa en su tiempo, y los nabos en adviento. / Cada cosa a su tiempo.
6. Todos nos acordamos de Santa Bárbara cuando truena.
7. Cualquier tiempo pasado fue mejor.
8. Cada uno en su casa y Dios en la de todos.
9. Todas las cosas tienen su lado bueno y su lado malo.
10. Cada loco con su tema.

a. Jeder denkt an die Heilige Barbara, wenn es donnert. (= Daran hättest du früher denken sollen.)
b. Jedes Ding hat seine zwei Seiten.
c. Jedem Tierchen sein Pläsierchen. / Jedem Verrückten seine Marotte. / Jedem Narren gefällt seine Kappe.
d. Jede vergangene Zeit war besser. (= Die Zeiten werden immer schlechter.)
e. Jeder Topf findet seinen Deckel. / Gleich und Gleich gesellt sich gern.
f. Jeder ist Herr in seinem Haus. (= Jeder für sich; Gott für uns alle.)
g. Jeder kann irren. / (= Irren ist menschlich.)
h. Jedes Ding hat seine Zeit. (= Alles zu seiner Zeit.)
i. Jeder hat sein Kreuz zu tragen.
j. Jeder Kummer drückt weniger, wenn Brot da ist.

la oveja	das Schaf	**llevar**	tragen
la pareja	der / die Partner/-in	**el nabo**	die weiße Rübe
equivocarse	sich irren	**tronar**	donnern
el duelo	die Trauer	**el / la loco/-a**	der / die Verrückte

→ Gr LGr S. 147–149, 152–154 ud 213–215

Alguno/-a ([irgend]eine/-r, jemand), ***algunos/-as*** (einige, ein paar, manche) und ***ninguno/-a*** ([gar] kein/-e, kein/-e [einzige/-r]) werden sowohl adjektivisch als auch pronominal benutzt. *Alguno* und *ninguno* haben als Begleiter im Singular eine verkürzte Form vor männlichen Substantiven: ***algún*** *libro* ([irgend]ein Buch) ***ningún*** *problema* (kein Problem).
Ninguno und *ninguna* werden nur im Singular gebraucht und können ohne Bedeutungsänderung nachgestellt werden, während *alguno/-a* bei Nachstellung in einem verneinten Satz die Bedeutung von *ninguno/-a* annimmt:
No tengo ***ninguna*** *duda.* = *No tengo duda* ***ninguna****.* = *No tengo duda* ***alguna****.* (Ich habe keinen Zweifel.)

73 **Vervollständigen Sie nun die Sätze mit den oben eingeführten Indefinita.**

1. – ¿Ha venido .... amigo mío por aquí?
2. – No, no he visto a ....
3. .... dicen que te vas a casar. ¿Es verdad?
4. He leído la noticia en .... revistas.
5. No tengo esperanza ....
6. No tengo .... día libre esta semana.
7. – ¿Va a ir .... de vosotras al concierto?
8. – No, no vamos ....

casarse	heiraten	**la esperanza**	die Hoffnung
la noticia	die Nachricht	**el día libre**	der freie Tag
la revista	die Zeitschrift		

→ Gr LGr S. 212 und 216–229

Algo ([et]was) und ***nada*** (nichts) stehen für Gegenstände, ***alguien*** (jemand) und ***nadie*** (niemand) für Personen. Alle vier Formen sind unveränderlich. Während *algo* und *alguien* in bejahten Aussage- und Fragesätzen verwendet werden, benutzt man *nada* und *nadie* hauptsächlich in verneinten Sätzen.

Zwei Besonderheiten im Gebrauch:

- Wenn *nada* und *nadie* mit anderen verneinenden Wörtern verwendet werden, dann haben sie im Deutschen eine positive Entsprechung:

*Nunca pides **nada**.*	Nie fragst du nach **etwas**.
*Jamás me llama **nadie**.*	Nie ruft mich **jemand** an.
*Lo hago sin que **nadie** me vea.*	Ich mache es, ohne dass **jemand** mich sieht.

- In der Bedeutung „jemand" und „niemand" verwendet man eher *alguien* und *nadie* als *alguno* und *ninguno*, außer bei näheren Bestimmungen im Plural mit Wortklassen in der Mehrzahl (in den folgenden Beispielen *cocineros* und *vosotras*):

ohne nähere Bestimmung	mit näherer Bestimmung
*Busco a **alguien*** (überhaupt) *que sepa cocinar.* Ich suche **jemanden**, der kochen kann. *¿Conoces a **alguien**?* Kennst du **jemanden**? – *No, no conozco a **nadie**.* – Nein, ich kenne **niemanden**.	*Entonces me tendrá que ayudar **alguna** de vosotras, pues **ninguno** de los cocineros está libre.* Dann wird mir wohl jemand von euch (Frauen) helfen müssen, da keiner von den Köchen frei ist.

74 **Setzen Sie nun *algo*, *alguien*, *nada*, *nadie* oder gegebenenfalls *alguno/-a* und *ninguno/-a* in die Lücken ein.**

1. Nunca te he preguntado ……………………… .
2. ¿Hay ……………………… que pueda hacer por ti?
3. ¿Quiere ……………………… de vosotros decir algo?
4. No, ……………………… de nosotros quiere decir ……………………… .
5. Estoy buscando a ……………………… de aquí.
6. Lo hemos hecho sin que ……………………… se haya enterado.
7. No me ha dicho ……………………… que traiga ……………………… .
8. He visto a ……………………… saltando en la calle.

buscar	suchen	**traer**	herbringen
enterarse	merken, erfahren	**saltar**	springen

75 **Manchmal können *algo* und *nada* besondere Nuancen ausdrücken, die im Deutschen anders wiedergegeben werden. Versuchen Sie, sich diese Nuancen klar zu machen, indem Sie *algo* bzw. *nada* als Ergänzung für folgende Sätze auswählen.**

1. – ¡Gracias! – ¡De .... !	– Danke! – Keine Ursache!
2. .... es algo.	Das ist immer noch besser als gar nichts.
3. Pues ...., nos vamos.	Also gut, wir gehen.
4. Me suena de	Das kommt mir irgendwie bekannt vor.
5. No sabe .... de nada.	Er / Sie weiß überhaupt / ganz und gar nichts.
6. Ahora tiene .... más de suerte.	Jetzt hat er ein bisschen / etwas mehr Glück.
7. Pues por .... lo habrá dicho.	Er / Sie wird es aus gutem Grund gesagt haben.
8. Esa canción no me gusta para	Dieses Lied gefällt mir überhaupt nicht.
9. ¿Pasa .... ?	Ist irgendetwas?
10. Te quejas por	Du beschwerst dich wegen jeder Kleinigkeit.

76 **Setzen Sie in der letzten Übung die folgenden Indefinita ein: *unos* (zwei Mal), *tal*, *los mismos*, *diversas*, *varias*, *diferentes*, *distintas*, *las demás*, *mismo*, *los demás*, *la misma*, *semejante*, *ambos*. Die Übersetzung hilft Ihnen dabei.**

1. ¿............ café y .... poco de pastel?	Noch einen Kaffee und etwas Kuchen?
2. En .... días vienen	In wenigen Tagen kommen die anderen.
3. .... libros cuestan .... 50 euros.	Die übrigen Bücher kosten ca. 50 Euro.
4. Yo .... lo vi .... veces.	Ich selbst sah ihn mehrere Male.
5. Tienen opiniones	Sie sind unterschiedlicher Meinung.
6. Tenemos .... posibilidades.	Wir haben verschiedene Möglichkeiten.
7. Tuvimos .... reuniones.	Wir hatten mehrere Besprechungen.
8. Leemos libros de .... autora.	Wir lesen Bücher von derselben Autorin.
9. .... leen siempre .... libros.	Beide lesen immer die gleichen Bücher.
10. En .... día, ... visita!	An so einem Tag ein solcher Besuch!

PERSONAL- UND REFLEXIVPRONOMEN

Personalpronomen ersetzen Nomen oder Nominalgruppen (Personen, Sachen, Begriffe, Sachverhalte) und können wie diese verschiedene Funktionen im Satz übernehmen. Entsprechend unterscheidet man folgende Arten von Personalpronomen:

- betonte Subjektpronomen (*yo, tú, él, ella* usw.),
- unbetonte direkte Objektpronomen (*me, te, lo, la* usw.),
- unbetonte indirekte Objektpronomen (*me, te, le, les* usw.),
- betonte (präpositionale) Objektpronomen (*a mí, a ti, a él, a ella* usw.).

→ Gr LGr S. 173–180

Subjektpronomen

77 **Vervollständigen Sie die Tabelle mit den spanischen Subjektpronomen und tragen Sie sie in das Kreuzworträtsel ein, wenn nötig auch mehrmals. Aus den markierten Kästchen ergibt sich der Name eines lateinamerikanischen Landes. Welches?**

Welche Personen haben im Spanischen auch eine feminine Form?

....

....

Wie viele Formen gibt es im Spanischen für die Höflichkeitsform?

....

....

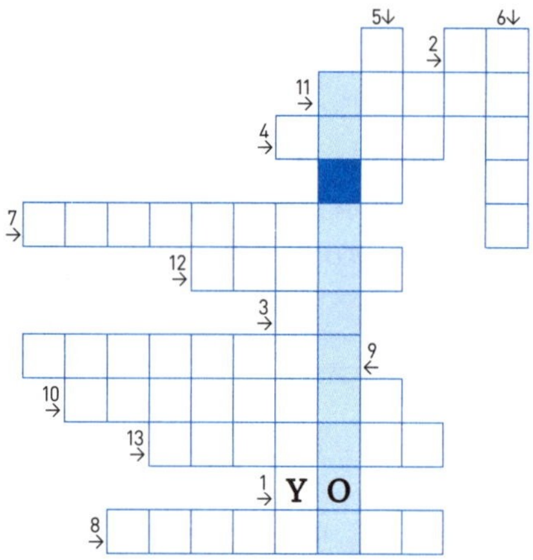

	SINGULAR			PLURAL	
	maskulin	feminin	Neutrum	maskulin	feminin
1. Person	1→ *yo*	1→	———	7→	8→
2. Person	2→	2→	———	9→	10→
3. Person	3→	4→	5→	11→	12→
Höflichkeits-form	6→	6→	———	13→	13→

Das neutrale spanische Pronomen *ello* ist nicht mit dem deutschen „es“ gleichzusetzen. Meistens wird *ello* nur mit einer Präposition gebraucht:
por ello (deshalb), *para ello* (dafür), *con ello* (damit), *a ello* (dazu) usw.

Die 2. Person Plural *vosotros/-as* wird in Hispanoamerika nicht gebraucht. Stattdessen wird die 3. Person Plural benutzt.

Ustedes comen mucho.	**Ihr** esst / **Sie** essen viel.

Im Gegensatz zum Deutschen werden die Subjektpronomen im Spanischen in der Regel weggelassen, weil die Person an der Endung der Verbform erkennbar ist. Eine Ausnahme sind die Höflichkeitsformen *usted / ustedes*, die häufiger als die anderen Personen verwendet werden.

Die Subjektpronomen sind in den folgenden Fällen obligatorisch:

- wenn sie ohne Verb stehen:
  ¿Quién ha terminado ya? – Yo. — Wer ist schon fertig? – **Ich**.
- wenn sie betont sind:
  Yo no lo hago, lo haces tú. — **Ich** mach's nicht, mach **du**'s.
- in Verbindung mit bestimmten Wörtern:
  yo mismo, tú también, hasta ellos — **ich** selbst, **du** auch, sogar **sie**

78 **Vervollständigen Sie die folgenden Fragen und Antworten mit den passenden Subjektpronomen, wenn nötig.**

1. ¿Dónde vive ....? – .... vivo en un pequeño pueblo español.
2. ¿Has sido .... la que ha limpiado el baño? – Sí, he sido ....
3. ¿Cuándo habéis llegado ....? – .... hemos llegado hace una hora.
4. ¿Vais a ir tu marido y .... a la fiesta? – No, ... no vamos a ir.
5. ¿Habéis encargado .... la tarta? – No, la hemos hecho .... mismas.
6. ¿Bailaron tus padres en la boda de ayer? – Sí, incluso .... bailaron.
7. ¿Almorzasteis .... ayer en casa? – No, ... lo hicimos en el trabajo.
8. .... no suelo acostarme tarde, ¿y tú? – .... tampoco.
9. ¿Es tu hermana mayor que tú? – No, ... soy mayor que ....
10. ¿Quería tu novio ir a pie? – Sí, ... quería ir a pie, pero .... no.

el pueblo	das Dorf; das Volk	**la boda**	die Hochzeit
limpiar	sauber machen, putzen	**incluso**	sogar
		almorzar	zu Mittag essen
hace	vor (*zeitlich*)	**acostarse**	zu Bett gehen
encargar	bestellen, in Auftrag geben	**el novio**	der Freund, der Bräutigam
bailar	tanzen		

→ Gr LGr S. 181–187

Unbetonte Objektpronomen

79 Schreiben Sie zu den Subjektpronomen die direkten und indirekten Objektpronomen aus dem Kästchen. Einige Pronomen müssen Sie mehrmals einsetzen.

me • os • le • las • nos • te • les • la • lo • los

	direkte Objektpronomen (Akkusativpronomen)	**indirekte Objektpronomen (Dativpronomen)**
yo	.... *mich*	.... *mir*
tú	.... *dich*	.... *dir*
él	.... *ihn*	.... *ihm*
ella	.... *sie*	.... *ihr*
usted	.... *Sie*	.... *Ihnen*
nosotros / nosotras	.... *uns*	.... *uns*
vosotros / vosotras	.... *euch*	.... *euch*
ellos	.... *sie*	.... *ihnen*
ellas	.... *sie*	.... *ihnen*
ustedes	.... *Sie*	.... *Ihnen*

Das Pronomen *lo* ersetzt nicht nur ein maskulines direktes Objekt im Singular, sondern kann sich auch auf einen ganzen Satz oder Sachverhalt beziehen:

¿Has comprendido lo que ha dicho el maestro? – Sí, lo he comprendido. — Hast du verstanden, was der Lehrer gesagt hat? – Ja, ich habe **es** verstanden.

Im Spanischen finden sich häufig zwei Dative in einem Satz, da das indirekte Objekt durch das entsprechende unbetonte Objektpronomen vorweggenommen wird:

Le he regalado un perfume a mi madre. — Ich habe meiner Mutter ein Parfüm geschenkt.

In einem großen Teil Spaniens wird für Personen *le* / *les* als direktes Objekt anstatt *lo* / *los* benutzt:

Le he visto en la calle. Ich habe **ihn** auf der Straße gesehen.

80 **Vervollständigen Sie die Sätze mit einem unbetonten direkten Objektpronomen.**

1. Los nuevos vecinos no .... conocen todavía. .... tenemos que presentar.
2. Estoy tristísima porque Paco ya no .... quiere.
3. ¿Has visto mi camisa negra? No sé dónde .... he puesto.
4. .... paso a recoger a las 8, pero tenéis que estar ya listos.
5. ¿Has comprado ya el pan? – No, no .... he comprado todavía.
6. ¿Cuándo tienes tiempo? Es que .... quiero invitar un día a cenar a casa.
7. He leído ya varias veces los ejercicios, pero no .... comprendo.
8. Voy a visitar a mis primas porque hace mucho tiempo que no .... veo.
9. ¿Quieres que .... lleve a casa en coche? Así no tienes que volver andando.
10. ¿Has hecho ya los deberes? – No, todavía no .... he hecho.

el vecino	der Nachbar	**cenar**	zu Abend essen
la camisa	das Hemd	**la prima**	die Cousine
pasar a recoger	abholen	**andando**	zu Fuß
estar listo	fertig sein	**los deberes**	die Hausaufgaben

81 **Ersetzen Sie die fett gedruckten Objekte durch die entsprechenden unbetonten direkten Objektpronomen. Vergessen Sie nicht, dass im Spanischen die direkten Objekte bei Personen mit der Präposition *a* angeschlossen werden.**

1. Hoy he llevado **a los niños** al cine.

   ....

2. Los Suárez han comprado **la casa de mis padres**.

   ....

3. Ya he llamado **a mi profesora de Física**.

   ....

4. Todavía no sé **lo que voy a hacer la semana que viene**.

   ....

5. Hace dos años que no veo **a mis suegros**.

   ....

6. Amalia ha escrito **el informe** en dos horas.

....

7. Todavía no conozco **a las hijas de mi nuevo novio**.

....

8. He movido **las mesas** para poder limpiar mejor el suelo.

....

llevar	*hier* mitnehmen
los suegros	die Schwiegereltern
el informe	der Bericht
el novio	der Freund, der Bräutigam
mover	*hier* wegstellen, bewegen
el suelo	der Fußboden

82 **Vervollständigen Sie die Fragen mit den unbetonten indirekten Objektpronomen, die Sie für richtig halten. Achtung! Im Gegensatz zum Deutschen verlangen die Verben *preguntar* und *interesar* im Spanischen ein indirektes Objekt.**

1. ¿No sabéis todavía toda la verdad? ¿No .... han contado lo que realmente pasó?
2. Manolo, ¿.................... puedes prestar el coche durante dos horas?
3. Señora Herrador, ¿.................... puedo hacer algunas preguntas?
4. Sara, ¿por qué me miras así? ¿Crees que no .... he traído lo que me encargaste?
5. Lola y Luis se casan el domingo. ¿.................... has comprado ya el regalo de boda?
6. Usted que ha viajado tanto, ¿.................... recomienda que pasemos la Semana Santa en Sevilla?
7. Oye, ¿por qué no come Ramón nada? ¿No .... gusta la comida?
8. ¿Por qué se han ido ya los chicos a la cama? ¿No .... interesa el fútbol?
9. ¿Por qué tenemos que esperar tanto? ¿No .... han preparado todavía la cuenta?
10. Querida, ¿.................... has preparado la maleta?

la verdad	die Wahrheit
pasar	geschehen
encargar	bestellen, in Auftrag geben
el regalo de boda	das Hochzeits-geschenk
recomendar	empfehlen
prestar	leihen, sich leihen
La Semana Santa	die Karwoche
la maleta	der Koffer

→ Gr LGr S. 468–473

Reflexiv- und Reziprokpronomen

Die Reflexiv- und Reziprokpronomen der 1. und 2. Person stimmen mit den Akkusativ- bzw. Dativpronomen überein. Für die 3. Person Singular und Plural ist das Pronomen *se*:

Me lavo todas las mañanas.	Ich wasche **mich** jeden Tag.
*Los niños ya **se** visten solos.*	Die Kinder ziehen **sich** schon allein an.

Beachten Sie:
Da reziproke Verben eine wechselseitige Handlung ausdrücken, können die Reziprokpronomen nur im Plural benutzt werden:

*Juan y yo **nos** queremos.*	Juan und ich lieben **uns / einander**.

83 Vervollständigen Sie die Reaktionen auf diese Behauptungen wie im Beispiel. Sie brauchen dafür ein Reflexivpronomen.

1.	Hoy te ha vestido tu mamá, ¿no?	– No, *me* he vestido yo sola.
2.	¡Yo soy el mejor alumno de la clase!	– No, tú .... crees el mejor, pero no lo eres.
3.	Tu hijo seguro que vio ayer el partido.	– No, ... quedó dormido en el sofá.
4.	María ha dormido hoy mucho.	– No, hoy .... ha levantado temprano.
5.	Ya he terminado todo el trabajo.	– No, usted .... ha olvidado de lo más importante.
6.	La película ha sido muy divertida, ¿no?	– No, ... hemos aburrido muchísimo.
7.	Mañana te damos una respuesta.	– No, ... decidís ahora mismo.
8.	Seguro que los niños todavía están levantados.	– No, ya .... han acostado.
9.	Tus amigas siempre están alegres.	– No, hoy .... sienten muy tristes.
10.	Podemos permancer de pie.	– No, no, ustedes .... sientan a mi lado.

creerse	sich halten für	**olvidarse**	vergessen
el partido	Spiel	**aburrirse**	sich langweilen
quedarse dormido	einschlafen	**de pie**	stehen

84 **Formulieren Sie die Sätze um, indem Sie die angegebenen Reziprokpronomen benutzen.**

nos	os	se

1. Jacinto admira a Daniel. Daniel admira a Jacinto.
   Jacinto y Daniel se admiran.
2. Tú has saludado a tu amigo en la calle. Tu amigo te ha saludado en la calle.
   ...
3. Nosotros besamos a los niños. Los niños nos besan.
   ...
4. Salvador prometió amor eterno a Nuria. Nuria prometió amor eterno a Salvador.
   ...
5. Tú me ayudas a aprender español. Yo te ayudo a aprender español.
   ...
6. Mis padres no hablan con mis abuelos. Mis abuelos no hablan con mis padres.
   ...
7. Vosotros escribís a vuestros tíos. Vuestros tíos os escriben.
   ...
8. El policía mató al ladrón. El ladrón mató al policía.
   ...

admirar	bewundern	**los abuelos**	die Großeltern, die Großväter
saludar	begrüßen		
besar	küssen	**el tío**	der Onkel
prometer	versprechen	**matar**	töten
eterno	ewig	**el ladrón**	der Dieb
ayudar	helfen		

85 **Welche Verben sind im Spanischen reflexiv, welche nicht? Ergänzen Sie die Reflexivpronomen, wo erforderlich. Tragen Sie die Verben dann in der richtigen Tabelle ein, wenn nötig auch mehrmals, und ordnen Sie die deutsche Übersetzung zu.**

1. La situación del enfermo — ha empeorado mucho y ya ni siquiera *se* puede sentar en la cama.
2. Ayer el jefe ... despidió a Pepe y hoy éste ha venido porque ... quería despedir de todos nosotros.
3. ¿... has vestido ya? ¿O ... has arrepentido de haberme dicho que me ibas a acompañar al médico?

4. .... hemos dado cuenta de que los alumnos .... divierten mucho en clase.
5. El próximo lunes .... encontrarán otra vez porque .... tienen que encontrar una solución definitiva a la situación actual.
6. Lo siento, ... estoy durmiendo porque anoche no .... dormí nada y esta tarde tampoco .... he podido descansar.
7. Ya sé que estás muy cansado porque .... estás mudando de piso, pero si .... quejas todo el tiempo es todavía peor. Así que si .... callas, será mucho mejor.
8. Hoy .... quedo en casa porque ayer .... quedé con unos amigos y .... acosté muy tarde.
9. .... he aburrido muchísimo en la fiesta de Carlos. No .... recuerdo haber estado en mi vida en una fiesta tan aburrida.
10. ¿No .... acordáis de que .... habíamos acordado no tratar más este tema?
11. No .... tienes que cambiar de ropa para ir a cambiar .... dinero.
12. .... llamo Juan Márquez y .... llamo para recordarle que hoy a las 10 tiene una cita con nosotros.

kündigen • ins Bett gehen • sich langweilen • sich treffen • sich verabreden • umziehen • einschlafen • rufen • etwas vereinbaren • dableiben • sich verabschieden • schweigen • finden • bemerken • wechseln • sich erinnern an • sich amüsieren • schlafen • ~~sich verschlechtern~~ • ~~sich setzen~~ • bereuen • sich anziehen • heißen • sich ausruhen • sich beklagen

reflexiv

sentarse	*sich setzen*	....	....
....	....	....	....
....	....	....	....
....	....	....	....
....	....	....	....
....	....	....	....
....	....	....	....
....	....	....	....
....	....		

nicht-reflexiv

empeorar	*sich verschlechtern*		

ni siquiera	nicht einmal	**tratar un tema**	über ein Thema sprechen
acompañar	begleiten		
el alumno	der Schüler	**la ropa**	die Kleidung
el piso	die Wohnung	**la cita**	die Verabredung, der Termin
aburrido	langweilig		

Stellung der unbetonten Objektpronomen

Im Spanischen stehen – im Gegensatz zum Deutschen – die unbetonten direkten und indirekten Objektpronomen in der Regel direkt **vor** dem konjugierten Verb:

*Todavía no **me** has dicho si vienes.*	Du hast **mir** noch nicht gesagt, ob du kommst.
***Lo** he comprado esta mañana.*	Ich habe **es** heute Morgen gekauft.

Wenn in einem Satz direkte und indirekte Objektpronomen zusammen vorkommen, stehen sie – ebenfalls im Gegensatz zum Deutschen – in folgender Reihenfolge:

indirektes Objektpronomen (Dativ)	vor	**direktem Objektpronomen** (Akkusativ)

*Juan **me lo** ha dicho esta mañana.*	Juan hat **es mir** heute Morgen gesagt.

Beachten Sie:

a. Vor *lo / la / los / las* werden *le* und *les* zu ***se***:
   ***Se lo** he regalado (a mi madre).* — Ich habe **es ihr** geschenkt.

b. In Sätzen mit einem konjugierten Modalverb (z. B. *poder*, *querer*, *tener que*, *deber*) + Infinitiv oder Verbalperiphrase (z. B. *estar* + *gerundio*, *acabar de* + Infinitiv usw.) können die Pronomen vor der konjugierten Form stehen oder an den Infinitiv bzw. das *gerundio* angehängt werden:
   ***Te lo** puedo prestar. / Puedo prestár**telo**.* — Ich kann **es dir** leihen.
   ***Me** estoy duchando. / Estoy duchándo**me**.* — Ich dusche **mich** gerade.

c. Steht der Infinitiv oder das *gerundio* allein, d. h. ohne konjugiertes Verb, so werden die Objektpronomen an den Infinitiv bzw. das *gerundio* angehängt:

*Lo hizo sin decír**selo** a sus padres.*	Er machte es, ohne **es** ihren Eltern zu sagen.
*No solucionarás el problema contándo**selo** a tu jefe.*	Du wirst das Problem nicht lösen, wenn du **es** deinem Chef erzählst.

d. Beim bejahten Imperativ werden die Objektpronomen immer an das Verb angehängt. Beim verneinten Imperativ stehen die Pronomen dagegen vor dem Verb:

*¡Dí**melo**!*	Sag **es mir**!
*¡No **me lo** digas!*	Sag **es mir** nicht!

86 **Beantworten Sie jetzt einige Fragen von Übung 82 und ersetzen Sie dabei das direkte Objekt (unterstrichen) durch die passenden Pronomen. In einigen Fällen haben Sie zwei Möglichkeiten. Vergessen Sie nicht, dass Sie in einigen Fällen das indirekte Objekt ändern müssen: *le / les → se*.**

1. ¿No sabéis todavía toda la verdad? ¿No .... han contado lo que realmente pasó?
   – No, no nos lo han contado.
2. Manolo, ¿............ puedes prestar el coche durante dos horas?
   – No, lo siento, no ....
3. Señora Herrador, ¿............ puedo hacer algunas preguntas?
   – Sí, claro, ...
4. Sara, ¿por qué me miras así? ¿Crees que no .... he traído lo que me encargaste?
   – Sí, creo que no ....
5. Lola y Luis se casan el domingo. ¿............ has comprado ya el regalo de boda?
   – Sí, ya ....
6. Usted que ha viajado tanto, ¿............ recomienda que pasemos la Semana Santa en Sevilla?
   – Sí, ...
7. ¿Por qué tenemos que esperar tanto? ¿No .... han preparado todavía la cuenta?
   – Sí, sí, ya ....
8. Querida, ¿............ has preparado la maleta?
   – No, no ....

87 **Ordnen Sie nun den folgenden Dialog zwischen zwei Arbeitskollegen. Ergänzen Sie dabei die passenden unbetonten Objektpronomen.**

- Es que yo .... tengo que saber antes de que .... llame Marta. ....
- Hombre, es que hoy hace un año que .... conocimos. ....
- Pues porque si mañana hay reunión, tendré que preparar .... esta noche y no podré ir a cenar con ella. ....
- No .... preocupes. Supongo que .... dirá antes de ir .... a casa. ....
- Manolo, ¿........ has preguntado ya al jefe si .... reunimos mañana? 1
- ¿Y por qué? ....
- ¿Y cuándo .... va a decir? ....
- Bueno, si no .... veis un día tampoco pasa nada, ¿no? ....
- Sí, ... he preguntado, pero todavía no .... sabe. ....

hace	vor (*zeitlich*)	**preocuparse**	sich Sorgen machen
la reunión	die Besprechung, die Sitzung	**suponer**	vermuten
cenar	zu Abend essen	**reunirse**	eine Besprechung haben

88 **Wandeln Sie die Sätze um, indem Sie die unterstrichenen Satzteile durch die passenden unbetonten Objektpronomen ersetzen. In einigen Fällen haben Sie zwei Möglichkeiten, in welchen?**

1. No dijo la verdad a Juan. ....
2. Podemos dar el dinero a tus padres. ....
3. Sigue contando el cuento a los niños. ....
4. He comprado la casa al vecino. ....
5. Escribí en el acta todo lo que dijo. ....
6. ¿Estás escribiendo una carta a tu novio? ....
7. Tenemos que vender el coche a Tomás. ....
8. ¿Puedes guardar los libros en tu cajón? ....

el cuento	das Märchen	**guardar**	aufbewahren
el vecino	der Nachbar	**el cajón**	die Schublade
el acta (*feminin*)	das Protokoll		

89 **Übersetzen Sie die folgenden Sätze ins Spanische.**

1. Sagen Sie (*Plural*) es ihm nicht!

   ....

2. Verlangen Sie (*Singular*) es!

   ....

3. Warten wir auf sie!

   ....

4. Mach dir keine Sorgen!

   ....

5. Versteh mich bitte!

   ....

6. Trink es nicht!

   ....

7. Leg dich hin!

   ....

8. Schreiben Sie (*Singular*) es nicht!

   ....

pedir	verlangen	**preocuparse**	sich Sorgen machen
esperar	warten	**echarse, acostarse**	sich hinlegen

→ Gr LGr S. 188–190 und 469–470

Betonte (präpositionale) Objektpronomen

Nach einer Präposition stehen die betonten (oder präpositionalen) Objektpronomen, die mit den Subjektpronomen, außer in der 1. (*mí*) und 2. (*ti*) Person Singular, identisch sind:

Este coche es ***para vosotros***.	Dieses Auto ist **für euch**.
aber	
Este coche es ***para mí***.	Dieses Auto ist **für mich**.

Die Formen der Reflexivpronomen sind identisch, mit Ausnahme der 3. Person Singular und Plural (*sí*):

Estáis enamorados ***de vosotros*** *mismos*.	Ihr seid **in euch** selbst verliebt.
aber	
Está enamorado ***de sí*** *mismo*.	Er ist **in sich** selbst verliebt.

Nach den Präpositionen *entre* (zwischen), *excepto / salvo / menos* (außer) und *según* (gemäß / nach) stehen auch in der 1. und 2. Person Singular die Formen der Subjektpronomen:

***Entre tú** y **yo** no hay nada.*	**Zwischen dir** und **mir** gibt es nichts.

Die Präposition *con + mí, ti* und *sí* wird jeweils zu *conmigo, contigo* und *consigo*:

*¿Vienes al cine **conmigo**? – Sí, voy **contigo**.*	Kommst du **mit mir** ins Kino? – Ja, ich gehe **mit dir**.
*Juan siempre habla **consigo** mismo.*	Juan spricht immer **mit sich** selbst.

Achtung!

Die präpositionalen Objektpronomen als indirekte oder direkte Objektpronomen (*a* + Präposition) müssen immer von den entsprechenden unbetonten Pronomen zusätzlich begleitet werden, es sei denn, es wird das präpositionale Objektpronomen ohne Verb (z. B. als kurze Antwort) benutzt:

***A él le** gusta mucho esa foto.*	**Ihm** gefällt dieses Photo sehr.
***Me** lo dijeron **a mí**.*	**Mir** wurde es gesagt.
***A ella la** vi ayer.*	Ich sah **sie** gestern.
aber	
*¿A quién le gusta el helado? – **A mí**.*	Wem schmeckt Eis? – **Mir**.

90 Beantworten Sie die folgenden Fragen mit der in Klammern angegebenen Information. (P. = Person, mask. = maskulin, fem. = feminin, Sing. = Singular, Pl. = Plural, refl. = reflexiv)

1. ¿Para quién son estas flores? – Son para *mi*. (1. P. Sing.)
2. ¿De quién está enamorada Ana? – Está enamorada de ………… (2. P. Sing.)
3. ¿Por quién lo haces? – Lo hago por …………. (3. P. mask. Sing.)
4. ¿Con quién te enfadaste? – Me enfadé con …………. (3. P. fem. Sing.)
5. ¿Para quién es esta carta? – Para ………… (Höflichkeitsform Sing.)
6. ¿En quién piensa Enrique? – Sólo en ………… mismo. (3. P. refl. Sing.)
7. ¿Entre quién lo repartiréis? – Entre …………, claro. (1. P. mask. Pl.)
8. ¿De quién son estos bolsos? – De …………. (1. P. fem. Pl.)
9. ¿Por quién brindamos? – ¡Por …………! (2. P. mask. Pl.)
10. ¿A quién vais a votar? – A …………, claro. (2. P. fem. Pl.)
11. ¿A quiénes habéis visto? – A …………. (3. P. mask. Pl.)
12. ¿No creéis en mí? – No, sólo en …………. (3. P. fem. Pl.)
13. ¿Con quién viajarán? – Con …………. (Höflichkeitsform Pl.)
14. ¿De quiénes están decepcionados? – De ………… mismos. (3. P. refl. Pl.)

estar enamorado de	verliebt sein in	**brindar por alguien**	für jemanden einen Trinkspruch ausbringen
enfadarse	sich ärgern		
la carta	der Brief		
repartir	aufteilen	**votar**	wählen
el bolso	die Tasche	**estar decepcionado**	enttäuscht sein

91 **Verbinden Sie die deutschen Sätze mit ihren spanischen Übersetzungen. Ergänzen Sie dabei die passenden Pronomen.**

1.	Er hat nach ihr gefragt.	a.	A .... no .... interesa mi trabajo.
2.	Lad sie nicht ein.	b.	A .... no .... gusta nada eso.
3.	Mir ist es egal.	c.	¡Compra un helado para .... !
4.	Deiner Meinung nach bin ich schuld.	d.	.... ha preguntado por ....
5.	Du kannst mit mir rechnen.	e.	A .... da igual.
6.	Uns gefällt das überhaupt nicht.	f.	A .... ya .... he dicho.
7.	Euch habe ich es schon gesagt.	g.	Con .... no quiero hablar.
8.	Sie interessiert meine Arbeit nicht.	h.	Según .... tengo la culpa.
9.	Mit ihm will ich nicht reden.	i.	Puedes contar ....
10.	Kauf doch ein Eis für sie!	j.	A .... no .... invites.

→ Gr LGr S. 190–194

Verdoppelung des direkten und indirekten Objekts

Wenn ein Substantiv oder ein Demonstrativpronomen als direktes oder indirektes Objekt dem Verb vorausgeht (z. B. weil es betont werden soll), muss es durch das entsprechende unbetonte Objektpronomen wieder aufgenommen werden:

Compramos la casa el año pasado.	Wir kauften das Haus letztes Jahr.
→ *La casa **la** compramos el año pasado.*	→ Das Haus kauften wir letztes Jahr.

Weitere Beispiele:

***A los niños** todavía no **los** he visto.*	Die Kinder habe ich noch nicht gesehen.
***A Juan** ya **le** he comunicado la noticia.*	Juan habe ich die Nachricht schon mitgeteilt.
***A mis padres les** he comprado el mejor regalo.*	Meinen Eltern habe ich das beste Geschenk gekauft.

92 Ändern Sie die Ordnung der folgenden Sätze wie im Beispiel. Vergessen Sie nicht, das entsprechende unbetonte Pronomen einzufügen.

1. Ya he encargado los libros de poesía.
   Los libros de poesía *ya **los** he encargado*.
2. No veo a Salvador desde hace dos días.
   A Salvador ....
3. No he hecho todavía lo que me dijiste.
   Lo que me dijiste ....
4. Ya he regado las plantas.
   Las plantas ....
5. Ya le he dado el dinero.
   El dinero ....
6. Yo he roto la taza.
   La taza ....
7. Todavía no sabemos la verdad.
   La verdad ....
8. Ya le he dicho lo que pienso de él.
   Lo que pienso de él ....

encargar	bestellen, in Auftrag geben	**romper**	zerbrechen, kaputt machen
regar	gießen	**la taza**	die Tasse
la planta	die Pflanze; das Stockwerk		

93 Wiederholung. Wählen Sie die richtige Lösung aus. In drei Fällen gibt es zwei Möglichkeiten.

1. ...., pero no he tenido tiempo.
   a. Quería se lo enviar b. Quería enviárselo c. Se lo quería enviar
2. Por favor, no .... esos pantalones.
   a. te pongas b. póngase c. póngale
3. Todavía no ....
   a. nos han presentado. b. le os han presentado. c. lo os han presentado.
4. A las chicas .... gustó mucho la película.
   a. las b. la c. les
5. Este anillo .... regaló su marido.
   a. le b. lo nos c. se lo
6. Nos lo han dicho ....
   a. a ti y mí. b. a ti y a mí. c. por tú y yo.

7. ¿Has tenido alguna vez problemas ....?
   a. consigo b. con mí c. con ellos
8. ¿.. ahora mismo?
   a. Estaslo leyendo b. Estás leyéndolo c. Lo estás leyendo
9. .... encanta la música, ¿no?
   a. A ti b. A ti te c. A ella le
10. ¿Quién ha limpiado la cocina? – ....
   a. Mí. b. Yo. c. A mí.

enviar	schicken, senden	**encantar**	sehr gefallen
el pantalón	die Hose	**limpiar**	sauber machen, putzen
la película	der Film		
el anillo	der Ring	**la cocina**	die Küche
regalar	schenken		

94 Wiederholung. Schreiben Sie den Text noch einmal, so dass die unnötigen Wiederholungen durch Pronomen ersetzt werden. Eliminieren Sie dabei auch die überflüssigen Subjektpronomen.

El señor García fue al mercado porque él quería hacer una paella y él necesitaba los ingredientes para preparar la paella. El señor García había comprado el arroz el día anterior y por eso ya no tenía que comprar el arroz esa mañana. Cuando el señor García llegó al mercado, sacó una lista del bolsillo. En la lista estaban escritas todas las cosas que él necesitaba: tomates, pimientos, judías verdes, calamares, gambas, almejas y mejillones. Esta vez quería hacer una paella de mariscos y por eso decidió ir primero a un puesto donde vendieran mariscos. Para el señor García era muy importante que los mariscos estuvieran frescos y que los mariscos no fueran muy caros. Por fin él encontró un puesto de mariscos donde vendían mariscos a un buen precio y los mariscos eran buenos. El señor García preguntó quién era el último, se puso en la cola y esperó en la cola hasta que llegó al señor García su turno. Cuando el dueño del puesto le preguntó al señor García qué quería, el señor García dijo al dueño del puesto que le pusiera un cuarto de kilo de calamares y explicó al dueño del puesto que necesitaba los calamares para una paella y que para hacer la paella también necesitaba un cuarto de kilo de almejas y otro de mejillones. El dueño del puesto puso al señor García los calamares, las almejas y los mejillones. El señor García pagó al dueño del puesto todo y se despidió del dueño del puesto. Al señor García ya sólo le faltaba buscar un puesto de verduras, comprar las verduras en el puesto de verduras, pagar las verduras y volver rápido a casa para hacer la paella.

necesitar	benötigen, brauchen	**la almeja**	die Venusmuschel
el ingrediente	die Zutat	**el mejillón**	die Miesmuschel
el arroz	der Reis	**el marisco**	die Meeresfrucht
anterior	vorherige/-r/-s	**el puesto**	der Verkaufsstand, der Kiosk
sacar	herausholen, herausziehen	**la cola**	die Schlange
el bolsillo	die Hosentasche	**llegar el turno**	an der Reihe sein
el pimiento	die Paprikaschote	**el dueño**	der Besitzer
las judías verdes	die grünen Bohnen	**explicar**	erklären
la gamba	die Garnele	**las verduras**	das Gemüse

95 **Wiederholung. Vervollständigen Sie die Sätze mit einem Pronomen und kreuzen Sie dann an, ob die Aussagen richtig oder falsch sind. (v = *verdadero*, f = *falso*)**

	v	f
1. En Sevilla hay una gran catedral gótica y junto a .... una torre y un patio árabes.	☐	☐
2. Los españoles .... acuestan más tarde que los alemanes.	☐	☐
3. El catalán .... hablan sólo los catalanes.	☐	☐
4. Las Meninas .... pintó Velázquez.	☐	☐
5. La Sagrada Familia de Barcelona .... terminó de construir Gaudí.	☐	☐
6. Las Fallas es una fiesta típica de Valencia y en .... se queman muchas figuras.	☐	☐
7. Todos los españoles tienen dos apellidos y el segundo de .... reciben de su madre.	☐	☐
8. Extremadura .... encuentra en el norte de España.	☐	☐

la torre	der Turm	**pintar**	malen
el patio	der Innenhof	**quemar**	verbrennen
acostarse	zu Bett gehen	**el apellido**	der Familienname

RELATIVPRONOMEN

→ Gr LGr S. 230–253

Relativpronomen haben eine zweifache Funktion: Sie helfen, Wiederholungen zu vermeiden, indem sie ein Substantiv oder Pronomen ersetzen, und sie leiten einen Nebensatz (= Relativsatz) ein:

*Tengo **una casa**. **Mi casa** es muy grande.* — Ich habe **ein Haus**. **Mein Haus** ist sehr groß.

↓

*Tengo **una casa** que es muy grande.* — Ich habe **ein Haus**, **das** sehr groß ist.

Es gibt im Spanischen vier Relativpronomen: ***que***, ***quien***, ***el cual*** und ***cuyo***, von denen nur ***que*** unveränderlich ist:

*Éstas son las chicas **con las cuales** vivo.* — Das sind die Mädchen, mit denen ich zusammen wohne.

Im Spanischen unterscheidet man zwischen zwei Arten von Relativsätzen:

a. **notwendiger Relativsatz** (*oración relativa especificativa*), der für das Verständnis des Hauptsatzes notwendig ist und **nicht durch Kommas** abgetrennt wird:
*La señora **que vive en el quinto** empieza siempre a trabajar a las 7.* — Die Frau, die im fünften Stockwerk wohnt, fängt immer um 7 Uhr an zu arbeiten.
→ Die Information *que vive en el quinto* ist notwendig für das Verständnis des Hauptsatzes und um zu wissen, von wem die Rede ist.

b. **nicht notwendiger Relativsatz** (*oración relativa explicativa*), der Informationen enthält, die für das Verständnis des Hauptsatzes nicht notwendig sind und der **durch Kommas** abgetrennt wird:
Mi hermano, que vive en Madrid, empieza siempre a trabajar a las 7. — Mein Bruder, der in Madrid wohnt, fängt immer um 7 Uhr an zu arbeiten.
→ Die Information *que vive en Madrid* ist nicht notwendig für das Verständnis des Hauptsatzes.

Auch für die Wahl des richtigen Relativpronomens ist dieser Unterschied in einigen Fällen entscheidend.

96 Entscheiden Sie, ob Kommas gesetzt werden müssen oder nicht.

1. Mi padre ...... que ya había desayunado ...... se fue muy temprano a trabajar.
2. Hay muchas personas ...... que no tienen trabajo.
3. Éste es el vestido ...... que he comprado.

4. Es un hombre .... a quien todas las mujeres quieren.
5. Mi hermano .... que ya tiene 30 años .... todavía sigue viviendo con mis padres.
6. El balonmano es un juego .... que no entiendo.
7. Hoy me he encontrado con Marta .... a la que no veía desde hacía años.
8. Mi nueva vecina .... que es de Chile .... me ha visitado hoy.

desayunar	frühstücken	**el balonmano**	der Handball
el vestido	das Kleid	**la vecina**	die Nachbarin

→ Gr LGr S. 235–239

Que

Das unveränderliche *que* ist das meistgebrauchte Relativpronomen. *Que* kann sich auf Personen oder Gegenstände beziehen und wird als Subjekt und als direktes Objekt (Akkusativobjekt) des Nebensatzes verwendet.

Que als Subjekt:

*Conozco a una mujer **que** ha vivido en Perú.* Ich kenne eine Frau, **die** in Peru gelebt hat.
*Tengo un coche **que** corre muchísimo.* Ich habe ein Auto, **das** sehr schnell fährt.

Que als direktes Objekt (Akkusativobjekt):

*El chico **que** ves allí es mi hermano.* Der Junge, **den** du dort siehst, ist mein Bruder.
*Ya he leído el libro **que** me prestaste.* Ich habe das Buch, **das** du mir geliehen hast, schon gelesen.

97 Verbinden Sie die Sätze mit dem Relativpronomen *que*.

1. Hemos visto a unas niñas. Estaban muy contentas.
   Hemos visto a unas niñas que estaban muy contentas.
2. Ahí vive un abogado. Trabaja en mi empresa.
   ....
3. Manolo es un hombre muy inteligente. Manolo es ingeniero.
   ....
4. Hablamos con el doctor Pérez. El doctor había estado ausente dos meses.
   ....
5. El móvil no funciona. Me regalaste ese móvil el mes pasado.
   ....
6. Víctor está escribiendo un libro. El libro trata de un tema histórico.
   ....

7. Tienes que doblar la ropa. Te he dejado la ropa sobre la cama.

....

8. Ayer estuve en Cádiz. Cádiz es una ciudad con mucha luz.

....

9. Los niños se fueron a la cama. Todos los niños estaban muy cansados.

....

10. He comprado unas sillas. Las sillas son perfectas para la mesa de la cocina.

....

el abogado	der Anwalt	**tratar**	handeln
la empresa	die Firma	**doblar la ropa**	die Wäsche zusammenlegen
el ingeniero	der Ingenieur		
estar ausente	abwesend sein	**la silla**	der Stuhl
el móvil	das Mobiltelefon		

Präpositionen + Artikel + *que*

Wenn eine Präposition dem Relativpronomen vorausgeht, wird in der Regel der Artikel verwendet, der in Genus und Numerus mit dem Bezugswort übereinstimmt:

Ésta es la casa en la que vivo.	Das ist das Haus, **in dem** ich wohne.
Éste es el médico al que voy siempre.	Das ist der Arzt, **zu dem** ich immer gehe.
Éstas son las señoras con las que trabajo.	Das sind die Damen, **mit denen** ich arbeite.
Éstos son los señores para los que trabajo.	Das sind die Herren, **für die** ich arbeite.

Als neutrales Relativpronomen kann sich *lo que* im Spanischen niemals auf ein Substantiv, sondern nur auf einen ganzen Sachverhalt beziehen:

Quiero hablar de lo que me dijiste ayer.	Ich will darüber reden, **was** du mir gestern gesagt hast.

Achtung!

a. Nach den Präpositionen *a*, *de*, *en*, *por* und *con* kann der Artikel weggelassen werden, wenn das Bezugswort ein Gegenstand ist und der Nebensatz ein notwendiger Relativsatz ist (ohne Kommas!):

Ésta es la foto con (la) que gané el premio.	Das ist das Photo, **mit dem** ich den Preis gewonnen habe.

b. Zur Angabe des direkten Objekts bei Personen kann *que* (wie bereits gesagt) oder *a* + **Artikel** + *que* verwendet werden:

Éste es el chico (al) que vi ayer.	Das ist der Junge, **den** ich gestern sah.

98 **Verbinden Sie die Sätze mit dem Relativpronomen *que* oder Artikel + *que*.**

1. He vendido el vestido. Con ese vestido me casé.
   He vendido el vestido con (el) que me casé.
2. Ana trabaja en el hospital. En ese hospital mi madre es directora.
   ……………………………………
3. Ángel tiene un nuevo jefe. De ese jefe hemos hablado hoy.
   ……………………………………
4. Tengo un proyecto. Para ese proyecto he conseguido ayuda económica.
   ……………………………………
5. Hoy voy a visitar al nuevo vecino. Tú ya conoces al nuevo vecino.
   ……………………………………
6. Han encarcelado a los ladrones. Contra ellos declararon dos testigos.
   ……………………………………
7. Los niños comieron una tarta. Yo había hecho la tarta.
   ……………………………………
8. Hoy ha llegado un nuevo informe. Sobre el informe quiero hablar contigo.
   ……………………………………
9. He visto una película. Mi marido me recomendó esa película.
   ……………………………………
10. Mañana cenamos con los López. Con ellos también almorzamos ayer.
   ……………………………………

casarse	heiraten	**el / la testigo**	der Zeuge / die Zeugin
encarcelar	einsperren		
el ladrón	der Dieb	**el informe**	der Bericht
declarar	aussagen	**recomendar**	empfehlen
		almorzar	zu Mittag essen

99 **Finden Sie zu jedem Wort die passende Beschreibung und verbinden Sie die zwei Teile durch *que* oder Artikel + *que*. Wenn es sich um einen Beruf handelt, müssen Sie *es la persona* vor dem Relativpronomen einfügen.**

agenda	– Pasa todos los días con un camión y recoge lo que tú no quieres.
maceta	– Es un instrumento para escribir mis deberes de matemáticas.
mecánico	– Es un librito para escribir mis citas.
carpintero	– Es un recipiente para beber vino.
lápiz	– Gana dinero montando en bicicleta.
basurero	– Hablas con él cuando quieres una mesa a medida.
ciclista	– Te diriges a ella cuando tu coche no funciona.
copa	– Es un recipiente para poner una planta.

1. *Una agenda es un librito en el que escribo mis citas.*
2. ……
3. ……
4. ……
5. ……
6. ……
7. ……
8. ……

el camión	der Lastwagen	**la cita**	der Termin, die Verabredung
recoger	mitnehmen		
el deber	die Aufgabe	**el recipiente**	der Behälter
el librito	Büchlein	**ganar**	verdienen
		a medida	nach Maß

→ Gr LGr S. 239–240

Quien / quienes

Quien bezieht sich nur auf Personen und hat eine Pluralform: *quienes*.
Dieses Relativpronomen kann als Subjekt in nicht notwendigen Relativsätzen (mit Kommas!) anstatt *que* gebraucht werden:

*Puedes preguntarle a Mónica, **quien** (= **que**) te ayudará con gusto.*	Du kannst Monika, **die** dir gern helfen wird, fragen.

Nach Präpositionen kann *quien* anstatt *el que* in notwendigen und nicht notwendigen Relativsätzen verwendet werden:

*Éstas son las señoras **con quienes** (= **con las que**) trabajo.*	Das sind die Damen, **mit denen** ich arbeite.
*Éste es el señor **para quien** (= **para el que**) trabajo.*	Das ist der Herr, **für den** ich arbeite.

100 Setzen Sie *que*, *quien* oder *quienes* ein. In einem Fall gibt es zwei Möglichkeiten.

Esta tarde he terminado el libro …… me regalaste por mi cumpleaños. Es un libro para …… le gusten mucho las historias románticas y yo, la verdad, prefiero otro tipo de novelas. La protagonista, Amanda, es una mujer …… conoce a su media naranja en un cementerio. Él, Amador, va allí para visitar la tumba de su mujer, …… había muerto hacía un año, y a …… había amado con toda su alma. Amanda también había perdido en un accidente de tráfico a dos amigos con ……

había compartido una gran parte de su vida. Cuando Amanda pasó por el lado de Amador, dejó caer su pañuelo, ... él recogió solícitamente y le devolvió mirándola a los ojos, ... estaban igual de tristes que los suyos. Fue amor a primera vista. ¡Qué romántico!

preferir	vorziehen
el / la protagonista	der Held / die Heldin
la media naranja	die bessere Hälfte
el cementerio	der Friedhof
la tumba	das Grab
con toda su alma	von ganzem Herzen
compartir	teilen

el pañuelo	das Taschen-, Kopf-, Halstuch
recoger	aufheben
solícitamente	sorgsam, bereitwillig
devolver	zurückgeben
a primera vista	auf den ersten Blick

101 Welches Relativpronomen? Bilden Sie sinnvolle Sätze aus den Satzteilen.

1.	Es el cardiólogo al		traduzco libros al español.
2.	Quiero hablar contigo de	que	fui después de tener el infarto.
3.	Es la única persona en		te quieres casar.
4.	Trabajo en una editorial para	quien	construyó mi casa.
5.	Ése es un argumento		le ha causado un gran trauma.
6.	No me digas que ésa es la mujer con	lo que	puedo confiar.
7.	Su mujer se ha ido con otro,	el que	hemos estado hablando toda la tarde.
8.	He denunciado al arquitecto		no nos convence.
9.	Éste es el problema sobre	la que	choqué.
10.	Ayer vi al conductor del coche contra		me pasó ayer.

la editorial	der Verlag
denunciar	anzeigen
el conductor	der Fahrer
traducir	übersetzen

el infarto	der Infarkt
confiar en alguien	jemandem vertrauen
convencer	überzeugen
chocar	zusammenstoßen

→ Gr LGr S. 240–242

El cual / la cual / los cuales / las cuales

Bezugswort von *el cual* sind sowohl Personen als auch Gegenstände. *El cual* hat eine Pluralform und wird immer mit dem bestimmten Artikel gebraucht, der in Genus und Numerus mit dem Bezugswort übereinstimmt. Außerdem gibt es die neutrale Form *lo cual*, die sich niemals auf ein Substantiv beziehen kann, sondern nur auf Sachverhalte:

Mi hija ha empezado a fumar, lo cual no me gusta nada.
Meine Tochter hat angefangen zu rauchen, **was** mir überhaupt nicht gefällt.

El cual ist ein weiteres Relativpronomen, das *que* oder *quien* ersetzen kann. Wie *quien* kann *el cual* als Subjekt nur in nicht notwendigen Relativsätzen (mit Kommas!) gebraucht werden. Nach Präpositionen wird *el cual* in notwendigen und nicht notwendigen Relativsätzen verwendet:

Daniel, el cual (= *quien / que*) *está ahora en Londres, me llamó ayer por teléfono.*
Daniel, **der** jetzt in London ist, hat mich gestern angerufen.

Éstos son los amigos con los cuales (= con quienes / con los que) fui ayer al cine.
Das sind die Freunde, **mit denen** ich gestern ins Kino gegangen bin.

Estuvimos en un restaurante en el cual (= en el que) todo era carísimo.
Wir waren in einem Restaurant, **in dem** alles sehr teuer war.

El cual wird vor allem in der geschriebenen Sprache verwendet und in Fällen, in denen *que* nicht eindeutig genug ist:

Un país con muchos monumentos, el cual ...
Ein Land mit vielen Sehenswürdigkeiten, **das** ...

Un país con muchos monumentos, los cuales ...
Ein Land mit vielen Sehenswürdigkeiten, **die** ...

El cual wird außerdem besonders bei mehrsilbigen und zusammengesetzten Präpositionen oder Präpositionalfügungen verwendet, z. B. *al lado de* (neben), *a lo largo de* (entlang), *al término de* (am Ende von), *durante* (während), *enfrente de* (gegenüber), *mediante* (durch):

Ahí está la estación, al lado de la cual hay una parada de autobús.
Dort ist der Bahnhof, **neben dem** es eine Bushaltestelle gibt.

102 **Schreiben Sie die Sätze um, indem Sie *el cual*, *la cual*, *los cuales*, *las cuales* oder *lo cual* anstatt *que*, Artikel + *que*, *quien* und *quienes* verwenden.**

1. Esta noche no he podido pegar un ojo, por lo que ahora estoy muerta.

   ....

2. Tomaré las vacaciones en agosto, mes en el que media España no trabaja.

   ....

3. Está casada desde hace ocho años con Antonio, a quien ama con locura.

   ....

4. Iré a hablar con mis tíos, en quienes confío plenamente.

   ....

5. He ido a visitar a Fernando, que ya no trabaja en mi empresa.

   ....

6. Son aventuras amorosas de la juventud sobre las que no quiero hablar.

   ....

7. Me dijo que me iba a ayudar, lo que es buena señal.

   ....

8. Es el profesor con quien empecé a interesarme por la historia.

   ....

no pegar un ojo	kein Auge zutun	**la aventura amorosa**	das Liebesabenteuer
amar con locura	wahnsinnig lieben	**la juventud**	die Jugend
confiar en alguien	jemandem vertrauen	**ser buena señal**	ein gutes Zeichen sein
plenamente	völlig		
la empresa	das Unternehmen		

103 **Wählen Sie ein Wort aus dem Kästchen aus, um die folgenden Relativsätze zu vervollständigen.**

mediante • del • los • que • el • lo • cual • quienes • quien • la

1. Han elegido a los diez mejores deportistas del colegio, entre .... cuales está mi hijo.
2. Éste es el internado en .... que estuvo de niño el presidente del Gobierno.
3. Han cerrado la fábrica para .... que trabajé durante 15 años.
4. No ha vuelto a preguntar por ella, lo .... me extraña mucho.
5. Éste es el camino a lo largo .... cual siempre paseábamos los domingos.
6. No es a ti a .... necesitan para sustituir a Lorenzo.

7. No te fíes de las personas .... se creen perfectas.
8. Me dieron una tarjeta .... la cual podía abrir y cerrar la habitación del hotel.
9. Hace tres semanas que no viene a trabajar, ... que no acabo de comprender.
10. No he vuelto a ver a los chicos con .... solía jugar al fútbol.

el / la deportista	der / die Sportler/-in	**el camino**	der Weg
el internado	das Internat	**sustituir**	ersetzen
de niño	als Kind	**fiarse de alguien**	jemandem vertrauen
extrañar	wundern	**la tarjeta**	die Karte

104 Unterstreichen Sie in jedem Satz alle (kursiv gedruckten) Relativpronomen, die richtig sind.

1. La ventana *la cual / que / quien* da a la calle está rota.
2. Hoy me ha invitado a cenar el chico *que / quien / el cual* conocí ayer.
3. El libro *a que / al que / al cual / a quien* hacéis referencia todavía no lo he leído.
4. Mi padre, *quien / el cual / que* tenía muy buenas notas en el colegio, nunca pudo ir a la universidad.
5. La persona *de la que / de que / de quien / de la cual* hablas es muy conocida en toda la ciudad.
6. La película *de que / de la que / de la cual / de quien* me hablaste todavía no la han estrenado en mi ciudad.
7. El restaurante *para que / para el que / para el cual / para quienes* trabajo está siempre llenísimo.
8. Las dos chicas *con quienes / con que / con las que / con las cuales* me viste son mis dos mejores amigas.

roto	kaputt	**la nota**	die Note
cenar	zu Abend essen	**estrenar**	zum ersten Mal aufführen
hacer referencia a algo	sich auf etwas beziehen	**llenísimo**	randvoll

→ Gr LGr S. 143–144

Cuyo / cuya / cuyos / cuyas

Anders als im Deutschen richten sich *cuyo* / *cuya* / *cuyos* / *cuyas* (dessen / deren) nach Genus und Numerus des darauf folgenden Substantivs:

Es una ciudad ***cuyos*** *moumentos son famosos.* — Es ist eine Stadt, **deren** Sehenswürdigkeiten berühmt sind.

Vor *cuyo* kann auch eine Präposition stehen:

Es una novela ***de cuyo*** *nombre no puedo acordarme.* — Es ist ein Roman, **an dessen** Namen ich mich nicht erinnern kann.

In der gesprochenen Sprache wird *cuyo* normalerweise durch *que tiene* oder eine andere Konstruktion ersetzt:

Es una ciudad ***cuyos*** *monumentos son famosos. / Es una ciudad* ***que tiene*** *monumentos famosos.*

105 Verwandeln Sie den Satz in Klammern in einen Relativsatz.

1. Cervantes, (*Sus obras son conocidas en todo el mundo.*), murió un 23 de mayo.

   ……………………………………………

2. Mercedes, (*Su padre murió hace unos días.*), ha vuelto hoy otra vez al trabajo.

   ……………………………………………

3. El hombre (*Su mujer ha muerto.*) se llama viudo.

   ……………………………………………

4. La película que vi ayer, (*Del título de la película no me acuerdo.*), no me gustó.

   ……………………………………………

5. El abuelo de Carmen, (*En su casa viví dos meses.*), me ha vuelto a invitar.

   ……………………………………………

6. Los enfermos (*Sus enfermedades eran incurables.*) eran trasladados a otra sala.

   ……………………………………………

7. Estuvimos en Ratisbona, (*Delante de su catedral vimos al Papa.*).

   ……………………………………………

8. El señor Roca, (*Con su hijo me he casado.*), no quiere saber nada de mí.

   ……………………………………………

la obra	das Werk	**incurable**	unheilbar
el viudo	der Witwer	**trasladar**	überführen
la enfermedad	die Krankheit	**Ratisbona**	Regensburg

→ Gr LGr S. 244–245

Cuanto, donde, cuando, como

Donde, *cuando*, *como* und *cuanto* können in bestimmten Fällen statt eines Relativpronomens gebraucht werden:

El restaurante donde (= en el que) cenamos ...	Das Restaurant, **wo** (= in dem) wir zu Abend gegessen haben ...
El parque por donde (= por el que) paseamos ...	Der Park, **durch den** wir spazieren gingen ...
El día cuando (= en el que) nos conocimos ...	Der Tag, **als** (= an dem) wir uns kennenlernten ...
Se mueve como (= de la misma forma que) su madre.	Sie bewegt sich **wie** ihre Mutter.

Cuanto / cuanta / cuantos / cuantas steht ohne Bezugswort und wird oft von *todo* (alles) begleitet:

Comieron cuanto (= lo que) quisieron.	Sie aßen, **so viel** sie wollten.
Repite todo cuanto (= todo lo que) digo.	Er wiederholt **alles, was** ich sage.

106 Ersetzen Sie die kursiv gedruckten Wörter durch *cuanto/-a/-os/-as*, *donde*, *cuando* oder *como*.

1. La ciudad desde *la que* te escribo es preciosa.
2. Me han dicho que siempre le dan todo *lo que* pide.
3. Lo hace *de la misma forma que* tú.
4. El hotel en *el que* pasaré las vacaciones es bastante caro.
5. El miércoles es *el día en el que* descanso.
6. Sevilla es una de las ciudades por *las que* pasa el Guadalquivir.
7. Había invitado a *todas las* personas *que* había querido.
8. Un domingo fue *el día en el que* nos separamos.
9. Se ha comportado *de la manera que* me habían dicho que lo haría.
10. Todos *los que* hablan no saben nada del tema.

precioso	reizend, nett; wertvoll	**comportarse**	sich verhalten, sich benehmen
pedir	verlangen	**la manera**	die Art, die Weise
descansar	sich ausruhen	**el tema**	das Thema
separarse	sich trennen		

→ Gr LGr S. 246–247

Relativsätze mit impliziertem Bezugswort

Artikel + *que*, *quien* und *cuanto* können auch ohne Bezugswort stehen.
Dieses geht aus dem Kontext hervor (= impliziert):

Los que *han terminado pueden irse.*	**Diejenigen**, **die** fertig sind, können gehen.
Me dijo ***lo que*** *sabía.*	Er sagte mir, **was** er wusste.
Quien *calla, otorga.*	**Wer** schweigt, stimmt zu.
Cuantos *estaban allí dieron su opinión.*	(**Alle**) **diejenigen**, **die** da waren, sagten ihre Meinung.

107 Setzen Sie das passende Relativpronomen ein. In einigen Fällen haben Sie mehrere Möglichkeiten.

1. .... pierde el primer juego tiene que pagar la primera ronda.
2. .... han ensuciado la clase tendrán que limpiarla.
3. .... tú piensas no me interesa en absoluto.
4. Se lo puedes decir a .... quieras.
5. .... estudia mucho aprueba los exámenes.
6. No creo en .... mienten para conseguir lo que quieren.
7. Mis tías son .... están a la derecha de la foto.
8. Esas señoras son con .... he ido de excursión.

la ronda	die Runde	**aprobar**	bestehen
ensuciar	schmutzig machen	**mentir**	lügen
limpiar	säubern, putzen	**conseguir**	bekommen, erreichen

108 Wiederholung. Wählen Sie das richtige Relativpronomen aus. In einigen Fällen gibt es mehrere Möglichkeiten.

1. Éste es el matrimonio en .... casa se rodó la película.
   a. cuyo b. cuya c. el cuya
2. Si vuelves a invitar a ese tipo (1) .... no tiene ni pizca de educación, me voy a casa de mi madre, (2) .... estaré mucho más tranquila.
   (1) a. que b. el cual c. quien
   (2) a. en la que b. en donde c. en la cual
3. Todavía no nos han presentado a todos .... han venido.
   a. quienes b. cuantos c. los que
4. No le gustó la película en .... las mujeres tenían el poder por un día.
   a. la cual b. quienes c. la que

5. Los médicos, (1) .... llegaron tarde al lugar de los hechos, no pudieron hacer nada para salvar la vida de (2) .... habían sufrido el atentado.
   (1) a. que   b. a los que   c. quienes
   (2) a. los cuales   b. los que   c. quienes
6. Nos han dicho que no cuentan con nosotros, ... me ha dolido mucho.
   a. que   b. el que   c. lo cual
7. No olvidaré .... me dijiste que me querías.
   a. cuando   b. el día en que   c. en el que
8. Tienes que hacerlo .... dice en las instrucciones.
   a. lo que   b. lo   c. como
9. (1) .... tú no sabes es que Macarena es (2) .... lo ha hecho.
   (1) a. Lo cual   b. Lo que   c. Quien
   (2) a. quien   b. la que   c. la cual
10. Ésos son los políticos con .... ganaremos las elecciones.
   a. que   b. las cuales   c. quienes

el matrimonio	das Ehepaar	**salvar**	retten
rodar	(Film) drehen	**sufrir**	erleiden
ni pizca de	keine Spur von	**doler**	wehtun
la educación	die Erziehung, die Bildung	**las instrucciones**	die Gebrauchsanweisung
el poder	die Macht	**ganar**	gewinnen
el lugar de los hechos	der Tatort	**las elecciones**	die Wahlen

109 **Wiederholung. Schreiben Sie den Text noch einmal, so dass die unnötigen Wiederholungen durch Relativpronomen ersetzt werden.**

Al construir las casas hay que tener en cuenta el medio ambiente. El medio ambiente ha estado olvidado durante tantos años. En nuestra casa, por ejemplo, tenemos en la planta baja un generador. El generador produce la electricidad. La casa necesita electricidad. También en la planta baja tenemos dos cisternas enormes. Estas cisternas recogen el agua de lluvia. Con el agua de lluvia se puede limpiar el inodoro y lavar la ropa. En nuestra casa, como en todas, se produce basura. El reciclaje de la basura es, claro está, muy importante para nosotros. Todos los vecinos separamos el plástico, el metal, el papel, el vidrio y la basura orgánica. Nosotros distribuimos el plástico, el metal, el papel, el vidrio y la basura orgánica en bolsas o contenedores. Las bolsas y contenedores también están en la planta baja. Bueno, menos el contenedor de basura orgánica. El contenedor de basura orgánica está en el patio. En el patio tenemos además muchas flores y plantas. Por desgracia, en nuestra casa también hay otro tipo de basura. Este tipo de basura no se puede reciclar. De todas formas estamos muy contentos con nuestra casa «ecológica». A nuestra casa «ecológica» ya le han concedido más de un premio.

tener en cuenta	berücksichtigen
el medio ambiente	die Umwelt
la planta baja	das Erdgeschoss
el generador de electricidad	der Stromerzeuger
la cisterna	die Zisterne, das Auffangbecken
recoger	aufnehmen
el inodoro	das WC
la basura	der Müll
el reciclaje	die Wiederverwertung

el vidrio	das Glas
la basura orgánica	der Kompost
la bolsa	die Tüte
el contenedor	der Container
el patio	der Innenhof
por desgracia	leider
ecológico	umweltfreundlich, Öko-
conceder	(Preis) verleihen
el premio	der Preis
el premio	der Preis

110 Zum Schluss lesen Sie die folgenden Redewendungen mit Relativpronomen und verbinden sie mit ihren deutschen Übersetzungen.

1.	A quien madruga, Dios le ayuda.	a.	Drum prüfe, wer sich ewig bindet.
2.	Donde menos se piensa, salta la liebre.	b.	Wie du mir, so ich dir.
3.	Quien siembra vientos, recoge tempestades.	c.	Was man nicht im Kopf hat, hat man in den Beinen.
4.	A quien Dios no le da cabeza, le da buenas piernas.	d.	Wer zuletzt lacht, lacht am besten.
5.	El que ríe el último, ríe mejor.	e.	Morgenstund(e) hat Gold im Mund(e).
6.	Donde las dan las toman.	f.	Morgen, morgen, nur nicht heute, sagen alle faulen Leute.
7.	No dejes para mañana lo que puedas hacer hoy.	g.	Unverhofft kommt oft.
8.	Antes que te cases, mira lo que haces.	h.	Wer Wind sät, wird Sturm ernten.

madrugar	früh aufstehen	**sembrar**	säen
saltar	springen	**la tempestad**	der Sturm
la liebre	der Hase	**casarse**	heiraten

INTERROGATIVA

→ Gr LGr S. 254–268

Formen und Funktionen der Interrogativa

Man unterscheidet
- unveränderliche Interrogativa (*qué*, *cómo*, *cuándo*, *dónde*) und
- veränderliche Interrogativa
  - nur im Numerus veränderlich (*cuál/-es*, *quién/-es*),
  - im Numerus und im Genus veränderlich (*cuánto/-a/-os/-as*).

Die Interrogativa (wie auch die Exklamativa = Ausrufewörter) tragen immer einen Akzent auf der betonten Silbe und behalten ihn auch in einer indirekten Frage:

unveränderliche Interrogativa

QUÉ	
¿Qué has comido hoy?	Was has du heute gegessen?
¿Qué color prefieres?	Welche Farbe gefällt dir besser?
CÓMO	
¿Cómo estás?	Wie geht es dir?
CUÁNDO	
¿Cuándo viene tu padre?	Wann kommt dein Vater?
DÓNDE	
¿Dónde está el niño?	Wo ist das Kind?

veränderliche Interrogativa

Singular	Plural
CUÁL *¿Cuál de los dos prefieres?* Welche/-n/-s von beiden magst du?	CUÁLES *¿Cuáles son tus libros?* Welche (von denen) sind deine Bücher?
QUIÉN *¿Quién ha venido?* Wer ist gekommen?	QUIÉNES *¿Quiénes son esos hombres?* Wer sind diese Männer?

	Singular	Plural
maskulin	CUÁNTO *¿Cuánto ganas?* Wie viel verdienst du?	CUÁNTOS *¿Cuántos sois?* Wie viele seid ihr?
feminin	CUÁNTA *¿Cuánta fruta compro?* Wie viel Obst kaufe ich?	CUÁNTAS *¿Cuántas hijas tienes?* Wie viele Töchter hast du?

Interrogativa werden oft von einer Präposition begleitet, die immer vor dem Fragewort steht:

*¿**De dónde** eres?*	Woher kommst du?
*¿**A quién** has visto?*	Wen hast du gesehen?
*¿**A quién** le has dado las llaves?*	Wem hast du den Schlüssel gegeben?
*¿**De quién** es este coche?*	Wessen Auto ist das?
*¿**Desde cuándo** estáis casados?*	Seit wann seid ihr verheiratet?

Bei der Kombination *a* + *dónde* wird die Präposition mit dem Fragewort zusammengeschrieben:

*¿**Adónde** vas?*	Wohin gehst du?

Die Fragewörter können folgende Funktionen haben:

Begleiter (adjektivisch)	
QUÉ *¿**Qué libro** estás leyendo?* Welches Buch liest du gerade?	**CUÁNTO/-A/-OS/-AS** *¿**Cuántos libros** has leído?* Wie viele Bücher hast du gelesen?

Pronominal	
QUÉ *¿**Qué** haces?* Was machst du? **CUÁL/-ES** *¿**Cuál** es el mejor?* Welches (Buch) ist das Beste?	**CUÁNTO/-A/-OS/-AS** *¿**Cuánto** tienes?* Wie viel hast du? **QUIÉN/-ES** *¿**Quién** ha llamado?* Wer hat angerufen?

Adverbial		
CÓMO *¿**Cómo** te llamas?* Wie heißt du?	**CUÁNDO** *¿**Cuándo** vienes?* Wann kommst du?	**DÓNDE** *¿**Dónde** estás?* Wo bist du?

Bitte nicht vergessen: Im Spanischen haben sowohl Frage- als auch Ausrufesätze jeweils zwei Frage- bzw. Ausrufezeichen, ein umgekehrtes am Anfang und ein normales am Ende.

111 *Qué*, *quién* oder *quiénes*? Vervollständigen Sie die Sätze mit dem richtigen Fragewort, wenn nötig mit der passenden Präposition.

1. ¿.................... se gastan los niños el dinero? – Se lo gastan en chucherías.
2. ¿.................... son esos chicos? – Son los primos de Daniel.
3. ¿.................... vas a visitar este fin de semana? – Voy a visitar a mis padres.
4. ¿.................... piensas? – En todos los problemas que tengo.
5. ¿.................... son estos papeles? – Son de Salvador.
6. ¿.................... trata ese libro? – Trata de la situación actual de los emigrantes.
7. ¿.................... has estado discutiendo? – Con mi hermano, como siempre.
8. ¿.................... me has dicho que has soñado hoy? – Hoy he vuelto a soñar con Lola.
9. ¿.................... aspiras en la vida? – Aspiro a ser una persona íntegra.
10. ¿.................... confías realmente? – Pues la verdad es que sólo confío en ti.

gastar	ausgeben	**discutir**	streiten; besprechen
las chucherías	die Süßigkeiten	**soñar con**	träumen von
el primo	der Cousin	**aspirar a**	abzielen auf
tratar de	handeln von	**confiar en**	trauen, sich verlassen auf

112 *Cuánto*, *cuánta*, *cuántos* oder *cuántas*? Setzen Sie das richtige Fragewort ein, wenn nötig mit der passenden Präposition.

1. ¿.................... harina necesitamos para el pastel?
2. ¿.................... partes hay que dividir el pastel?
3. ¿.................... compraste el coche?
4. ¿.................... personas quiere hacer usted la reserva?
5. ¿.................... zapatos te has comprado en los últimos meses?
6. ¿.................... están hoy las peras?
7. ¿.................... tiempo necesitas para hacer estos ejercicios?
8. ¿.................... respuestas has recibido?

la harina	das Mehl	**la pera**	die Birne
el pastel	der Kuchen	**necesitar**	brauchen
dividir	teilen	**la respuesta**	die Antwort

113 **Wählen Sie ein Fragewort aus, um die folgenden Fragen zu vervollständigen, und ordnen Sie dann jedem Satz die passende Antwort zu.**

a quién • de quién • por qué • qué • adónde • desde cuándo • dónde • quiénes • cómo • cuánto • cuántas • cuál

1.	¿........................ estudió Raúl en la universidad?	a.	No muchas, sólo tres.
2.	¿........................ estáis saliendo juntos?	b.	La blanca me parece más bonita.
3.	¿........................ tiempo has estado de vacaciones?	c.	Desde hace dos años.
4.	¿........................ es esta chaqueta?	d.	Muy bien, gracias.
5.	¿........................ has comprado tantos tomates?	e.	Todavía no lo sabemos.
6.	¿........................ le has contado tu problema?	f.	En el primer cajón de la cómoda.
7.	¿........................ se ha ido Miriam?	g.	Es que quiero hacer gazpacho.
8.	¿........................ de las dos blusas te gusta más?	h.	Sólo una semana.
9.	¿........................ has puesto las entradas?	i.	Sólo a mi marido.
10.	¿........................ son los culpables?	j.	No sé, creo que al cine.
11.	¿........................ propuestas hay?	k.	Creo que medicina.
12.	¿........................ habéis dormido?	l.	Es mía.

salir juntos	zusammen ausgehen	**la entrada**	die Eintrittskarte
el cajón	die Schublade	**culpable**	schuldig
el gazpacho	kalte Tomatensuppe	**la propuesta**	der Vorschlag

Der Gebrauch von *qué* und *cuál*

Im Spanischen haben *cuál* und *cuáles* (welche/-r/-s) immer eine pronominale Funktion, aber sie werden nur anstelle eines Substantivs verwendet, wenn man aus einer Menge gleicher Dinge eine Auswahl trifft. Die Frage mit *cuál* setzt voraus, dass man schon weiß, worum es geht:

¿Cuál prefieres, el verde o el rojo?	Welchen magst du lieber, den grünen oder den roten?
¿Cuál de los dos te gusta más?	Welcher von beiden gefällt dir besser?

¿*Cuál es tu libro preferido?*	Welches ist dein Lieblingsbuch?

Qué (was) mit einer pronominalen Funktion wird bei ungleichen Dingen benutzt:

¿***Qué*** *quieres hacer, nadar o ir de paseo?*	Was willst du machen: schwimmen oder spazieren gehen?

Qué wird auch bei Fragen benutzt, deren Antwort offen ist:

¿***Qué*** *quieres comer hoy?*	Was willst du heute essen?

Außer der pronominalen Funktion von *qué*, die gerade erklärt wurde, wird mit ***qué*** + **Substantiv** der adjektivische Gebrauch von „welche/-r/-es" ausgedrückt:

¿***Qué coche*** *prefieres, el verde o el rojo?*	Welches Auto magst du lieber, das grüne oder das rote?
¿***Qué coche*** *de los dos te gusta más?*	Welches Auto von beiden gefällt dir besser?
¿***Qué libro*** *es tu libro preferido?*	Welches Buch ist dein Lieblingsbuch?

114 *Que*, *cuál* oder *cuáles*? Wählen Sie das richtige Fragewort aus.

1. ¿.................... fruta te gusta más?
2. – ¿.................... desea usted?
   + Me gustaría probarme esos pantalones.
   – ¿....................?
   + Los que tiene puestos el maniquí.
3. Hay yogur de fresa y de plátano. ¿.................... prefieres?
4. ¿.................... es tu punto de vista sobre este tema?
5. – ¿Me pasas la fuente, por favor?
   + ¿...................., la de las patatas o la de la carne?
6. ¿.................... oportunidades tienen los jóvenes en esta empresa?
7. ¿.................... prefieres, ir a tomar unas copas o quedarte en casa?
8. ¿.................... es el significado de «azulejo»?
9. ¿.................... significa «azulejo»?
10. Tengo dos grandes problemas y no sé .... es peor de los dos.

la fruta	das Obst	**el punto de vista**	der Aussichtspunkt
el maniquí	die Schaufenster-puppe	**la fuente**	der Servierteller
		la empresa	die Firma
la fresa	die Erdbeere	**tomar una copa**	ein Glas trinken
el plátano	die Banane	**el azulejo**	die Kachel
preferir	vorziehen		

115 Wie würden Sie die folgenden deutschen Sätze mit „wie“ auf Spanisch wiedergeben?

1. Wie alt sind Sie? ……………
2. Wie teuer ist diese Wohnung? ……………
3. Wie hoch ist diese Wand? ……………
4. Wie gefällt dir Madrid? ……………
5. Wie spät ist es? ……………
6. Wie schwer bist du? ……………
7. Wie weit ist es bis zur Uni? ……………
8. Wie oft bist du in Spanien gewesen? ……………
9. Wie lange wohnst du schon in Salamanca? ……………
10. Wie lange dauert der Film? ……………
11. Wie lange wirst du noch arbeiten? ……………
12. Wie gefällt euch der neue Lehrer? ……………

el piso	die Wohnung	**la película**	der Film
la pared	die Wand		

116 Indirekte Fragen. Vervollständigen Sie die Sätze, indem Sie die rechts stehenden Fragewörter an die richtige Stelle setzen.

1. Estaba preocupada porque no sabía …………… estaba mi hija, con su padre o con sus amigas.
2. No tenía ni idea de …………… hacerlo y por eso le pedí a Tomás que me ayudara.
3. Al llegar me preguntó …………… estaba esperándola.
4. No quiso decirme …………… lo había hecho sin mi permiso.
5. Sabía …………… quería ir, a Canadá, pero no ……………, si en primavera o en verano.
6. Nadie sabía …………… de los dos proyectos había ganado.
7. Cuando sepa …………… cuesta te lo digo.
8. Ni siquiera me preguntó …………… tal estaba.

cuál | adónde | por qué | cuánto | desde cuándo | con quién | cuándo | cómo | qué

preocupado	besorgt	**el verano**	der Sommer
el permiso	die Erlaubnis	**ganar**	gewinnen
la primavera	der Frühling		

Exklamativa (= Ausrufewörter)

Die Interrogativa *qué*, *quién*, *cuánto* und *cómo* können auch als Exklamativa verwendet werden:

¡Qué casualidad!	Was für / So ein Zufall!
¡Quién lo diría!	Wer hätte das gedacht!
¡Cuántos coches!	So viele Autos!
¡Cómo pasa el tiempo!	Wie die Zeit vergeht!

117 Vervollständigen Sie die folgenden Ausrufesätze. Benutzen Sie sie dann, um auf die Kommentare einer Freundin zu reagieren. In zwei Fällen gibt es mehrere Möglichkeiten.

1. ¡.................................... buena está!
2. ¡.................................... sabe!
3. ¡.................................... me alegro de que seas feliz!
4. ¡.................................... bien se lo pasan juntos!
5. ¡.................................... niño más bueno!
6. ¡.................................... ha cambiado tu vida!
7. ¡.................................... juguetes tienen!
8. ¡.................................... alta está!

a. Mi hijo pequeño ya duerme toda la noche.
b. Mira, ésta es la habitación de los niños.
c. Los dos mayores están jugando en el jardín.
d. Mira, ahí viene mi hija María.
e. Anda, coge un trocito de tarta.
f. Bueno, pues esto es lo que hago todos los días.
g. Algún día tú también tendrás hijos.
h. La verdad es que me encuentro mejor que nunca.

pasárselo bien	Spaß haben	**el trocito**	das Stückchen
el juguete	das Spielzeug	**la tarta**	die Torte, der Kuchen
el jardín	der Garten	**encontrarse**	sich fühlen

118 **Wiederholung. Füllen Sie die Lücken mit einem passenden Frage- oder Ausrufewort, wenn nötig mit der passenden Präposition.**

Sr. Díaz: Buenos días, señora Ruiz, ¿.......... está usted?
Sra. Ruiz: Bien, gracias, ¿y usted?
Sr. Díaz: Bien, bien. Bueno, ¿.......... .... puedo ayudarla?
Sra. Ruiz: ¿No ha recibido usted el proyecto que le he enviado?
Sr. Díaz: ¿.......... proyecto?
Sra. Ruiz: El proyecto de reforma del departamento.
Sr. Díaz: ¿.......... .... departamento?
Sra. Ruiz: Pues del departamento de ventas, señor Díaz. Usted me encargó que analizara .... se podría trabajar de una forma más efectiva.
Sr. Díaz: ¡Ah! Sí, sí! ¿Y .... me lo ha enviado usted?
Sra. Ruiz: Hace dos días.
Sr. Díaz: ¡.......... extraño! Yo no he recibido nada.
Sra. Ruiz: Bueno, no importa. Aquí tiene una copia.
Sr. Díaz: ¡Uy! ¡.......... páginas! ¿.......... .... ha realizado usted este trabajo?
Sra. Ruiz: Con nadie, lo he hecho sola.
Sr. Díaz: Bueno, pues muchas gracias. Me lo leeré y después le diré .... me ha parecido.
Sra. Ruiz: Vale, señor Díaz. Adiós.
Sr. Díaz: Adiós, señora Ruiz.

enviar	schicken	**analizar**	untersuchen
el departamento de ventas	die Verkaufsabteilung	**extraño**	komisch
		la página	die Seite
encargar	beauftragen	**realizar**	durchführen

VERBEN

→ Gr LGr S. 270–277

In den folgenden Kapiteln beschäftigen wir uns mit dem Verb, einem grundlegenden und komplexen Thema der spanischen Grammatik. Was sollten Sie im Voraus wissen?

- Man unterscheidet zwischen **persönlichen** und **unpersönlichen Verbformen**. Persönliche Verbformen sind konjugierte Formen, die Informationen über die handelnde **Person**, **Zeit**, **Modus** (siehe unten) und **Aktionsart** (**Aktiv** oder **Passiv**) liefern: *hablo* (ich spreche) → 1. Person Singular (Ich-Form), Indikativ Präsens, Aktiv; *hablamos* (wir sprechen) → 1. Person Plural (Wir-Form), Indikativ Präsens bzw. *pretérito indefinido*, Aktiv.

  Unpersönliche Verbformen sind dagegen nicht konjugierte Formen, d. h. sie enthalten keine dieser Informationen. Dazu zählen im Spanischen der ***infinitivo*** (Infinitiv), z. B. *hablar* sprechen, das ***gerundio***, z. B. *hablando* sprechend, sowie das ***participio*** (Partizip), z. B. *hablado* gesprochen.

- Die Verbformen werden in der Regel vom Infinitiv abgeleitet und gliedern sich in **Stamm** und **Endungen**. Während der Stamm als Bedeutungsträger des Verbs fungiert, dienen die Endungen zur Markierung der oben angeführten Informationen über Person, Zahl, Zeit und Modus.

- Die spanischen Verben werden nach ihren Infinitiv-Endungen in **drei Konjugationsklassen** eingeteilt:
  - *1ª conjugación* auf *-ar*: *habl-ar* sprechen, *trabaj-ar* arbeiten, *esper-ar* (er)warten / hoffen usw.
  - *2ª conjugación* auf *-er*: *le-er* lesen, *aprend-er* lernen, *beb-er* trinken usw.
  - *3ª conjugación* auf *-ir*: *viv-ir* leben / wohnen, *un-ir* verbinden, *escrib-ir* schreiben usw.

- Der **Modus** (= Aussageweise) kennzeichnet eine Aussage als wirklich (= **Indikativ**), möglich bzw. subjektiv (= ***subjuntivo***) oder als Aufforderung (= **Imperativ**).

VERBEN • INDIKATIV

→ Gr LGr S. 278–293

Presente de indicativo

Da der Gebrauch des *presente de indicativo* dem des deutschen Indikativ Präsens ähnlich ist, werden wir diesem Thema hier nicht nachgehen, sondern uns im Folgenden vor allem mit den formellen Aspekten beschäftigen.

119 Trennen Sie zunächst bei den folgenden Verbformen des *presente de indicativo* der drei Verbklassen den Stamm von der Endung, z. B. *habl-o* ich spreche.

Pronomen		hablar (sprechen)	leer (lesen)	vivir (leben / wohnen)	Person
Singular	(yo)	hablo	leo	vivo	1. Person
	(tú)	hablas	lees	vives	2. Person
	(él, ella, usted)	habla	lee	vive	3. Person
Plural	(nosotros/-as)	hablamos	leemos	vivimos	1. Person
	(vosotros/-as)	habláis	leéis	vivís	2. Person
	(ellos/-as, ustedes)	hablan	leen	viven	3. Person

120 **Finden Sie jetzt heraus, um welche Person es sich bei den folgenden Verbformen handelt. Welche Infinitiv-Formen haben diese neun Verben?**

1. viajo *reisen*
2. comprenden *verstehen*
3. abres *öffnen*
4. comemos *essen*
5. vivís *wohnen / leben*
6. besa *küssen*
7. recibimos *bekommen*
8. vendéis *verkaufen*
9. escribes *schreiben*

yo	tú	él, ella, usted	nosotros/-as	vosotros/-as	ellos/-as, ustedes

Infinitiv-Formen: ....

121 **Vervollständigen Sie die Tabelle mit den fehlenden Formen des *presente de indicativo*.**

	trabajar (arbeiten)	aprender (lernen)	escribir (schreiben)	beber (trinken)	hablar (sprechen)
(yo)	.....	.....	.....	.....	.....
(tú)	.....	.....	.....	.....	.....
(él, ella, usted)	.....	.....	.....	.....	.....
(nosotros/-as)	.....	.....	.....	.....	.....
(vosotros/-as)	.....	.....	.....	.....	.....
(ellos/-as, ustedes)	.....	.....	.....	.....	.....

Besonderheit im Gebrauch der 2. Person Singular und Plural:

- *Vos* (veraltet „Ihr“) wird anstatt der 2. Person Singular *tú* u. a. in Argentinien, Costa Rica, El Salvador, Guatemala, Honduras, Nicaragua, Paraguay und Uruguay verwendet. Die Verbform entspricht der von *vosotros/-as*: Bei den Verben auf *-ar* und *-er* entfällt das *-i*, bei den Verben auf *-ir* sind die Formen gleich:

vosotros/-as	*escuch-áis*	*comprend-éis*	*escrib-ís*
vos	*escuch-ás*	*comprend-és*	*escrib-ís*

- *Ustedes* wird in Hispanoamerika anstatt *vosotros/-as* verwendet. Die Unterscheidung zwischen der Höflichkeitsform und der Ihr-Form wird dadurch neutralisiert.

122 Ordnen Sie die folgenden Verbformen der passenden Person zu.

1. comunicás *mitteilen*
2. decidís *entscheiden*
3. hablas *sprechen*
4. bebéis *trinken*
5. lee *lesen*
6. escriben *schreiben*
7. vives *wohnen / leben*
8. trabajáis *arbeiten*
9. descansás *sich ausruhen*
10. llama *(an)rufen*
11. sufres *leiden*
12. viaja *reisen*
13. comen *essen*
14. aprendés *lernen*
15. esperan *(er)warten / hoffen*

tú	vos	usted	vosotros/-as	ustedes

123 Schreiben Sie die fett hervorgehobenen Wörter dieser E-Mail um, so dass sie mit dem angegebenen Pronomen übereinstimmen.

Tú:

Estimado amigo:
¿**Crees** que **trabajas** en la mejor empresa posible? ¿Por qué no **miras** el anuncio que **te** adjunto? ¿Qué me **repondes**? ¿Y si les **escribes**? Con **tu** currículum seguro que les **causas** una buena impresión. **Tú vives** bien, pero lo que ellos ofrecen es mucho mejor, ¿no? Luego **te** llamo, o me **llamas tú**, y lo hablamos.

Un saludo,
Marcelo
Tel: 0654 2794332

vos: ……………………………………

……………………………………

usted: ……………………………………

……………………………………

vosotros: ……………………………………

……………………………………

ustedes: ……………………………………

……………………………………

la empresa	die Firma	**causar buena impresión**	einen guten Eindruck machen
el anuncio	die Anzeige		
adjuntar	beilegen	**ofrecer**	anbieten
responder	antworten	**luego**	danach
el currículum	der Lebenslauf	**llamar**	anrufen

Neben den regelmäßigen Verben der drei Verbklassen, die wir oben dargestellt haben, gibt es viele gebräuchliche Verben, die Unregelmäßigkeiten in der Konjugation aufweisen. Einige sind nur in der 1. Person Singular unregelmäßig, z. B. *hacer*: ***hago***, *haces, hace, hacemos, hacéis, hacen.*

124 A **In dieser *sopa de letras* sind senkrecht oder waagerecht die 12 unregelmäßigen Verbformen versteckt, die in den Verbtabellen fehlen. Finden Sie diese Formen und setzen Sie sie ein.**

C	O	N	D	U	Z	C	O	P	S
S	F	I	L	J	D	A	R	R	C
T	R	A	I	G	O	I	E	O	A
M	E	S	T	O	Y	G	T	D	T
A	Z	P	S	Ñ	X	O	I	U	S
K	C	O	N	O	Z	C	O	Z	P
I	O	T	A	C	R	E	Z	C	O
W	Q	N	Z	N	P	A	M	O	N
U	A	O	C	R	I	P	U	A	G
S	T	R	O	X	S	A	L	G	O

conducir *fahren*
<u>conduzco</u>, conduces, conduce, conducimos, conducís, conducen

traer *bringen*
..........., traes, trae, traemos, traéis, traen

caer *fallen*
..........., caes, cae, caemos, caéis, caen

crecer *wachsen*
..........., creces, crece, crecemos, crecéis, crecen

dar *geben*
..........., das, da, damos, dais, dan

salir *herausgehen*
..........., sales, sale, salimos, salís, salen

estar *sein, sich befinden*
..........., estás, está, estamos, estáis, están

producir *herstellen*
..........., produces, produce, producimos, producís, producen

ofrecer *anbieten*
..........., ofreces, ofrece, ofrecemos, ofrecéis, ofrecen

nacer *geboren werden*
..........., naces, nace, nacemos, nacéis, nacen

poner *stellen, legen*
..........., pones, pone, ponemos, ponéis, ponen

conocer *kennen*
..........., conoces, conoce, conocemos, conocéis, conocen

124 B **Konjugieren Sie die in Klammern angegebenen Verben und berücksichtigen Sie dabei, dass zusammengesetzte Verben aus dieser Gruppe die gleiche Unregelmäßigkeit aufweisen.**

1. Cada vez que ………… (yo / deshacer) la maleta pienso en ti.
2. Si ………… (caerse) tú, ………… yo (caerse) también.
3. Si llama Sara dile que no ………… (yo / estar).
4. ………… (yo / ofrecer) servicio de limpieza.
5. Si te ………… (tú / poner) el gorro, te ………… (yo / dar) un beso.
6. ………… (yo / suponer) que me ………… (ustedes / conocer).
7. ………… (yo / reconocer) que ………… (yo / salir) mal en las fotos.
8. En la mochila ………… (yo / traer) lo que ………… (yo / ponerse) para el concierto.

deshacer	*hier* auspacken	**el beso**	der Kuss
caerse	stürzen, hinfallen	**suponer**	annehmen
llamar	anrufen	**reconocer**	*hier* zugeben
el servicio de limpieza	der Reinigungsdienst	**salir bien / mal**	*hier* gut / schlecht getroffen sein
el gorro / la gorra	die Mütze	**la mochila**	der Rucksack

Die Unregelmäßigkeiten einiger Verben lassen sich nicht systematisieren. Deshalb ist es wichtig, sich mit ihnen näher auseinanderzusetzen und sich die Formen einzuprägen.

125 A **In den folgenden Verbtabellen sind die Verbformen durcheinandergeraten. Bringen Sie sie wieder in die richtige Reihenfolge.**

	ser (sein)		**ir** (gehen)	
(yo)	sois	…………	va	…………
(tú)	es	…………	vamos	…………
(él, ella, usted)	son	…………	voy	…………
(nosotros/-as)	somos	…………	vais	…………
(vosotros/-as)	eres	…………	van	…………
(ellos/-as, ustedes)	soy	…………	vas	…………

	haber (*Hilfsverb*: haben / sein)		**saber** (wissen)	
(yo)	han		sabe	
(tú)	hemos		sabéis	
(él, ella, usted)	ha		sé	
(nosotros/-as)	he		sabes	
(vosotros/-as)	has		saben	
(ellos/-as, ustedes)	habéis		sabemos	

	decir (sagen)		**oír** (hören)	
(yo)	dice		oyes	
(tú)	digo		oímos	
(él, ella, usted)	decimos		oyen	
(nosotros/-as)	dicen		oigo	
(vosotros/-as)	dices		oís	
(ellos/-as, ustedes)	decís		oye	

	tener (haben)		**venir** (kommen)	
(yo)	tienen		vengo	
(tú)	tenéis		venís	
(él, ella, usted)	tengo		viene	
(nosotros/-as)	tenemos		vienen	
(vosotros/-as)	tiene		vienes	
(ellos/-as, ustedes)	tienes		venimos	

	ver (sehen)		**oler** (riechen)	
(yo)	ve		hueles	
(tú)	ves		olemos	
(él, ella, usted)	vemos		huelen	
(nosotros/-as)	veo		oléis	
(vosotros/-as)	ven		huele	
(ellos/-as, ustedes)	veis		huelo	

125 B **Geben Sie wie im Beispiel die Person und den Infinitiv der jeweiligen Verbformen an und verbinden Sie sie dann mit den entsprechenden Übersetzungen.**

1. hemos	*1. Person Plural von* ***haber*** →	haben
2. viene	....	sagen
3. veis	....	hören
4. sé	....	gehen
5. tengo	....	kommen
6. huelen	....	sehen
7. oyes	....	haben
8. dice	....	wissen
9. es	....	riechen
10. voy	....	sein

126 **Vervollständigen Sie die Sätze mit den richtigen Verbformen.**

1. Ya .... (yo / saber) que .... (vosotros / ir) a la discoteca todos los sábados.
2. ¿No .... (tú / oír) el ruido que .... (yo / hacer) con la mano?
3. .... (tú / tener) que hacer lo que te .... (ellos / decir).
4. Siempre que .... (yo / salir) lo .... (yo / ver) en la calle.
5. Si .... (yo / poner) la planta en casa .... (ella / oler) mal.
6. .... (él / ser) un amigo que .... (yo / conocer) desde la escuela.
7. Te .... (yo / proponer) un trato que .... (estar) muy bien.
8. Le .... (yo / dar) siempre todo lo que .... (yo / traer).

la discoteca	die Diskothek	**la calle**	die Straße
el sábado	der Samstag	**la planta**	die Pflanze
el ruido	der Lärm, das Geräusch	**el trato**	die Abmachung, das Geschäft
la mano	die Hand	**proponer**	vorschlagen

Die Verben ***haber*** und ***tener*** weisen einige Besonderheiten auf. Dem deutschen Verb „haben“ entspricht als Vollverb *tener*, als Hilfsverb dagegen *haber*:

Ich habe noch Zeit.	→	*Todavía / Aún* ***tengo*** *tiempo.*
Ich habe es ihr schon gesagt.	→	*Ya se lo* ***he*** *dicho.*
Ich habe keine Zeit gehabt.	→	*No* ***he tenido*** *tiempo.*

Mit *tener* und *haber* kann man wie im Deutschen Notwendigkeit ausdrücken: *tener que* entspricht dem deutschen „müssen“, *haber de* ist etwas gehobener:

*Ya sé que **tienes que** salir con tus amigos, pero **has de** volver antes de las 10.*	Ich weiß schon, dass du mit deinen Freunden weggehen musst, aber du hast vor zehn wieder hier zu sein.

Eine Sonderform von *haber* wird als unpersönlicher Ausdruck verwendet:
hay = es gibt / ist / sind, *hay que* = man muss.
Bitte beachten Sie, dass *ser* und *tener* nicht immer den deutschen Verben „sein“ und „haben“ entsprechen.

127 Üben Sie nun *haber*, *ser* und *tener*, indem Sie die folgenden Sätze vervollständigen und dann mit den deutschen Übersetzungen verbinden.

1.	¿De dónde .... usted? – .... (ich) de Murcia.	a.	Wir gehen, weil wir müde sind.
2.	¿.................... mucha gente en la fiesta?	b.	Er ist alt genug, um das zu verstehen.
3.	.... (man) decirle la verdad.	c.	Wo sind Sie her? – Ich bin aus Murcia.
4.	.... (er) edad suficiente para entenderlo.	d.	Wie alt bist du? – Ich bin vierzig.
5.	Nos vamos porque .... (wir) sueño.	e.	Es sind viele Leute auf dem Fest?
6.	.... (Sie) comprenderla: ella es así.	f.	Uns ist es bei offenem Fenster zu kalt.
7.	¿Cuántos años .... (du)? .... (ich) cuarenta años.	g.	Man muss ihm die Wahrheit sagen.
8.	.... (wir) frío con la ventana abierta.	h.	Sie müssen sie verstehen: sie ist so.

la edad	das Alter	**el frío**	die Kälte
el sueño	der Schlaf, der Traum	**la ventana**	das Fenster

Zu den drei Konjugationsklassen gehört jeweils eine Gruppe von Verben, deren Stammvokal ***e*** bzw. ***o*** in den stammbetonten Formen (also bei den Singularformen sowie bei der 3. Person Plural) zu ***ie*** bzw. ***ue*** diphthongiert.

128 **Die Verbformen der folgenden Verben, die alle eine Diphthongierung aufweisen, sind durcheinandergeraten. Ordnen Sie sie den korrekten Personen zu.**

	pensar (denken)		**probar** (probieren)	
(yo)	piensas	....	prueba	....
(tú)	pensáis	....	probamos	....
(él, ella, usted)	piensan	....	pruebo	....
(nosotros/-as)	pienso	....	prueban	....
(vosotros/-as)	pensamos	....	probáis	....
(ellos/-as, ustedes)	piensa	....	pruebas	....

	querer (wollen)		**poder** (können / dürfen)	
(yo)	quieren	....	podéis	....
(tú)	quiero	....	puedo	....
(él, ella, usted)	quiere	....	puedes	....
(nosotros/-as)	queréis	....	pueden	....
(vosotros/-as)	queremos	....	podemos	....
(ellos/-as, ustedes)	quieres	....	puede	....

	preferir (vorziehen)		**dormir** (schlafen)	
(yo)	preferís	....	duermo	....
(tú)	prefieren	....	dormís	....
(él, ella, usted)	prefiero	....	duermen	....
(nosotros/-as)	preferimos	....	duermes	....
(vosotros/-as)	prefieres	....	duerme	....
(ellos/-as, ustedes)	prefiere	....	dormimos	....

Bitte beachten Sie:

- Nicht jedes Verb, das im Stamm ein ***e*** bzw. ein ***o*** enthält, weist eine Diphthongierung auf, z. B. *quedarse* (bleiben): *me quedo* usw. oder *tocar* (berühren / spielen): *toco* usw.
- Das Verb *jugar* (spielen) ist das einzige, bei dem der Stammvokal ***u*** diphthongiert: *juego* usw.

Bei einer weiteren Gruppe von Verben auf *-ir* wird der Stammvokal ***e*** in den stammbetonten Formen zu ***i***, z. B. *pedir* (bitten): *pido, pides, pide, pedimos, pedís, piden*. Weitere Verben dieser Gruppe sind *servir* ([be]dienen), *reír* (lachen), *seguir* (fortsetzen / folgen), *elegir* (wählen), *vestir* (ankleiden) usw.

129 A **Ergänzen Sie die Verbformen dieser Nachricht. Alle hier aufgeführten Verben diphthongieren bis auf die Beispiele der letzten Gruppe.**

Mira, Guille:

.... (yo / sentir) dejarte esta fría nota, pero no .... (yo / poder) esperar más: la clase .... (empezar) a las 10 y ya llego tarde. No te reprocho ni te .... (yo / pedir) nada, pero tampoco me .... (servir) ya ninguna excusa más. .... (yo / preferir) seguir sola mi camino y .... (yo / pensar) que es lo mejor. Supongo que estas palabras te .... (doler), pero más me .... (doler) a mí tener que tomar esta decisión. A veces .... (nosotros / elegir) caminos equivocados, pero estoy segura de que esta vez .... (yo / elegir) lo mejor para los dos. Tú y yo ya no .... (nosotros / quererse), por eso lo que de verdad .... (yo / querer) ahora es estar bien conmigo misma para poder rehacer mi vida.

Gracias por comprenderlo.

Sandra

mirar	schauen	**la excusa**	die Ausrede
sentir	*hier* bedauern	**el camino**	der Weg
dejar	hinterlassen	**doler**	schmerzen, wehtun
frío	kalt	**la decisión**	die Entscheidung
la nota	die Nachricht, die Notiz	**seguro**	sicher
		quererse	sich lieben
la clase	*hier* der Unterricht	**rehacer**	wieder in Ordnung bringen
tarde	spät		
reprochar	vorwerfen	**comprender**	verstehen

129 B **Vervollständigen Sie nun Guillermos Brief an Sandra und berücksichtigen Sie dabei, dass er aus Buenos Aires kommt und als Anrede für die 2. Person Singular nicht *tú*, sondern *vos* benutzt (siehe Informationen auf Seite 112). Alle hier zu ergänzenden Verben weisen dieselben Besonderheiten auf wie die der vorangegangenen Übungen.**

Querida y linda Sandra:

Sé como .... *(vos / sentirse) y vos* .... *(poder) imaginarte cómo* .... *(sentirse) yo. Aunque me* .... *(doler), tengo que reconocer que con tus palabras me* .... *(vos / demostrar) que no* .... *(servir) de nada intentar evitar lo inevitable.* .... *(yo / comprobar) también con dolor que ya no nos* .... *(mover) el amor, sino lo que queda después ... De todos modos* .... *(yo / seguir) pensando que vos* .... *(ser) la mejor persona que conozco.* .... *(yo / volver) la mirada atrás y* .... *(yo /sonreír) al pensar en nuestro primer encuentro. Ya sé que* .... *(vos / pensar) que* .... *(yo / soñar) demasiado, pero es mi manera de ver la vida.* .... *(yo / despedirse) ya sin más y te* .... *(yo / devolver) con mi comprensión la que vos* .... *(tener) conmigo. Tu ex-novio y siempre amigo,*

Guille

lindo	hübsch	**sonreír**	lächeln
imaginarse	sich vorstellen	**el encuentro**	die Begegnung
demostrar	beweisen, zeigen	**soñar**	träumen
intentar	versuchen	**despedirse**	sich verabschieden
evitar lo inevitable	das Unvermeidbare vermeiden	**devolver**	zurückgeben
		la comprensión	das Verständnis
comprobar	feststellen	**el ex-novio**	der Ex-Freund
volver la mirada atrás	zurückblicken		

Wie Sie bereits in der Übung 129 a) festgestellt haben (*elegimos* ↔ *elijo*), ergibt sich bei einigen Verben eine orthographische Änderung (siehe auch Kapitel 1 Aussprache und Schreibung)

- zur Bewahrung der Aussprache des Stammvokals:
  - Verben, die auf *-ger* und *-gir* enden, wie z. B *proteger* (beschützen): ***protejo***, *proteges, protege, protegemos, protegéis, protegen*;
  - Verben, die auf *-guir* enden, wie z. B. *seguir* (folgen, fortsetzen): ***sigo***, *sigues, sigue, seguimos, seguís, siguen*;
  - Verben, die auf *-cer* enden: *vencer* ([be]siegen): ***venzo***, *vences, vence, vencemos, vencéis, vencen*;
- zur Vermeidung eines Hiatus:
  - Verben, die auf *-uir* enden, wie z. B. *huir* (fliehen): ***huyo***, ***huyes***, ***huye***, *huimos, huis,* ***huyen***.

130 **Vervollständigen Sie die Sätze mit dem passenden Verb.**

concluir • construir • escoger • dirigir • corregir • conseguir • perseguir • convencer

1. Esta empresa .... apartamentos para turistas.
2. Nunca lo .... (yo) para ir al cine.
3. Siempre .... (ella) sus conferencias con humor.
4. Siempre .... (yo) lo que me propongo.
5. .... (yo) mis objetivos incluso en condiciones desfavorables.
6. Ya no .... (yo) el coro, ahora lo .... Marta.
7. En el mercado .... (yo) la verdura y la fruta que más me ....
8. .... (yo) dos veces los ejercicios para estar seguro de que lo hago bien.

concluir	enden	**la condición**	die Bedingung
escoger	(aus)wählen	**desfavorable**	ungünstig
conseguir	erreichen, erlangen	**el coro**	der Chor
perseguir	verfolgen	**el mercado**	der Markt
convencer	überzeugen	**la verdura**	das Gemüse
la conferencia	der Vortrag	**la fruta**	das Obst
proponerse	sich vornehmen	**el ejercicio**	die Übung

→ Gr LGr S. 294–341

Zeiten der Vergangenheit

Während das Deutsche über drei Vergangenheitszeiten verfügt (Präteritum, Perfekt und Plusquamperfekt), gibt es im Spanischen fünf: ***pretérito imperfecto***, ***pretérito indefinido***, ***pretérito perfecto***, ***pretérito pluscuamperfecto*** und ***pretérito anterior*** (Letzteres wird allerdings in der Alltagssprache nur selten gebraucht): Im Gegensatz zum Deutschen, wo die Wahl zwischen Perfekt und Präteritum eher eine stilistische bzw. regionale Bedeutung hat, enthält jede spanische Vergangenheitszeit einen so genannten „Verbalaspekt", der ihren Gebrauch semantisch bestimmt. Im Folgenden werden wir auf diese Aspekte näher eingehen.

→ Gr LGr S. 294–304

Pretérito indefinido

Das *pretérito indefinido*, meist nur *indefinido* genannt, bildet zusammen mit dem *imperfecto* die wichtigste Erzählzeit des Spanischen. Es hat aufgrund des bereits erwähnten Verbalaspekts keine genaue Entsprechung im Deutschen. Es wird gebraucht für Handlungen und Ereignisse, die in einem abgeschlossenen Zeitraum der Vergangenheit stattgefunden haben.

131 A **Lesen Sie zuerst die folgenden Sätze. Ergänzen Sie dann die Endungen des *indefinido* in der Tabelle, die die regelmäßigen Formen dieser Zeit darstellt.**

Viví mucho tiempo con Eduardo. Ich lebte lange mit Eduardo zusammen.
Ayer Juan comió conmigo. Gestern hat Juan mit mir zu Mittag gegessen.
El primer día no me preguntaste nada. Am ersten Tag hast du mir keine Frage gestellt.
Comisteis ayer en casa, ¿no? Gestern habt ihr bei euch zu Mittag gegessen, oder?
Siempre preguntamos lo que nos interesa. Wir fragten immer das, was uns interessiert.
¿Sabes si vivieron juntos alguna vez? Weißt du, ob sie mal zusammen gelebt haben?

	preguntar (fragen)	**comer** (essen)	**vivir** (leben / wohnen)
(yo)	pregunt-é	com-........	viv-........
(tú)	pregunt-........	com-iste	viv-........
(él, ella, usted)	pregunt-ó	com-........	viv-........
(nosotros/-as)	pregunt-........	com-imos	viv-........
(vosotros/-as)	pregunt-........	com-........	viv-........
(ellos/-as, ustedes)	pregunt-aron	com-........	viv-........

131 B **Markieren Sie nun die betonten Silben. Was fällt Ihnen auf?**

	preguntar (fragen)	**comer** (essen)	**vivir** (leben / wohnen)
(yo)	pregunté	comí	viví
(tú)	preguntaste	comiste	viviste
(él, ella, usted)	preguntó	comió	vivió
(nosotros/-as)	preguntamos	comimos	vivimos
(vosotros/-as)	preguntasteis	comisteis	vivisteis
(ellos/-as, ustedes)	preguntaron	comieron	vivieron

132 A Vervollständigen Sie die Tabelle mit der regelmäßigen Konjugation des *indefinido* der folgenden drei Verben.

	hablar (sprechen)	**beber** (trinken)	**escribir** (schreiben)
(yo)	....	....	....
(tú)	....	....	....
(él, ella, usted)	....	....	....
(nosotros/-as)	....	....	....
(vosotros/-as)	....	....	....
(ellos/-as, ustedes)	....	....	....

132 B Setzen Sie die in Klammern angegebenen Verben ins indefinido.

1. El sábado pasado .... (yo / soñar) contigo.
2. No .... (yo / entender) muy bien lo que me .... (tú / contar) ayer.
3. El verano pasado .... (ellos / comer) todo tipo de comida durante su viaje.
4. Aquel día finalmente no .... (nosotros / imprimir) el trabajo.
5. Nos (él / preguntar) .... por nuestro plato favorito.
6. Ayer .... (yo / salir) pronto de trabajar para poder llegar a la sesión de las cinco.
7. Cuando Dani .... (terminar) los deberes, todos .... (salir) a la calle.
8. Entonces .... (ellos / decidir) comprarse una casa en las afueras de la ciudad.
9. ¿........ (vosotros / llamar) anteayer por teléfono a todos los invitados a la fiesta?
10. ¿........ (ellos / cenar) la semana pasada en el restaurante que les .... (nosotros / recomendar)?

soñar con alguien	von jemandem träumen	**decidir**	entscheiden
contar	erzählen	**en las afueras de la ciudad**	am Stadtrand
imprimir	drucken	**anteayer**	vorgestern
el plato favorito	das Lieblingsgericht	**el invitado**	der Gast
la sesión	die Vorstellung	**cenar**	zu Abend essen
los deberes	die Hausaufgaben	**recomendar**	empfehlen

Das *indefinido* ist die Vergangenheitszeit mit den meisten unregelmäßigen Formen. Manche Verben weisen eine Veränderung des Stammvokals bzw. des Stammkonsonanten als Unregelmäßigkeit auf, wie die nächste Übung zeigt.

133 Nachdem Sie mit den Endungen des *indefinido* vertraut sind, geben Sie jetzt je nach Art der Unregelmäßigkeit die fehlenden Verbformen an.

1. Veränderung des Stammvokals bzw. des Stammkonsonanten:
   a. *-e* → *-i- venir* (kommen): *vine, viniste, vino, vinimos,* ……, ……
   b. *-a* → *-i- hacer* (machen): *hice, hiciste, hizo,* ……, ……, ……
   c. *-o* → *-u- poder* (können): *pude, pudiste,* ……, ……, ……, ……
   d. *-c* → *-j- reducir* (reduzieren): *reduje,* ……, ……, ……, ……, ……
2. Veränderung des Stammvokals und des Stammkonsonanten:
   a. *-ab* → *-up- saber* (wissen): *supe,* ……, ……, ……, ……, ……
   b. *-er* → *-is- querer* (wollen / lieben): *quise,* ……, ……, ……, ……, ……

Einige der gebräuchlichsten Verben weisen als Unregelmäßigkeit Sonderformen auf, die Sie lernen sollten.

134 Vervollständigen Sie die fehlenden Verbformen des *indefinido* in den folgenden Verbtabellen. Können Sie einen Unterschied bei der 3. Person Singular im Vergleich zu den regelmäßigen Formen feststellen?

	estar (sein / sich befinden)	**andar** (gehen)	**ser** (sein) / **ir** (gehen)	**dar** (geben)
(yo)	……	……	fui	……
(tú)	……	anduviste	……	……
(él, ella, usted)	estuvo	……	fue	dio
(nosotros/-as)	……	……	……	dimos
(vosotros/-as)	……	……	fuisteis	……
(ellos/-as, ustedes)	estuvieron	……	……	……

	tener (haben *als Vollverb*)	**haber** (haben *als Hilfsverb*)	**poner** (legen / stellen)	**decir** (sagen)
(yo)	....	hube	puse	....
(tú)	tuviste	....	....	....
(él, ella, usted)	....	....	....	dijo
(nosotros/-as)	....	hubimos	....	dijimos
(vosotros/-as)	tuvisteis	....	....	....
(ellos/-as, ustedes)	....	....	pusieron	....

	traer (bringen)	**ver** (sehen)
(yo)	traje	....
(tú)	....	....
(él, ella, usted)	....	vio
(nosotros/-as)	....	vimos
(vosotros/-as)	....	....
(ellos/-as, ustedes)	trajeron	....

135 **Ergänzen Sie die in Klammern angegebenen Verben ins *indefinido* und üben Sie dabei die oben dargestellten Unregelmäßigkeiten.**

1. Hace unos días nos .... (ellos / traer) por fin el nuevo catálogo.
2. .... (yo / andar) varias horas por el monte y me perdí.
3. Por fin me .... (ella / decir) toda la verdad sobre su triste situación.
4. El otro día .... (tú / ponerse) la chaqueta al revés, ¿recuerdas?
5. ¿.................... (estar) usted ayer en la fiesta de cumpleaños del señor Zapatero?
6. Recuerdo que su boda .... (ser) en el otoño de 1958.
7. En la autopista .... (yo / tener) un problema con el coche: de ahí el retraso.
8. No .... (yo / irse) por educación.
9. ¿.................... (vosotras / ver) lo que ocurrió anoche en el bar de abajo?
10. En aquella fiesta .... (haber) muchísima gente.

hace unos días	vor ein paar Tagen	**la boda**	die Hochzeit
por fin	endlich	**la autopista**	die Autobahn
el monte	der Berg	**el retraso**	die Verspätung
perderse	sich verlaufen	**irse**	weggehen
la verdad	die Wahrheit	**por educación**	aus Höflichkeit
ponerse	*hier* anziehen	**ocurrir**	geschehen
la chaqueta	die Jacke	**anoche**	gestern Abend
al revés	umgekehrt	**abajo**	*hier* unten auf der Straße
el cumpleaños	der Geburtstag		

Bei den Verben auf *-ir*, die in einigen Formen des *presente de indicativo* eine Änderung des Stammvokals aufweisen, ergibt sich ausschließlich in der 3. Person Singular und Plural des *indefinido* auch dieselbe Unregelmäßigkeit, d. h. *-e-* wird zu *-i-* bzw. *-o-* wird zu *-u-*:
pedir (bitten): *pedí, pediste, pidió, pedimos, pedisteis, pidieron*
dormir (schlafen): *dormí, dormiste, durmió, dormimos, dormisteis, durmieron*

Um die Aussprache des Stammvokals zu bewahren, ergibt sich eine orthographische Veränderung in der 1. Person Singular einiger Verben der ersten Klasse auf:
-zar* → *-cé, wie z. B. *empezar* (beginnen): *empecé, empezaste, empezó* usw.
-car* → *-qué, wie z. B. *explicar* (erklären): *expliqué, explicaste, explicó* usw.
-gar* → *-gué, wie z. B. *llegar* (ankommen): *llegué, llegaste, llegó* usw.
-guar* → *-güé, wie z. B. *apaciguar* (beruhigen): *apacigüé, apaciguaste, apaciguó* usw.

Bei einer letzten Gruppe von Verben der dritten Klasse verändert sich in der 3. Person Singular und Plural die Schreibung:
-eer* → *-eyó, wie z. B. *leer* (lesen): *leí, leíste, leyó, leímos, leísteis, leyeron*
-aer* → *-ayó, wie z. B. *caer* (fallen): *caí, caíste, cayó, caímos, caísteis, cayeron*
-uir* → *-uyó, wie z. B. *huir* (fliehen): *hui, huiste, huyó, huimos, huisteis, huyeron*
oír (hören) → ***-oyó***: *oí, oíste, oyó, oímos, oísteis, oyeron*

136 Setzen Sie die passenden Verbformen des *indefinido* ein.

1. Ayer, con las prisas, ... (yo / empezar) el día sin desayunar y no .... (yo / almorzar) hasta las tres de la tarde.
2. Una vez .... (yo / equivocarse) de habitación en un hotel y le .... (yo / pegar) a una pobre señora un susto de muerte.
3. Anoche las niñas .... (ellas / dormirse) en un santiamén.
4. Sí, claro, le .... (yo / pagar) la cuenta y le .... (yo / explicar) lo que me .... (tú / decir).
5. La única vez que .... (yo / jugar) a la lotería le .... (él / caer) el gordo a mi jefe.

6. El detective no .... (él / creer) la versión oficial, ... (él / seguir) con las investigaciones y .... (él / averiguar) nuevos datos.
7. El catedrático .... (él / leer) la cita a toda pastilla, pero cuando .... (él / oír) el murmullo la .... (él / repetir) más lentamente.
8. Yo le .... (buscar) a la empresa los terrenos y en menos de un año .... (ellos / construir) el hotel.
9. No puedes ni imaginarte lo horrible que .... (ser) la última vez que .... (nosotros / verse): me .... (yo / cruzar) con él en la calle, me .... (él / pedir) dinero, ... (yo / sacar) 500 euros en un cajero y se los .... (yo / dar). De repente .... (él / sentirse) mal, ... (él / caerse) al suelo y .... (él / morirse) allí mismo en mis brazos.
10. Cuando .... (yo / llegar) al funeral .... (yo / santiguarse), ... (yo / cruzar) la iglesia y les .... (yo / dar) el pésame a los familiares.

con las prisas	in aller Eile
desayunar	frühstücken
almorzar	zu Mittag essen
equivocarse	sich irren, verwechseln
pegar a alguien un susto de muerte	jemanden furchtbar erschrecken
dormirse	einschlafen
en un santiamén	im Nu
la cuenta	die Rechnung
la lotería	die Lotterie
caerle a alguien el gordo	das große Los ziehen
el jefe	der Chef
averiguar	ermitteln
el dato	die Angabe
el catedrático	der Professor

la cita	das Zitat
a toda pastilla	ganz schnell, hastig
el murmullo	das Gemurmel
los terrenos	das Grundstück
construir	bauen
horrible	furchtbar
cruzarse con alguien	jemandem begegnen
sacar	*hier* abheben
el cajero	der Geldautomat
de repente	plötzlich
morirse	sterben
en mis brazos	in meinen Armen
santiguarse	sich bekreuzigen
la iglesia	die Kirche
dar el pésame	sein Beileid aussprechen
el familiar	das Familienmitglied

Das *indefinido* wird für abgeschlossene Handlungen in der Vergangenheit gebraucht, die sich in eine Chronologie einfügen und keinen direkten Bezug zur Gegenwart haben. Es ist also die ideale Zeit für Erzählungen und Berichte, die Erzählzeit schlechthin, die jede „Geschichte" fortschreiten lässt. Aus diesem Grund ist das *indefinido* auch die „zeitliche Seele" der Biographie, die hauptsächlich auf diese Vergangenheitszeit zurückgreift.

137 Vervollständigen Sie die Biographie des spanischen Schauspielers Javier Bardem.

Javier Encinas Bardem .... (nacer) el 1 de mayo de 1969 en Las Palmas de Gran Canaria. .... (tener) la suerte de nacer en una familia de actores, y un tío suyo, Juan Antonio Bardem, era además un conocido director de cine. Aunque primero .... (estudiar) en la Escuela de Artes y Oficios, ya desde muy joven .... (empezar) a colaborar con varios grupos de teatro. Durante unos años .... (jugar) al rugby e incluso .... (llegar) a formar parte de la selección española. Pero su nariz rota .... (ser) el resultado de la agresión de un desconocido que, una noche a la salida de una discoteca, le .... (preguntar) su nombre y acto seguido le .... (dar) un puñetazo. Aunque .... (comenzar) a trabajar como actor de cine en el año 1990 con *Las edades de Lulú*, de Bigas Luna, su primer gran papel .... (ser) el que .... (hacer) en 1992 en *Jamón Jamón*, también de Bigas Luna, junto a una jovencísima Penélope Cruz. En los siguientes años .... (trabajar) regularmente con directores españoles y .... (obtener) mucho éxito y reconocimiento, sobre todo con las películas *Carne Trémula*, de Pedro Almodóvar, y *Perdita Durango*, de Alex de la Iglesia. Su carrera .... (dar) un salto importante en 2001 con la película *Antes que Anochezca*, de Julian Schnabel, en la que Bardem .... (interpretar) el papel del poeta cubano Reynaldo Arenas. Por esta película lo .... (ellos / elegir) candidato a los Globos de Oro y al Oscar como mejor actor principal, y además .... (conseguir) la copa Volpi del festival de Venecia, que .... (volver) a conseguir en 2004 con *Mar adentro*, de Alejandro Amenábar. A partir de entonces .... (poder) empezar a trabajar con directores de fama internacional y en importantes proyectos: *Pasos de baile* (John Malkovich), *Los fantasmas de Goya* (Milos Forman), *No Country for old Men* (Ethan y Joel Cohen) o *Vicky Christina Barcelona* (Woody Allen).

la suerte	das Glück
el / la tío/-a	der Onkel / die Tante
era	war: *3. Person Singular des Imperfekts*
el / la director/-a de cine	der / die Filmregisseur/-in
el oficio	der Beruf
colaborar	zusammenarbeiten
formar parte	gehören zu
la selección	die Nationalmannschaft
la nariz	die Nase
roto	gebrochen, kaputt
la agresión	der Angriff
el / la desconocido/-a	der / die Unbekannte
acto seguido	gleich darauf
el puñetazo	der Faustschlag
el papel	die Rolle
obtener	*hier* haben, erlangen
regularmente	regelmäßig
el éxito	der Erfolg
el reconocimiento	die Anerkennung
la película	der Film
la carne	das Fleisch
trémulo	zitternd
dar un salto	rasch vorwärts kommen
el / la candidato/-a	*hier* der / die Nominierte
conseguir	erlangen, bekommen
la copa	der Cup
la fama	der Ruf
el paso	der Schritt
el fantasma	das Gespenst

Die aufeinander folgenden Handlungen und Ereignisse, die das *indefinido* einführt, werden oft zusätzlich zum Verbalaspekt durch bestimmte Zeitangaben ausgedrückt: z. B. Adverbien wie *ayer* (gestern), Adverbialbestimmungen wie *el año pasado* (letztes Jahr) oder das Datum.

138 Finden Sie solche Zeitangaben in der Biographie von Javier Bardem.

Sie haben gelernt, dass das *indefinido* für in der Vergangenheit abgeschlossene Handlungen und Ereignisse verwendet wird. Hier noch ein paar zusätzliche Aspekte:

- Handlungen, bei denen der Anfangs- / Endpunkt hervorgehoben wird: *... ya desde muy joven* ***empezó a colaborar*** *con varios grupos de teatro. / A partir de entonces* ***pudo empezar*** *a trabajar con directores de fama internacional y en importantes proyectos.*
- Handlungen, deren Dauer als chronologische Phase / Einheit betont wird: *Durante unos años* ***jugó*** *al rugby ... / En los siguientes años* ***trabajó*** *regularmente con directores españoles ...*

- Punktuelle Ereignisse, die aufeinander folgen: ... *un desconocido, una noche a la salida de una discoteca, le* ***preguntó*** *su nombre y acto seguido le* ***dio*** *un puñetazo.*
- Ereignisse, die vor einer Hintergrundshandlung eintreten, die gerade abläuft: ***Tuvo la suerte de nacer*** *en una familia de actores, y un tío suyo, Juan Antonio Bardem, era además un conocido director de cine.*

Diese letzte beschreibende Hintergrundshandlung wird in einer Zeit wiedergegeben, mit der wir uns im Folgenden beschäftigen, dem *pretérito imperfecto*.

→ Gr LGr S. 305–317

Pretérito imperfecto

Das *pretérito imperfecto* hat wie das *indefinido* keine genaue Entsprechung im Deutschen. Es dient zum Ausdruck chronologisch nicht relevanter Handlungen und Ereignisse der Vergangenheit, deren Verlauf unterstrichen wird.

139 A **Ergänzen Sie die fehlenden Endungen des *pretérito imperfecto*. Somit erhalten Sie einen Überblick über die regelmäßigen Formen dieser Zeit.**

	hablar (sprechen)	**comprender** (verstehen)	**escribir** (schreiben)
(yo)	habl-aba	comprend-........	escrib-........
(tú)	habl-........	comprend-........	escrib-........
(él, ella, usted)	habl-........	comprend-........	escrib-ía
(nosotros/-as)	habl-........	comprend-íamos	escrib-........
(vosotros/-as)	habl-........	comprend-........	escrib-íais
(ellos/-as, ustedes)	habl-aban	comprend-........	escrib-........

139 B **Fallen Ihnen zwei Besonderheiten auf?**

1. ....
2. ....

140 Vervollständigen Sie den Text mit den passenden Formen des *pretérito imperfecto*.

Aquella tarde .... (hacer) calor. El sol .... (brillar) con intensidad y no .... (haber) ninguna nube en el cielo. Los niños .... (salir) de la escuela y sus padres los .... (esperar) fuera. Yo .... (sonreír) viendo la escena y .... (tener) una sensación muy placentera. .... (yo / sentir) los rayos del sol en la cara, ... (yo / oler) la fragancia de las flores y .... (percibir) todos los sonidos que me .... (llegar). .... (ellos / parecer) las notas de una misteriosa y bella canción que en aquel momento .... (yo / poder) recordar y que por fin .... (identificar) como la felicidad absoluta.

hacer calor	heiß sein	**la fragancia**	der Duft
brillar	glänzen	**percibir**	wahrnehmen
con intensidad	heftig, intensiv	**el sonido**	das Geräusch
la nube	die Wolke	**misterioso**	geheimnisvoll
la escena	die Szene	**por fin**	endllich
placentero	angenehm	**la felicidad**	das Glück
el rayo de sol	der Sonnenschein		

Nur drei Verben haben unregelmäßige Formen im *pretérito imperfecto*: *ser* (sein), *ir* (gehen) und *ver* (sehen).

141 Setzen Sie die *imperfecto*-Formen der drei unregelmäßigen Verben in die Tabelle ein.

veíamos – íbamos – veías – era – iban – éramos – veíais – era – iba – eran – ibais – ibas – veía – erais – iba – veían – eras – veía

	ser (sein)	**ir** (gehen)	**ver** (sehen)
(yo)	....	....	....
(tú)	....	....	....
(él, ella, usted)	....	....	....
(nosotros/-as)	....	....	....
(vosotros/-as)	....	....	....
(ellos/-as, ustedes)	....	....	....

142 **Vervollständigen Sie den Text mit den passenden Formen des *pretérito imperfecto*.**

Cuando .... (nosotros / ser) pequeños, todos los veranos .... (nosotros / ir) a Cihuri, un pequeño pueblo de la Rioja, cerca de Haro. Allí .... (yo / pasar) los días con mis hermanos en el río, aunque a veces .... (yo / irse) solo a pasear por el monte. Por las mañanas mi padre .... (levantarse) el primero y .... (salir) después a la calle, ya que siempre .... (ir) él a comprar el periódico y el pan.
Mientras .... (él / estar) fuera, mi madre nos .... (ella / despertar) y .... (ella / preparar) el desayuno. Cuando .... (hacer) mal tiempo .... (nosotros / quedarse) en casa. Allí .... (nosotros / jugar) a indios y vaqueros, ... (nosotros / leer) tebeos y cuentos o .... (nosotros / ver) la tele. Aquellos veranos .... (parecer) que el tiempo .... (pararse). La verdad es que ahora los días pasan volando, pero entonces .... (ser) largos y maravillosos. Siempre los recuerdo con nostalgia y una sonrisa.

el río	der Fluss	**la tele(visión)**	das Fernsehen
pasear	spazieren gehen	**parecer**	scheinen
el monte	der Berg	**pararse**	stehen bleiben
levantarse	aufstehen	**la verdad**	die Wahrheit
despertar	aufwecken	**pasar volando**	wie im Flug vergehen
el / la indio/-a	der / die Indianer/-in	**entonces**	damals
el vaquero	der Cowboy	**largo**	lang
el tebeo	das Comic(heft)	**maravilloso**	wunderbar
el cuento	das Märchen, die Erzählung	**la sonrisa**	das Lächeln

Das *pretérito imperfecto* wird für alle Arten von Beschreibungen in der Vergangenheit gebraucht: von Gegenständen und Personen bis zu ganzen Situationen, wie im ersten Text, oder Zuständen bzw. Gewohnheiten, die sich regelmäßig in der Vergangenheit wiederholt haben, wie der zweite Text illustriert.

Der Verbalaspekt dieser Zeit (nicht abgeschlossene Handlungen, die in ihrem Verlauf dargestellt werden und keinen Bezug zu einem Anfangs- bzw. Endpunkt haben) macht sie zur Beschreibungszeit schlechthin. So lassen sich andere Gebrauchsmöglichkeiten des *imperfecto* erklären:

- für gleichzeitig ablaufende Handlungen, die den Zeitrahmen einer bereits eingeführten Handlung näher beschreiben: *... siempre iba él a comprar el periódico y el pan. Mientras* ***estaba*** *fuera, mi madre nos* ***despertaba*** *y* ***preparaba*** *el desayuno.*

- um Vergleiche zwischen Vergangenheit und Gegenwart auszudrücken (früher ↔ heute): *La verdad es que ahora los días pasan volando, pero entonces* ***eran*** *largos y maravillosos.*
- für Begleitumstände und Rahmenhandlungen, die den Hintergrund für ein eintretendes Ereignis darstellen: *... una noche, cuando* ***salía*** *de una discoteca, un desconocido le preguntó su nombre y acto seguido le dio un puñetazo.*
- für Träume und Rollenspiele sowie für die lebendige Wiedergabe von einmaligen Handlungen oder Ereignissen (Journalistensprache) als stilistisches und literarisches Mittel: *Anoche soñé que* ***llegaba*** *a casa y tú no me* ***reconocías****.*

143 A **Lesen Sie zuerst den Text und unterstreichen Sie die Vergangenheitszeiten.**

Diario

En el colegio nos agruparon por edades, pero pronto empecé a quedarme solo en los recreos: mientras me comía el bocadillo y tiraba piedras a una pequeña charca que había junto al campo de fútbol, soñaba que me pasaba algo maravilloso, que me hacía invisible o un futbolista conocido. Los demás reían y corrían de un lado para otro. Las niñas saltaban a la cuerda, cantaban canciones infantiles y miraban a los chicos con aire de superioridad, como si quisieran decirles que no los necesitaban. Un día decidí cambiarme de sitio y me encontré con una niña que leía a la sombra de un árbol. La miré, me miró y me senté junto a ella. Sin preguntarme ni hacer ningún gesto empezó a leer, esta vez en voz alta, y desde ese día compartimos recreos, libros, bocadillos y algún que otro furtivo beso.

agrupar	gruppieren
el recreo	die (Schul-)Pause
el bocadillo	das belegte Brot
la piedra	der Stein
la charca	der Tümpel
el campo de futbol	der Fußballplatz
invisible	unsichtbar
el futbolista	der Fußballspieler
saltar a la cuerda	seilspringen
con aire de superioridad	mit einer Geste von Überlegenheit
necesitar	benötigen
decidir	entscheiden
el sitio	der Platz
encontrarse con alguien	jemandem begegnen
la sombra	der Schatten
el árbol	der Baum
sentarse	sich hinsetzen
el gesto	die Geste
en voz alta	laut
compartir	teilen
furtivo	heimlich

Ordnen Sie nun die Handlungen zwei Gruppen zu: die erste mit den rein erzählenden Handlungen, die zweite mit den rein beschreibenden.

relato / narración (Erzählung):

....

....

....

descripción (Beschreibung):

....

....

....

143
B **Schreiben Sie jetzt eine kleine Zusammenfassung auf Spanisch, in der Sie ausschließlich über die Geschichte ohne jegliche Beschreibungen berichten. Schreiben Sie sie in der 3. Person Singular, als ob Sie jemandem den chronologisch relevanten Inhalt der Geschichte erzählen würden.**

resumen (Zusammenfassung):

....

....

....

....

....

143
C **Beantworten Sie jetzt die folgenden Fragen.**

1. Welche Zeit wird verwendet, um die Geschichte voranzutreiben und somit die Wiedergabe der Ereignisse zu Ende zu führen? ....
2. Welche Zeit wird benutzt, um die Handlung zu „verzögern“ und eine nähere Beschreibung der geschilderten Umstände einzufügen? ....

143
D **Versuchen Sie jetzt, den folgenden Text zu ergänzen, indem Sie das *indefinido* für die Weiterführung der Erzählung benutzen und das *pretérito imperfecto* für die Beschreibung der Umstände.**

.... (él, estar) en la cocina. .... (desayunar) tranquilamente, cuando .... (oír) una música muy bonita que .... (llegar) de la calle. .... (salir) al balcón, ... (mirar) hacia abajo y ... nada, no .... (ver) a nadie. .... (volver) a entrar, ... (sentarse) en el sofá y .... (continuar) desayunando. .... (mirar) tranquilo la pecera, los peces .... (nadar) y .... (jugar) en su pequeño mar mientras él poco a poco .... (ir) cayendo en un sueño muy profundo.

la cocina	die Küche	**el pez**	der Fisch
desayunar	frühstücken	**el mar**	das Meer
la pecera	das kleine Aquarium	**profundo**	tief

Der oben beschriebene Verbalaspekt des *pretérito imperfecto* erklärt auch seinen weiteren Gebrauch. Als Zeit, die eine Handlung in ihrem Verlauf, d. h. als noch nicht abgeschlossen darstellt, dient es ferner dazu,

- Gründe für bestimmte Handlungen oder Entscheidungen zu äußern:

Compré el coche porque lo ***necesitaba****.*	Ich habe das Auto gekauft, weil ich es brauchte.
No pude ir a la fiesta porque ***estaba*** *enfermo.*	Ich konnte nicht auf das Fest gehen, weil ich krank war.

- Wünsche und Vorhaben zurückhaltender und damit höflicher zu formulieren, um so für den Angesprochenen überzeugender zu sein:

¿Tienes planes para hoy? – *Pues* ***quería*** */* ***pensaba*** *ir al teatro.*	Hast du Pläne für heute? – Also, ich würde gern ins Theater gehen. / Also, ich dachte daran, ins Theater zu gehen.

- höflich nach etwas zu fragen bzw. um etwas zu bitten:

¿Que ***deseaba****? –* ***Quería*** *un quilo de tomates.*	Was wünschen Sie? – Ich hätte gern ein Kilo Tomaten.
Quería *pedirte un favor.*	Ich wollte dich um einen Gefallen bitten.

- in der indirekten Rede ein Präsens der direkten Rede wiederzugeben (mehr zu diesem Thema im Kapitel „Indirekte Rede"):

No tengo tiempo, me quedo en casa.	Ich habe keine Zeit, ich bleibe zu Hause.
Me dijo que no ***tenía*** *tiempo y que* ***se quedaba*** *en casa.*	Er sagte mir, er habe keine Zeit und bleibe zu Hause.

144 Ergänzen Sie den folgenden Dialog mit den passenden Vergangenheitszeiten.

Vendedor: ¡Buenos días! ¿Qué .... (usted / querer)?
Clienta: Pues .... (yo / querer) un quilo de peras y medio de tomates, pero maduros y con sabor ... que el otro día .... (yo / venir) también al mercado y el chico me dijo que .... (ellos / estar) maduros, pero luego me .... (dar) los que .... (estar) más verdes. Y, claro, no pude hacer salsa de tomate, que es lo que .... (yo / querer), porque no .... (ellos / servir) para eso.

Vendedor:	¡Lo siento, señora! Ya sabe cómo son estos jóvenes de hoy ... Mire, en compensación, este medio quilo de tomates se lo lleva hoy a cuenta de la casa. ¿Qué le parece?
Clienta:	¡Huy, muchas gracias!
Vendedor:	¿.......................... (desear) usted algo más?
Clienta:	No, gracias, ya tengo todo lo que .... (yo / querer).

el / la vendedor/-a	der / die Verkäufer/ -in	**la salsa**	die Soße
el cliente / la clienta	der Kunde / die Kundin	**servir**	nutzen
la pera	die Birne	**en / como compensación**	als Entschädigung
maduro	reif		
el sabor	der Geschmack	**a cuenta de la casa**	aufs Haus
el / la chico/-a	der Junge / das Mädchen	**parecer**	halten von

→ Gr LGr S. 318–322

Pretérito perfecto

Sie wissen bereits oder Sie ahnen schon, dass das *pretérito perfecto* ebensowenig eine Entsprechung im Deutschen hat wie die anderen Vergangenheitszeiten.
Das *pretérito perfecto* wird mit dem Indikativ Präsens des Hilfsverbs *haber* und dem Partizip des jeweiligen Hauptverbs gebildet:

He terminado el trabajo.	Ich habe die Arbeit beendet.
Hemos llegado tarde.	Wir sind zu spät angekommen.

145 A **Lesen Sie die folgenden Sätze und ergänzen Sie dann die Tabelle mit den Endungen der Partizipien der regelmäßigen Verben.**

¿Ya has leído el libro? / ¿Has leído ya el libro? / Has leído el libro ya? – No, todavía no.	Hast du das Buch schon gelesen? / Hast du schon das Buch gelesen? – Nein, noch nicht.
Me he quedado en casa y he trabajado durante toda la mañana.	Ich bin zu Hause geblieben und habe den ganzen Morgen gearbeitet.
¿Habéis perdido las llaves? – Sí, pero las ha encontrado Trini.	Habt ihr die Schlüssel verloren? – Ja, aber Trini hat sie gefunden.
¿Habéis venido en metro?	Seid ihr mit der U-Bahn gekommen?
Nos hemos bebido toda la botella.	Wir haben die ganze Flasche ausgetrunken.

Personalpronomen	Präsens von **haber**
(yo)	he
(tú)	has
(él, ella, usted)	ha
(nosotros/-as)	hemos
(vosotros/-as)	habéis
(ellos/-as, ustedes)	han

\+

Regelmäßige Verben auf	**-ar**	**-er**	**-ir**
Endung des Partizips	______	______	______

145 B **Schauen Sie sich noch einmal die Sätze an und versuchen Sie, einige Unterschiede im Vergleich zum deutschen Perfekt festzustellen. Was fällt Ihnen auf?**

1. ....
2. ....
3. ....
4. ....

146 **Ordnen Sie den deutschen Wortpaaren ihre spanischen Entsprechungen zu.**

ir, decir, poner, morir, ser, volver, abrir, escribir, cubrir, romper, resolver, hacer, ver

dicho, roto, hecho, abierto, sido, vuelto, muerto, escrito, resuelto, visto, puesto, ido, cubierto

Infinitiv – Partizip		participio	infinitivo
sein – **gewesen**	→	....	....
sehen – **gesehen**	→	....	....
sagen – **gesagt**	→	....	....
machen – **gemacht**	→	....	....
gehen – **gegangen**	→	....	....

Infinitiv – Partizip		participio	infinitivo
zurückkehren – **zurückgekehrt**	→	....	....
stellen / setzen – **gestellt / gesetzt**	→	....	....
zerbrechen – **zerbrochen**	→	....	....
lösen – **gelöst**	→	....	....
öffnen – **geöffnet**	→	....	....
schreiben – **geschrieben**	→	....	....
sterben – **gestorben**	→	....	....
zudecken – **zugedeckt**	→	....	....

147 Vervollständigen Sie die folgenden Sätze mit den korrekten Formen des *pretérito perfecto*.

1. Ya .... (yo / ver) que .... (tú / comprarse) un coche nuevo.
2. Cuando .... (tú / abrir) la puerta, ... (caerse) el jarrón y .... (romperse).
3. En esta ocasión nos .... (ellos / escribir) para decirnos que ya .... (ellos / resolver) el problema.
4. Todavía no .... (nosotros / ir) a visitarlo: no .... (nosotros / tener) tiempo.
5. Nunca le .... (yo / decir) lo que pienso hacer con la empresa, pero tampoco él me .... (hacer) ninguna pregunta.
6. Cuando .... (vosotras / volver) esta mañana y os .... (él / ver) .... (él / ponerse) nervioso.
7. La víctima .... (morir) en el acto y ya la .... (ellos / cubrir) con una manta. Dicen que .... (ser) un crimen pasional.
8. Hoy .... (nosotros / rehacer) el plan de trabajo porque .... (posponer) la reunión.

el jarrón	die Vase	**la manta**	die Decke
en esta ocasión	bei dieser Gelegenheit	**el crimen pasional**	das Verbrechen aus Leidenschaft
visitar	besuchen		
los deberes	die Hausaufgaben	**rehacer**	noch einmal machen
ponerse nervioso	nervös werden	**posponer**	verschieben
la víctima	das Opfer	**la reunión**	die Besprechung, die Sitzung
en el acto	auf der Stelle		

Das *pretérito perfecto* wird für Handlungen und Ereignisse gebraucht, die zwar abgeschlossen sind, aber im Gegensatz zum *indefinido* einen direkten Bezug zur Gegenwart haben:

Ayer ***recibí*** *una carta.* ↔ *Hoy* ***he recibido*** *una carta.*	Gestern / Heute habe ich einen Brief bekommen.

Durch die Verwendung des *pretérito perfecto* werden auch länger zurückliegende Handlungen und Ereignisse „gegenwärtiger", d. h. der Sprechende drückt damit aus, dass diese immer noch eine Bedeutung für ihn haben:

El año pasado ***murió*** *mi abuelo.* (abgeschlossen) ↔ *El año pasado* ***ha muerto*** *mi abuelo.* (gegenwärtige Wirkung)	Letztes Jahr ist mein Opa gestorben.

Die durch das *pretérito perfecto* dargestellten Handlungen und Ereignisse werden oft durch Zeitangaben mit Gegenwartsbezug begleitet, z. B. *hoy* (heute), *siempre* (immer [noch]), *todavía no* (noch nicht), *en esta ocasión* (bei dieser Gelegenheit), *por ahora* (im Moment) usw.

148 **Ordnen Sie die folgenden Zeitangaben der Zeit zu, mit der sie Ihrer Meinung nach normalerweise verwendet werden.**

esta mañana • ayer • hasta ahora • este año • el mes pasado • anoche • últimamente • nunca • hoy • una vez • todavía no • ya • hace mucho tiempo • hoy por la tarde • el lunes pasado • siempre • alguna vez • ayer por la mañana • este fin de semana • muchas veces • en 2005

indefinido	pretérito perfecto	indefinido y pretérito perfecto

149 A **Ergänzen Sie die folgenden Sätze mit der Zeit, die zur jeweiligen Zeitangabe passt.**

1. Todavía no .... (yo / poder) acabar los estudios.
2. Hoy por la tarde .... (nosotros / encontrarse) con tus padres en el parque de atracciones.

3. El mes pasado te .... (ellos / dar) un sueldo muchísimo mayor que el mío.
4. Este fin de semana .... (ella / comprar) los regalos de Navidad para su familia.
5. Últimamente no .... (él / tener) noticias de sus hermanos.
6. El lunes pasado .... (nosotros / ir) a trabajar en metro.
7 ¿............................ (tú / encontrar) ya a tu media naranja?
8. Anoche los niños .... (despertarse) cada dos por tres con el ruido de la tormenta.
9. Hace mucho tiempo la policía lo .... (arrestar) por posesión de drogas.
10. Una vez .... (vosotros / decir) que queríais visitarnos, pero hasta ahora no lo .... (vosotros / hacer).

acabar	beenden	**la media naranja**	die bessere Hälfte
el sueldo	das Gehalt	**despertarse**	aufwachen
el regalo	das Geschenk	**la tormenta**	das Gewitter
la noticia	die Nachricht	**la posesión**	der Besitz

149 B Entscheiden Sie jetzt je nach Zusammenhang, welche Zeit richtig ist.

1. Nunca (*bis jetzt*) .... (yo / estar) en Dinamarca pero creo que algún año iré.
2. Nunca (*damals*) .... (yo / entender) su manera de proceder, de hacer las cosas.
3. Siempre (*mein ganzes Leben lang*) .... (yo / querer) saber lo que sucedió.
4. Siempre (*als er bei ihnen wohnte*) lo .... (ellos / apoyar) en los peores momentos.
5. Lo .... (nosotros / visitar) muchas veces (*damals*).
6. Lo .... (nosotros / visitar) muchas veces (*in letzter Zeit*).
7. ¿............................ (estar) ustedes alguna vez en Japón? Es que hablan muy bien japonés.
8. ¿Sabe usted si en aquella época .... (ella / estar) alguna vez en Japón?

Dinamarca	Dänemark	**suceder**	passieren, geschehen
la manera	die Art, die Weise	**apoyar**	unterstützen
proceder	vorgehen	**Japón**	Japan

150 **Vervollständigen Sie den Brief und entscheiden Sie jedesmal, ob Sie *indefinido* oder *pretérito perfecto* nehmen.**

Querido Stefan:

¿Qué tal? ¿Cómo va todo? Por aquí todo bien. Ya .... (yo / empezar) a trabajar en el colegio. Ya sabes, lo de siempre: las clases, los chavales, los padres, en fin, todo dentro de lo normal. Por cierto, ¿sabes dónde .... (yo / estar) de vacaciones este año? En Bolivia; increíble, ¿no? Me .... (encantar). Es precioso y, si puedes, deberías ir, porque es un país muy, muy bonito y la gente es superamable. ¡Qué diferencia, ¿eh?! El año pasado casi no .... (yo / moverse) de aquí y ¡mira tú por dónde! este año .... (yo / cruzar) el charco.
La verdad es que me lo .... (yo / pasar) muy bien. Bueno, no tan bien como cuando .... (nosotros / estar) en Portugal juntos, ¿te acuerdas? ¡Qué bien lo .... (nosotros / pasar) entonces! ¡Qué paseos .... (nosotros / dar) junto al mar! ¡Qué maravilla! ¿Recuerdas el día que .... (nosotros / cenar) junto a aquel lago y casi .... (nosotros / perder) el tren de vuelta a la ciudad porque .... (nosotros / demorarse) mirando las estrellas en la magnífica terraza del restaurante?
En fin, son muchos los recuerdos y si sigo así, esta carta sería interminable así que me voy despidiendo hasta la próxima. Te echo muchísimo de menos y tengo muchas ganas de verte.

Tu amiga y alma gemela,
Laura

lo de siempre	(genauso) wie immer	**el paseo**	der Spaziergang
los chavales	die Kinder	**¡Qué maravilla!**	Wie schön!
estar de vacaciones	im Urlaub sein	**recordar algo**	sich an etwas erinnern
encantar	sehr gut gefallen		
precioso	entzückend	**el lago**	der See
moverse	sich bewegen	**perder**	*hier* verpassen
mira tú por donde	sieh / schau an	**demorarse**	sich aufhalten
cruzar el charco	(*wörtlich:* die Pfütze überqueren) den Atlantik überqueren	**la estrella**	der Stern
		magnífico	herrlich
		la terraza	die Terrasse
pasar(se)lo bien	sich amüsieren, eine tolle Zeit haben	**el recuerdo**	die Erinnerung
		interminable	endlos
acordarse de algo	sich an etwas erinnern	**echar de menos**	vermissen

→ Gr LGr S. 323–326

Pretérito pluscuamperfecto

Das *pretérito pluscuamperfecto* ist eine zusammengesetzte Zeit der Vergangenheit, die mit dem *pretérito imperfecto* von *haber* (haben / sein) und dem Partizip des jeweiligen Hauptverbs gebildet wird:

*Lo **había olvidado**.* — Ich **hatte** es **vergessen**.

Personalpronomen	Imperfekt von **haber**	+	Partizip des Hauptverbs
(yo)	había		
(tú)	habías		
(él, ella, usted)	había		trabajado, comido,
(nosotros/-as)	habíamos		dormido, hecho, etc.
(vosotros/-as)	habíais		
(ellos/-as, ustedes)	habían		

Wie das deutsche Plusquamperfekt setzt das *pretérito pluscuamperfecto* Handlungen und Zustände in Bezug zu anderen Vorgängen, die sich später in der Vergangenheit ereignet haben. Das *pretérito pluscuamperfecto* drückt also Vorzeitigkeit aus:

*Fue a un restaurante con sus amigos porque quería celebrar con ellos el premio que le **habían dado**.* — Er ging mit seinen Freunden in ein Restaurant, da er mit ihnen den Preis feiern wollte, den er bekommen hatte.

Auch in der indirekten Rede gibt das *pluscuamperfecto* diesen Aspekt der Vorzeitigkeit wieder, indem die in der direkten Rede im *indefinido* oder *perfecto* dargestellten Ereignisse mit dem *pluscuamperfecto* ausgedrückt werden (mehr zu diesem Thema im Kapitel „Indirekte Rede"):

*Vengo porque me **has llamado / llamaste**.* — Ich komme, weil du mich gerufen hast.

→ *Dijo que venía porque lo **había llamado**.* — → Er sagte, er komme, weil ich ihn gerufen habe / hätte.

151 **Setzen Sie die Formen des *pretérito pluscuamperfecto* der in Klammern angegebenen Verben ein.**

1. .... (nosotros / estudiar) muy poco y por eso estábamos tan nerviosos durante el examen.
2. Cuando llegué a la parada el autobús ya .... (irse).
3. La película que viste tú el lunes la .... (ver) yo el sábado.
4. .... (ella / ir) a la piscina, por eso no estaba en casa cuando llamaste.
5. Ayer me desperté muy cansado porque .... (tener) pesadillas.
6. Cuando hemos llegado al cine, la película ya .... (empezar).
7. Dijo que no le .... (dar) tiempo para preparar la cena.
8. Cuando llamé al restaurante ellos no .... (llegar) todavía.

la piscina	das Schwimmbad	**las pesadillas**	der Alptraum
despertarse	aufwachen	**la cena**	das Abendessen

→ Gr LGr S. 327–329

Pretérito anterior

Das *pretérito anterior* ist eine zusammengesetzte Zeit der Vergangenheit, die Sie nicht lernen müssen, da sie fast ausschließlich in der Literatur verwendet wird. Wenn Sie neugierig sind, können Sie aber gern weiterlesen.
Das *pretérito anterior* wird mit dem *indefinido* von *haber* (haben / sein) und dem Partizip des jeweiligen Hauptverbs gebildet:

*Apenas **hubo llegado**, vino a buscarme.*	Kaum **war** er **angekommen**, holte er mich ab.

Personalpronomen	einfaches Perfekt von **haber**	+	Partizip des Hauptverbs
(yo) (tú) (él, ella, usted) (nosotros/-as) (vosotros/-as) (ellos/-as, ustedes)	hube hubiste hubo hubimos hubisteis hubieron		terminado, comido, dormido, hecho, etc.

Wie das *pluscuamperfecto* äußert das *pretérito anterior* Vorzeitigkeit in Bezug auf Haupthandlungen, wird aber nur dann verwendet, wenn die Haupthandlungen unmittelbar danach stattfinden:

*Cuando se **hubo marchado**,* *pude respirar tranquilo.*	Als er weggegangen war, konnte ich ruhig atmen.

Anstatt des *pretérito anterior* wird im heutigen Spanisch das *indefinido* sowohl in der gesprochenen als auch in der geschriebenen Sprache verwendet:
*Cuando se **marchó**, **pude** respirar tranquilo.*

152 Entscheiden Sie in jedem Satz, was die beste Lösung ist: *pretérito pluscuamperfecto*, *pretérito anterior* oder *indefinido*.

1. Tan pronto como la policía .... (llegar), los ladrones .... (huir).
2. Cuando la policía llegó, los ladrones .... (huir).
3. Cuando la policía llegó, los ladrones ya .... (huir).
4. Tan pronto como .... (ella / leer) la carta, llamó a su amiga.
5. Nadie se extrañó cuando se fue, porque se lo .... (él / contar) a todos.
6. Apenas .... (vosotros / despedirse), sentí tristeza y vacío.
7. Luego que .... (él / encajar) la mala noticia, llamó a su abogado.
8. Aquel día .... (yo / levantarse) temprano, por eso cuando llegaste tú ya casi .... (yo / terminar) el trabajo.

Gegenüberstellung der Vergangenheitszeiten

153 Setzen Sie die passenden Verbformen der folgenden Vergangenheitszeiten in den Text ein: *indefinido*, *perfecto*, *imperfecto* und *pluscuamperfecto*.

Lila Downs .... (nacer) el 19 de septiembre de 1968 en las montañas de Sierra Madre, al sur de México. Su padre, que .... (ser) profesor universitario en la Universidad de Mineápolis, ... (ir) a México para filmar un documental, y allí .... (conocer) a Anita, la madre de Lila. Anita .... (ser) una india mixteca de ciudad de México que .... (dedicarse) a cantar boleros en los cabarets. Lila, que .... (tener) el mismo talento que su madre, ... (crecer) entre su Oaxaca natal, donde .... (empezar) a los ocho años su carrera como cantante de mariachis, California y Minesota. .... (hacer) estudios profesionales de canto en Los Ángeles, que .... (proseguir) luego en la academia de Bellas Artes de Oaxaca. Como viajera entre distintas culturas, la verdad

.... (ser) que Lila .... (tener) problemas de identidad: .... (sentirse) avergonzada de ser mitad norteamericana y mitad india mexicana. .... (mudarse) a Mineápolis para estudiar Música y Antropología en la Universidad de Minesota, después de una época en la que .... (vivir) en una comunidad «hippie» de artesanos y seguidores del mítico grupo «Grateful Dead».
Finalmente, después de terminar sus estudios, ... (volver) a México y .... (encontrar) la vida tranquila que .... (necesitar): mientras .... (ayudar) a su madre en la tienda que ésta .... (tener), ... (escuchar) música mexicana y jazz, sobre todo de mujeres que en el pasado .... (luchar) contra el machismo y el racismo de la sociedad, tanto en Estados Unidos como en México: Ella Fitzgerald, Billie Holliday, Sara Vaughan, Lucha Reyes, Lola Beltrán o Lydia Mendoza.
.... (subir) entonces a los escenarios en los clubes de Oaxaca con Paul Cohan, un músico americano que también .... (ser) su compañero sentimental. Las innumerables historias de mexicanos que .... (cruzar) ilegalmente la frontera a los Estados Unidos .... (ellas / ser) la inspiración de sus primeras canciones. Su primer disco lo .... (ella / publicar) en 1991 y a lo largo de todo este tiempo su fama .... (hacerse) internacional. Desde entonces y hasta ahora .... (ella / comprometerse) con muchas organizaciones y asociaciones a favor de la libertad de expresión, la igualdad de derechos y la paz, y .... (convertirse) en una referencia cultural del mestizaje.

filmar	(Film) drehen
indio mixteco	Mixteca-Indianer
dedicarse a	sich widmen
natal	Geburts-
el mariachi	populäre mexikanische Musik
el canto	der Gesang
proseguir	fortsetzen
sentirse avergonzado	sich schämen
mitad	halb
mudarse	umziehen
el artesano	der Handwerker
el seguidor	der Anhänger
la tienda	der Laden
luchar	kämpfen
subir al escenario	auf die Bühne gehen

el compañero	der Gefährte
innumerable	unzählig
cruzar la frontera	die Grenze überqueren
publicar	veröffentlichen
la fama	der Ruf
hacerse / convertirse	werden
comprometerse	sich engagieren
a favor de	für, zugunsten
la libertad de expresión	die Meinungsfreiheit
la igualdad de derechos	die Gleichberechtigung
la paz	der Frieden
la referencia	der Anhaltspunkt
el mestizaje	die Vermischung

In diesem Kapitel haben Sie gelernt, dass für den Gebrauch der spanischen Vergangenheitszeiten der Verbalaspekt entscheidend ist. Er ist auch dafür verantwortlich, dass manche Verben zwei unterschiedliche Bedeutungen haben können und damit anders ins Deutsche übersetzt werden, je nachdem, ob sie im *indefinido, pretérito perfecto* oder im *pretérito imperfecto* gebraucht werden.

154 A Verbinden Sie die spanischen Sätze mit ihren deutschen Entsprechungen.

1.	Pude terminar el trabajo.	a.	Er hatte einen Sohn und eine Tochter.
2.	Podían entenderse muy bien.	b.	Ich schaffte es, die Arbeit fertig zu machen.
3.	Tuvo ayer una preciosa niña.	c.	Sie konnten sich gut verstehen.
4.	Tenía un hijo y una hija.	d.	Auf dem Meer wurde es Ana schlecht.
5.	En el mar Ana se sintió muy mal.	e.	Sie bekam gestern eine wunderschöne Tochter.
6.	En el mar Ana se sentía muy mal.	f.	Wir kannten uns aus der Kindheit.
7.	Nos conocíamos de la infancia.	g.	Wusstet ihr nichts davon?
8.	Nos conocimos de niños.	h.	Wir erfuhren es, als er uns anrief.
9.	¿No sabíais nada?	i.	Auf dem Meer fühlte sich Ana sehr schlecht.
10.	Lo supimos cuando él nos llamó.	j.	Wir haben uns als Kinder kennengelernt.

154 B Welche Übersetzungen können diese Verben je nach verwendeter Zeit haben?

	poder	saber	tener	conocer	sentirse mal
indefinido					
imperfecto					

Futuro und condicional

→ Gr LGr S. 342–347

Futuro simple

Regelmäßige Verben bilden das *futuro simple* (Futur I) durch Anhängen der Endungen *-é, -ás, -á, -emos, -éis, -án* an den Infinitiv. Diese Endungen sind für alle Verben gleich.

comeré	ich werde essen
comerás	du wirst essen
comerá	er / sie / es wird essen / Sie werden essen
comeremos	wir werden essen
comeréis	ihr werdet essen
comerán	sie / Sie werden essen

Eine zukünftige Handlung kann man auch mit der Konstruktion *ir a + infinitivo* ausdrücken:

Mañana vamos a lavar la ropa. Morgen werden wir die Wäsche waschen.

Vergessen Sie nicht, dass man durch *ir a + infinitivo* auch eine Absicht ausdrücken kann:

Vamos a sentarnos, Marta. Setzen wir uns, Marta.

155 A **Ergänzen Sie die Tabellen mit den fehlenden Futur-Formen.**

	empezar	ofrecer	servir	jugar
(yo)				
(tú)				
(él, ella, Vd.)				
(nosotros/-as)				
(vosotros/-as)				
(ellos/-as, Vds.)				

	ser	dormir	llevar	ir
(yo)				
(tú)				
(él, ella, Vd.)				
(nosotros/-as)				
(vosotros/-as)				
(ellos/-as, Vds.)				

155 **B** **Vervollständigen Sie jetzt die Sätze mit der richtigen Person der oben genannten Verben.**

1. Cuando sea mayor, ... en el Atlético de Madrid.
2. Estoy segura de que esa película no .... un éxito; es malísima.
3. Mis hijos .... esta tarde a una fiesta de cumpleaños.
4. La semana que viene (nosotros) .... a estudiar para el examen de inglés.
5. Estos apuntes les .... para aprender mejor la materia.
6. No te preocupes; el señor Cuesta .... los documentos al banco.
7. Vosotros no .... vuestra ayuda hasta que no os pregunten.
8. Estás muy cansada, esta noche seguro que .... como un angelito.

ofrecer	anbieten	**los apuntes**	die Kursunterlagen, -notizen
la película	der Film		
el éxito	der Erfolg	**los documentos**	die Unterlagen
		el ángel	der Engel

Bei einigen Verben weisen die Futur-Formen im Verbstamm Unregelmäßigkeiten auf:

caber (hineinpassen) ***cabré***
decir (sagen) ***diré***
hacer (machen) ***haré***
haber (haben) ***habré***
poder (können) ***podré***
poner (stellen) ***pondré***
querer (wollen, lieben) ***querré***
saber (wissen) ***sabré***
salir (ausgehen) ***saldré***
tener (haben) ***tendré***
venir (kommen) ***vendré***

Die zusammengesetzten Verben haben die gleichen Unregelmäßigkeiten, z. B.:

rehacer (noch einmal tun) ***reharé***
detener (festnehmen) ***detendré***

156 **Hier sind 10 unregelmäßige Futur-Formen diagonal, senkrecht oder waagrecht in allen Richtungen versteckt. Suchen Sie diese Verben und setzen Sie sie dann in die Lücken ein.**

U	T	E	N	D	R	E	I	S	P
R	H	D	I	O	P	D	T	S	P
D	Z	A	I	N	C	C	W	A	S
S	I	A	R	B	A	H	O	B	A
O	C	R	I	E	A	B	Q	R	R
E	M	O	E	H	M	A	D	A	D
M	E	M	Z	E	Ñ	O	T	N	N
E	R	D	N	O	P	S	S	S	E
S	A	L	D	R	E	M	O	S	V
E	N	A	R	R	E	U	Q	I	P

1. En agosto mi marido y yo .... un viaje maravilloso a Chile.
2. No sé qué vestido me .... para la recepción de esta noche.
3. Si queréis conseguir el premio cinematográfico, ... que cambiar algunas escenas del corto.
4. Mis alumnos no .... los resultados del examen escrito hasta que no hagan el oral.
5. Dime si .... mañana conmigo al médico.
6. La semana que viene seguro que .... algún trabajito para ti.
7. Claro que usted .... decir lo que quiera en la próxima reunión.
8. Supongo que ustedes .... participar en la próxima convocatoria de mayo.
9. Os .... lo que ha pasado si no se lo contáis a nadie.
10. Mis amigo y yo .... esta noche a tomar unas tapitas.

maravilloso	wunderbar	**el resultado**	das Ergebnis
el vestido	das Kleid	**el examen escrito**	die schriftliche Prüfung
la recepción	der Empfang		
el premio cinematográfico	der Kinopreis	**el examen oral**	die mündliche Prüfung
la escena	die Szene	**la convocatoria**	die Ausschreibung einer Bewerbung
el corto	der Kurzfilm		
el alumno	der Schüler	**contar**	erzählen

157 **Setzen Sie die Futur-Formen der in Klammern angegebenen Verben ein, um zu beschreiben, was die Familie Pérez Gómez am Wochenende machen wird.**

1. El sábado por la mañana el señor Pérez .... (ir) al hipermercado a hacer la compra de la semana.
2. Juan, el hijo mayor, ... (llamar) a su novia para ir a la discoteca.
3. Marisa, la segunda, ... (salir) el sábado por la noche con sus amigas.
4. La señora Gómez .... (poner) el sábado por la noche la tele y, como siempre, ... (quedarse) dormida.
5. Eduardo, el pequeño, les .... (proponer) a sus padres ir al cine.
6. El domingo todos .... (levantarse) tarde.
7. El domingo por la tarde la señora Gómez .... (hacer) la comida para el lunes.
8. El señor Pérez, como siempre, le .... (decir) a su mujer que lo mejor del fin de semana es poder estar más tiempo con la familia.

el hipermercado	der große Supermarkt	**proponer**	vorschlagen
la compra	der Einkauf	**levantarse**	aufstehen

→ Gr LGr S. 347–350

Futuro compuesto

Das *futuro compuesto* (Futur II) wird mit den Futur-Formen des Hilfsverbs *haber* und dem Partizip des Verbs gebildet:

habré	*comido*	ich werde	gegessen haben
habrás		du wirst	
habrá		er / sie / es wird / Sie werden	
habremos		wir werden	
habréis		ihr werdet	
habrán		sie / Sie werden	

Das *futuro compuesto* beschreibt Handlungen und Geschehnisse, die vor anderen in der Zukunft stattfinden:

*Cuando llegue mi padre, ya **habremos comido**.*	Wenn mein Vater ankommt, **werden** wir schon **gegessen haben**.
*Mañana a las 12 ya **habrán hecho** el examen.*	Morgen um 12 Uhr **werden** Sie schon die Prüfung **gemacht haben**.

158 **Was wird in zwanzig Jahren im Leben der jungen Raquel passiert sein? Wählen Sie ein Verb aus und setzen Sie es in der richtigen Person des *futuro compuesto* ein.**

vender • casarse • divorciarse • terminar • comprar • crecer • encontrar • irse • empezar

Dentro de veinte años ...

1. .... sus estudios en la universidad.
2. .... su primer trabajo.
3. muchos de sus amigos .... a vivir a otra ciudad.
4. sus hijos .... el colegio.
5. su primer marido a lo mejor .... de ella.
6. sus padres .... su casa y se .... una más pequeña.
7. su ciudad .... mucho.
8. sus hermanos ....

casarse	heiraten	**crecer**	größer werden
divorciarse	scheiden lassen	**el marido**	der Ehemann

159 ***Futuro simple* oder *futuro compuesto*? Setzen Sie die Verben in Klammern in die richtige Futur-Form.**

1. ¿Me .... (vosotros / escribir) una postal cuando estéis de viaje?
2. Si tardamos tanto, el niño ya.................... (quedarse) dormido antes de que lleguemos.
3. No sé si ya .... (llegar) el paquete.
4. Hoy no podemos, pero mañana .... (jugar) al baloncesto con vosotros.
5. ¡Esta noche no .... (tú / comer) postre!
6. El lunes que viene a esta hora ya .... (yo / entregar) este dichoso trabajo.
7. De este tema .... (nosotros / hablar) más tarde.
8. Cuando regreses de la escuela, ... (limpiar) tu cuarto.
9. En el año 2100 ya se .... (descubrir) un remedio para el cáncer.
10. Supongo que .... (ellos / merendar) antes de irse a jugar a la calle.

la (tarjeta) postal	die (Post-)Karte	**limpiar**	säubern
la tarjeta (postal)	die (Post-)Karte	**el cuarto**	das Zimmer
el baloncesto	der Basketballsport	**descubrir**	entdecken
el postre	die Nachspeise	**el remedio**	das Heilmittel
entregar	abgeben	**suponer**	vermuten
dichoso	*hier* verdammt	**merendar**	eine Brotzeit am Nachmittag zu sich nehmen
regresar	zurückkommen		

Condicional

→ Gr LGr S. 356–361

Condicional simple

Die regelmäßigen Verben bilden das *condicional simple* (Konditional I) ausgehend vom Infinitiv mit den folgenden Endungen, die für alle Verben gleich sind.

compraría — ich würde kaufen
comprarías — du würdest kaufen
compraría — er / sie / es würde / Sie würden kaufen
compraríamos — wir würden kaufen
compraríais — ihr würdet kaufen
comprarían — sie / Sie würden kaufen

Die unregelmäßigen Verben haben die gleiche Unregelmäßigkeit im *condicional* wie im *futuro*.

Das *condicional simple* wird gebraucht, um Ratschläge zu geben, um Vorschläge und Bitten zu äußern oder um auszudrücken, was man machen würde oder wie etwas sein könnte:

*En tu lugar yo **hablaría** con ella.* — An deiner Stelle würde ich mit ihr sprechen.
*¿Os **gustaría** ir al cine?* — Würdet ihr gern ins Kino gehen?

(Im nächsten Kapitel üben Sie den Gebrauch des *condicional simple* in Bedingungssätzen mit *si*.)

160 A **Leiten Sie das *condicional simple* folgender unregelmäßiger Verben vom *futuro simple* ab.**

	CONDICIONAL SIMPLE					
FUTURO 1. P. Sing.	(yo)	(tú)	(el, ella, usted)	(nosotros/-as)	(vosotros/-as)	(ellos/-as, ustedes)
CABER → *cabré*	*cabría*	*cabrías*	*cabría*	*cabríamos*	*cabríais*	*cabrían*
DECIR →						
HACER →						
HABER →						
PODER →						
PONER →						
QUERER →						
SABER →						
SALIR →						
TENER →						
VENIR →						

160 Vervollständigen Sie die folgenden Bitten, Bedingungen, Rat- und Vorschläge mit der richtigen Person eines der oben stehenden Verben.

B

1. – Estoy cansadísima.
   + Yo en tu lugar no ………………………… tanto por las noches.
2. Lucas, ¿me ………………………… un favor? Es que ………………………… que transportar estas cajas y no puedo solo.
3. – No sé qué hacer este sábado.
   + ………………………… ir las dos juntas a visitar algún museo.
4. A Guillermo yo no le ………………………… nada de lo que ha pasado.
5. Mis padres también ………………………… a Salamanca, pero es que no tienen tiempo.
6. Vosotras no os ………………………… tan nerviosas ante un chico guapo.
7. Yo no ………………………… molestarte, pero es que necesito tu ayuda.
8. Muy apretaditos ………………………… todos en el coche.

la caja	die Kiste	**molestar**	stören
juntos	zusammen	**apretado**	zusammengepresst

161 Was würden diese Personen tun, wenn sie noch einmal geboren würden? Setzen Sie die Verben in Klammern in der richtigen Konditional-Form ein.

1. Luis y Daniela ………………………… (volverse) a casar.
2. Mis padres no ………………………… (trabajar) tanto.
3. Javier ………………………… (intentar) no ser tan perfecto y no ………………………… (perder) tanto tiempo ordenando todo.
4. Nosotros ………………………… (ir) a muchos lugares donde nunca hemos estado.
5. Antonia ………………………… (tener) muchos hijos y ………………………… (salir) con ellos todos los fines de semana.
6. Vosotros seguro que ………………………… (poder) por fin olvidar vuestra enemistad.
7. – ¿Y tú qué ………………………… (hacer)?
   + Yo ………………………… (hacer) todo exactamente igual otra vez.
8. Yo ………………………… (comer) más chocolate y menos lechuga.
9. Víctor le ………………………… (regalar) más flores a su mujer.
10. Nosotros ………………………… (tratar) de cometer menos errores.

intentar	versuchen	**la lechuga**	der Kopfsalat
ordenar	ordnen	**regalar**	schenken
la enemistad	die Feindschaft	**cometer un error**	einen Fehler begehen

→ Gr LGr S. 361–366

Condicional compuesto

Das *condicional compuesto* (Konditional II) wird mit den Konditional-Formen des Hilfsverbs *haber* und dem Partizip des Verbs gebildet:

habría	*comido*	ich würde	gegessen haben
habrías		du würdest	
habría		er / sie / es würde / Sie würden	
habríamos		wir würden	
habríais		ihr würdet	
habrían		sie / Sie würden	

Das *condicional compuesto* wird für Aussagen in der Vergangenheit verwendet. Es wird ausgedrückt, was in der Vergangenheit hätte geschehen können, aber nicht geschehen ist. Es wird deshalb auch in irrealen Bedingungsätzen verwendet:

*¿Qué **habríamos hecho** sin vuestro apoyo?* — Was hätten wir ohne eure Unterstützung gemacht?

*Yo no **habría vendido** la casa.* — Ich hätte das Haus nicht verkauft.

(Im nächsten Kapitel üben Sie den Gebrauch des *condicional compuesto* in Bedingungssätzen mit *si*.)

162 Setzen Sie die in Klammern stehenden Verben ins *condicional compuesto*, um auszudrücken, was geschehen hätte können, wenn die Einwohner eines kleinen Dorfes den Hauptgewinn in der Weihnachtslotterie gewonnen hätten.

1. Todos los agraciados ………… (hacer) una gran fiesta y ………… (invitar) a todos los habitantes del pueblo.
2. El alcalde del pueblo ………… (salir) en la televisión.
3. Se ………… (abrir) nuevas tiendas.
4. Algunos vecinos del pueblo ………… (remozar) sus casas.
5. Otros vecinos incluso ………… (mandar) construir casas nuevas.
6. ………… (construir) por fin un cine.
7. En el parque ………… (plantar) grandes árboles.
8. En las calles del pueblo se ………… (ver) muchos coches nuevos.

el agraciado	der Gewinner	**el vecino**	der Nachbar
el habitante	der Einwohner	**remozar**	renovieren
el alcalde	der Bürgermeister	**mandar construir**	bauen lassen

163 ***Futuro simple*, *futuro compuesto*, *condicional simple* oder *condicional compuesto*?**
Übersetzen Sie die folgenden Sätze.

1. Könnten Sie mir bitte das Brot reichen?

 ....

2. Zuerst werdet ihr die Hausaufgaben fertig machen.

 ....

3. Wenn meine Kinder kommen werden, werde ich schon das Mittagsessen gemacht haben.

 ....

4. Ihr wärt nicht in die Stadt gefahren.

 ....

5. Im Dezember wirst du schon eine Arbeitsstelle gefunden haben.

 ....

6. Sie würde sehr gerne mit uns spazieren gehen, aber sie hat keine Zeit.

 ....

7. Wir hätte gestern sehr gerne Fußball gespielt.

 ....

8. Das werdet ihr nicht sagen!

 ....

9. Ich an deiner Stelle würde nicht so viel trinken.

 ....

10. Bevor der Chef kommt, werden wir schon die Unterlagen nachgeprüft haben.

 ....

11. Er hätte die Zeitung gelesen, aber es war schon zu spät.

 ....

12. Würdest du es für mich machen?

 ....

pasar	*hier* reichen	**el puesto de trabajo**	die Arbeitsstelle
primero	zuerst	**los documentos**	die Unterlagen
los deberes	die Hausaufgaben	**revisar**	nachprüfen
el almuerzo	das Mittagessen		

→ Gr LGr S. 351–352

Zeiten der Vermutung

Das Spanische verfügt wie das Deutsche über viele Wörter und Ausdrücke, die auf Vermutungen hinweisen: ***probablemente*** (wahrscheinlich), ***posiblemente*** (möglicherweise), ***seguramente*** (wahrscheinlich, vermutlich), ***tal vez / quizá(s) / acaso / a lo mejor*** (vielleicht) usw. Aber im Spanischen äußert man Vermutungen bevorzugt durch die idiomatisch ausdrucksstärkeren Zeiten des Indikativs. Vermutungen, die sich auf die Gegenwart oder die nahe Vergangenheit beziehen, können im Spanischen mit dem ***futuro simple*** und ***compuesto*** ausgedrückt werden. Für Vermutungen, die sich auf eine abgeschlossene Vergangenheit bzw. auf eine Vorvergangenheit beziehen, wird im Spanischen jeweils das ***condicional simple*** bzw. das ***condicional compuesto*** verwendet:

	GENAUIGKEIT	VERMUTUNG
GEGENWART *presente*	*María **tiene** 20 años.* María ist 20 Jahre alt. *presente* →	*María **tendrá** 20 años.* María wird wohl 20 sein. → *futuro simple*
NAHE VERGANGENHEIT *pretérito perfecto*	*María **ha ido** al cine.* María ist ins Kino gegangen. *pretérito perfecto* →	*María **habrá ido** al cine.* María wird wohl ins Kino gegangen sein. → *futuro compuesto*
ABGESCHLOSSENE VERGANGENHEIT *imperfecto / indefinido*	*María **estuvo** ayer enferma.* María war gestern krank. *imperfecto / indefinido* →	*María **estaría** ayer enferma.* Wahrscheinlich war María gestern krank. → *condicional simple*
VOR-VERGANGENHEIT *pretérito pluscuamperfecto*	*María **había bailado** mucho.* María hatte viel getanzt. *pretérito pluscuamperfecto* →	*María **habría bailado** mucho.* María hatte wahrscheinlich viel getanzt. → *condicional compuesto*

Häufig kommen zu einer durch die Verbform ausgedrückten Vermutung noch andere redundante Wörter hinzu wie: ***más o menos*** (mehr oder weniger), ***hacia*** (gegen), ***en torno a / alrededor de*** (um), ***aproximadamente*** (ungefähr), ***unos/-as*** (ungefähr) usw.

164 **Ersetzen Sie die kursiv gedruckten Zeiten durch ein *futuro* oder *condicional*, um eine Vermutung auszudrücken.**

1. *Gana* al mes unos 4.000 euros.
   Ganará al mes unos 4.000 euros.
2. *Ha perdido* las gafas como siempre.
3. Juan *estuvo* varias horas hablando con sus padres.
4. Mis vecinos ya *habían tenido* un hijo antes de casarse.
5. Isabel ya *estaba* en casa pues las luces estaban encendidas.
6. Mónica siempre se está comprando cosas. *Tiene* mucho dinero.
7. María ya *había terminado* los deberes cuando llegó Juan.
8. Carlos *está* enfermo y por eso no ha venido a trabajar.
9. Los niños *están jugando* en la calle.
10. *Han estado* otra vez en el cine sin decírmelo.

ganar	verdienen	**la luz**	das Licht
las gafas	die Brille	**encender**	einschalten
el vecino	der Nachbar		

165 **Wir wissen nicht genau, warum Ana bestimmte Dinge tut. Verbinden Sie die Aussagen links mit den Vermutungen in der rechten Spalte, die Sie mit einem *futuro simple* oder *compuesto* vom Kästchen vorher vervollständigt haben.**

habrá dicho • estará • dolerá • estará diciendo • habrá tenido • volverá • querrá • tendrá • habrá tenido • estará despidiéndose

1.	Ana no ha desayunado esta mañana.	a.	.... ordenarla.
2.	Ana está hoy muy pálida.	b.	Le .... qué le pasa.
3.	Ana no se ha maquillado hoy.	c.	No .... hambre.
4.	Ana no puede concentrarse.	d.	.... de ella.
5.	El jefe ha hablado con Ana.	e.	.... enferma.
6.	Ana está llorando.	f.	No .... tiempo.
7.	Ana está hablando por teléfono con su marido.	g.	No .... nunca más al trabajo.
8.	Ana recoge todas las cosas de su mesa.	h.	Le .... algo importante.
9.	Ana le da dos besos a Carmen.	i.	.... algún problema.
10.	Ana se despide de todos nosotros.	j.	Le .... la cabeza.

doler	wehtun	**el hambre**	der Hunger
despedirse	sich verabschieden	**llorar**	weinen
desayunar	frühstücken	**recoger**	wegräumen
pálido	blass	**el beso**	der Kuss
maquillarse	sich schminken		

166 **Sie wissen nicht genau, was Ihre Eltern und Ihre Schwester gestern gemacht haben. Ersetzen Sie die kursiv gedruckten Zeiten durch ein *condicional*, um Vermutungen zu formulieren.**

a. Anoche mis padres no volvieron a casa hasta las dos de la madrugada. *Habían estado* juntos todo el día pues celebraban su aniversario de boda. Por la mañana *desayunaron* juntos y después *pasearon* un buen rato por el parque. A mi madre le gustan mucho los museos, así que por la tarde *fueron* a ver una exposición y después *se tomaron* un café en una terraza de la Plaza Mayor. Por la noche *cenaron* juntos y *bailaron* hasta muy tarde, como hacían cuando eran más jóvenes.

b. Mi hermana había quedado ayer conmigo, pero no apareció porque tuvo que terminar un trabajo para la editorial. Supongo que *se levantó* temprano, *se duchó* y *desayunó*. *Quería* arreglarse pronto para venir a recogerme, pero de pronto *se acordó* de que tenía de plazo hasta el día siguiente para entregar un trabajo. *Se puso* al instante a trabajar pensando que acabaría pronto y podríamos todavía vernos, pero al final *se dio* cuenta de que no era posible. Pero, ¿por qué no me *llamó* para decírmelo?

anoche	gestern Nacht	**la editorial**	der Verlag
el aniversario de boda	der Hochzeitstag	**arreglarse**	sich herrichten
		recoger	abholen
la exposición	die Ausstellung	**acordarse**	sich erinnern
cenar	zu Abend essen	**el plazo**	die Frist
quedar	sich verabreden	**al instante**	augenblicklich
aparecer	erscheinen		

In der nächsten Übung geht es um alle Verwendungen des *futuro* und des *condicional*, die in diesem Kapitel dargestellt wurden.

167 Wiederholung. Wählen Sie die richtige Lösung aus.

1. Para dentro de tres años, Ramón ya .... la carrera.
   a. terminaría   b. terminará   c. habrá terminado
2. ¡No .... con tus amigos hasta que no hayas ordenado tu habitación!
   a. saldrás   b. salirás   c. habrás salido

3. ¿Dónde .... Manolo el mes pasado cuando lo llamé?
   a. estaría   b. estará   c. habrá estado
4. Yo .... con mucho gusto un viaje alrededor del mundo, pero no tengo dinero.
   a. habré hecho   b. haría   c. haré
5. De haber tenido dinero, me .... la casa.
   a. compraría   b. habré comprado   c. habría comprado
6. Yo no se lo .... a tu marido porque .... mucho.
   a. diré   b. diría   c. habría dicho
   a. se enfadaría   b. habría enfadado   c. habrá enfadado
7. ¿Dónde .... Juan? Se va todos los días a las 7 y no vuelve a casa hasta por la noche.
   a. habría trabajado   b. trabajará   c. habrá trabajado
8. Probablemente .... muy poco porque se sentía cansadísimo.
   a. habría dormido   b. dormirá   c. habrá dormido
9. .... un accidente y por eso no ha llegado todavía.
   a. Habría tenido   b. Tendrá   c. Habrá tenido
10. ¿Me .... ayudar a resolver estos ejercicios? – Sí, claro.
   a. habrías podido   b. habrás podido   c. podrías

la carrera	das Studium	**el accidente**	der Unfall
alrededor de	um ... herum	**resolver**	lösen

VERBEN • *SUBJUNTIVO*

→ Gr LGr S. 368 ff.

Der *subjuntivo* ist ein häufig verwendeter Modus, der keine direkte Entsprechung im Deutschen hat. (Der spanische *subjuntivo* ist mit dem deutschen Konjunktiv nicht zu vergleichen!) Der *subjuntivo* wird meistens in Nebensätzen verwendet, sein Gebrauch hängt in der Regel vom Hauptsatz oder von bestimmten Konjunktionen und Adverbien ab.

→ Gr LGr S. 368–372

Presente de subjuntivo

Die regelmäßigen Verben auf *-ar* haben im *presente de subjuntivo* ein ***e*** in der Endung, die auf *-er* und *-ir* ein ***a***. Die 1. und die 3. Person Singular sind jeweils gleich.

168 Ergänzen Sie die fehlenden Formen des *presente de subjuntivo*.

	tomar	comer	subir	beber	hablar
(yo)	*tome*	*coma*			
(tú)				*bebas*	
(él, ella, usted)		*coma*			
(nosotros/-as)	*tomemos*		*subamos*		
(vosotros/-as)			*subáis*		
(ellos/-as, ustedes)				*beban*	*hablen*

Bei der Gruppe von Verben, die im Indikativ Präsens eine Diphthongierung aufweisen, gelten im *presente de subjuntivo* die gleichen Regeln wie im Indikativ Präsens, d. h. Diphthong in der 1., 2., 3. Person Singular und 3. Person Plural:
cerrar → cierre, cierres, cierre, cerremos, cerréis, cierren.

Bitte beachten Sie, dass sich bei den Verben auf *-entir* und *-erir* sowie bei den Verben *dormir* und *morir* der Stammvokal in der 1. und 2. Person Plural ändert:
sentir → sintamos, sintáis; dormir → durmamos, durmáis.

Bei fast allen anderen Verben wird der Stamm der 1. Person Singular des Indikativ Präsens übernommen und die *subjuntivo*-Endungen angehängt. So hat z. B. das Verb *conocer* die Form *conozc-o* in der 1. Person Singular des Indikativ Präsens. Der Stamm *conozc-* bleibt bei den anderen Personen erhalten: *conozca, conozcas, conozca, conozcamos, conozcáis, conozcan.*

169 A **Leiten Sie das *presente de subjuntivo* der folgenden Verben von der 1. Person Singular des *indicativo* ab.**

INFINITIVO → 1. P. Sing. *indicativo*	salir → salgo	servir → sirvo	construir → construyo	venir → vengo	empezar → *empiezo
PRESENTE DE SUBJUNTIVO					
(yo)	salga				
(tú)	salgas				
(él, ella, usted)	salga				
(nosotros/-as)	salgamos				
(vosotros/-as)	salgáis				
(ellos/-as, ustedes)	salgan				

* Beachten Sie die orthographische Änderung!

INFINITIVO → 1. P. Sing. *indicativo*	probar → pruebo	jugar → *juego	mentir → miento	dormir → duermo	ofrecer → ofrezco
PRESENTE DE SUBJUNTIVO					
(yo)					
(tú)		juegues			
(él, ella, usted)					
(nosotros/-as)			mintamos		
(vosotros/-as)					
(ellos/-as, ustedes)					

* Beachten Sie die orthographische Änderung!

169 B **Bei den Verben *dar*, *estar*, *ir*, *haber*, *ser* und *saber* ist diese Ableitung aus der Ich-Form des Indikativ Präsens nicht möglich. Ordnen Sie in der folgenden Übung die Formen im Kasten dem passenden Verb zu.**

vayamos, den, sea, hayamos, sepas, esté, demos, dé, estés, hayas, sepamos, seáis, estéis, des, haya, vaya, sepa, sepáis, hayan, estemos, seas, sean

dar	estar	ir	haber	ser	saber
dé			haya		
		vayas			
	esté	vaya		sea	sepa
				seamos	
deis		vayáis	hayáis		
	estén	vayan			sepan

→ Gr LGr S. 390–392

Pretérito imperfecto de subjuntivo

Die Formen des *pretérito imperfecto de subjuntivo* aller Verben werden von der 3. Person Plural des *pretérito indefinido* (z. B. *hablaron, comieron, vivieron*) abgeleitet, wobei die Endungen *-ra* / *-se* an die Stelle von *-ron* treten:

habla-ron → *hablara / hablase, hablaras / hablases, hablara / hablase, habláramos / hablásemos, hablarais / hablaseis, hablaran / hablasen*

comie-ron → *comiera / comiese, comieras / comieses, comiera / comiese, comiéramos / comiésemos, comierais / comieseis, comieran / comiesen*

vivie-ron → *viviera / viviese, vivieras / vivieses, viviera / viviese, viviéramos / viviésemos, vivierais / vivieseis, vivieran / viviesen*

Beide Formen (*hablara / hablase*) sind gleichbedeutend und werden unterschiedslos gebraucht.

170 Bilden Sie zuerst die 3. Person Plural des *pretérito indefinido*, danach die angegebenen Personen des *pretérito imperfecto de subjuntivo*.

	3. Person Plural *pretérito indefinido*	*pretérito imperfecto de subjuntivo*	
hacer	*hicieron*	(yo)	*hiciera / hiciese*
saber	....	(nosotros)	....
comprar	....	(vosotros)	....
venir	....	(tú)	....
querer	....	(usted)	....
leer	....	(ellos)	....
vender	....	(él)	....
decir	....	(ustedes)	....
poder	....	(nosotras)	....
traducir	....	(tú)	....

creer	....	(yo)	....
dormir	....	(vosotras)	....
pedir	....	(ella)	....
tener	....	(ustedes)	....
preferir	....	(tú)	....

171 **Ordnen Sie die Verbformen der passenden Kategorie zu.**

presente de indicativo (yo)	presente de subjuntivo (yo)	pretérito indefinido (ellos)

destruyeron sepamos traigamos convenzo sintiera destruyo
siento sintamos sentimos convenzamos tengo destruyera cerramos
llegaron cerraron soy destruyamos destruimos seamos sé convencieron
movamos murieron cierre lleguemos tocara moviera
toque toco
sintieron movemos tengamos sea tenga fuera cerrara somos convenciera
muriera convenza muera supieron trajera llegara
movieron convencemos traiga cierro muevo tuvieron
destruya
llego traemos supiera toquemos muramos
llegue sepa fueron
tocamos mueva cerremos llegamos trajeron
traigo tenemos tuviera sabemos tocaron morimos muero sienta

presente de indicativo (nosotros)	presente de subjuntivo (nosotros)	imperfecto de subjuntivo (yo)

→ Gr LGr S. 399–400

Pretérito perfecto de subjuntivo

Das *pretérito perfecto de subjuntivo* wird immer mit dem *presente de subjuntivo* von *haber* und dem Partizip Perfekt gebildet:
hablar → haya hablado / hayas hablado / haya hablado / hayamos hablado / hayáis hablado / hayan hablado.

172 Setzen Sie die eingeklammerten Verben ins *pretérito perfecto de subjuntivo*, um auszudrücken, was vielleicht geschehen ist.

1. Quizás ya .... (abrir) las tiendas.
2. Puede ser que el niño ya .... (despertarse).
3. No encuentro las gafas; tal vez las .... (olvidar) en el trabajo.
4. Ésta no es la calle que buscamos; puede ser que .... (nosotros / perderse).
5. Vuestro resultado no es correcto; quizás .... (confundirse) en alguna cuenta.
6. Pedro, aquí no hay nadie. Probablemente .... (tú / enterarse) mal de la hora de la cita.
7. No coge nadie el teléfono. Tal vez .... (ellos / salir) a dar un paseo.
8. Ya no está en casa. Posiblemente .... (ella / irse) ya a la fiesta.

quizá(s)	vielleicht	**confundirse**	sich irren
la tienda	der Laden	**la cuenta**	die Rechnung
despertarse	aufwachen	**probablemente**	wahrscheinlich, wohl
tal vez	vielleicht	**enterarse**	verstehen, mitkriegen
perderse	sich verlaufen	**la cita**	die Verabredung, das Treffen
las gafas	die Brille		

→ Gr LGr S. 402–403

Pretérito pluscuamperfecto de subjuntivo

Das *pretérito pluscuamperfecto de subjuntivo* wird mit dem *pretérito imperfecto de subjuntivo* des Hilfsverbs *haber* und dem Partizip Perfekt des entsprechenden Vollverbs gebildet:
saber → *hubiera sabido / hubiese sabido* etc.
Beide Formen sind gleichbedeutend und werden unterschiedslos gebraucht.

173 **Vervollständigen Sie die folgenden Hypothesen in der Vergangenheit mit dem *pretérito pluscuamperfecto de subjuntivo* der Verben in Klammern. Verbinden Sie sie dann mit der richtigen deutschen Übersetzung.**

1. En ese caso os .... (yo / traer) las fotos.
2. En su lugar tú no .... (hacer) lo mismo.
3. Me .... (gustar) ir con vosotros.
4. Nosotros .... (comprar) otra cosa.
5. Vosotros .... (conseguir) el primer premio.
6. Mis vecinos no me .... (prestar) nunca su coche.
7. Usted lo .... (escribir) mucho mejor.
8. En esa situación ustedes no .... (tener) miedo.

a. Meine Nachbarn hätten mir ihr Auto nie geliehen.
b. In dieser Situation hätten Sie keine Angst gehabt.
c. Wir hätten etwas anderes gekauft.
d. Ich wäre gern mit euch gegangen.
e. Sie hätten es viel besser geschrieben.
f. Ihr hättet den ersten Preis bekommen.
g. An seiner Stelle hättest du nicht das Gleiche gemacht.
h. In diesem Fall hätte ich euch die Fotos gebracht.

→ Gr LGr S. 383–386

Subjuntivo in Hauptsätzen

Das *presente de subjuntivo* wird zur Bildung der Höflichkeitsform des Imperativs (*pase, pasen*) und des verneinten Imperativs verwendet (*no pases, no pase, no paséis, no pasen*).

Im Hauptsatz steht der *subjuntivo* häufig nach den Adverbien *tal vez, quizá(s), acaso, probablemente* und *posiblemente* (es kann jedoch auch der Indikativ stehen). *A lo mejor* wird immer mit dem *indicativo* verwendet:

Tal vez Fernando tenga tiempo mañana.	Vielleicht hat Fernando morgen Zeit.

Aber:

A lo mejor Fernando tiene tiempo mañana.	Vielleicht hat Fernando morgen Zeit.

Stehen diese Adverbien nach dem Verb, dann wird immer der *indicativo* verwendet.

Der *subjuntivo* wird auch zum Ausdruck eines Wunsches nach *ojalá, así* und *quién* gebraucht:

¡Ojalá venga pronto!	Hoffentlich kommt er bald!
¡Así pillara un resfriado!	Hoffentlich holt er sich eine Erkältung!
¡Quién fuera millonario!	Ich wäre so gern Millionär!

Así drückt immer einen Fluch oder eine Verwünschung aus. *Bei ojalá* und *así* findet man je nach Kontext alle Zeiten des *subjuntivo*, während bei *quién* nur das *pretérito imperfecto (fuera)* und *pluscuamperfecto (hubiera sido)* möglich sind.

Der *subjuntivo* steht auch in „falschen Hauptsätzen“, die durch *que* eingeleitet werden. In Wirklichkeit handelt es sich hierbei um Nebensätze, die von Verben wie *desear* abhängig sind, die aber nicht gesprochen werden:

¡Que se mejore!	Gute Besserung!
¡Que te diviertas! / ¡Que lo pases bien!	Viel Vergnügen! / Viel Spaß!

Der *subjuntivo* wird auch in Wendungen mit einer Wiederholung des Verbs benutzt:

Lo conseguiré cueste lo que cueste.	Ich werde es bekommen, koste es, was es wolle.

174 **Schreiben Sie die folgenden Sätze mit dem angegebenen Adverb um.**

1. Creo que lloverá esta tarde. (Quizás)
   Quizás llueva esta tarde.
2. Me parece que Javier ya no me quiere. (Tal vez)
   ....
3. Supongo que no ha encontrado la calle. (Posiblemente)
   ....

4. No estoy segura, pero creo que llegaré la primera a la meta. (Probablemente)

....

5. Creo que ha conseguido el puesto de trabajo. (A lo mejor)

....

6. Creo que han ido esta noche al cine. (Quizás)

....

7. Podemos tener suerte y ganar algún dinerito en la lotería. (Acaso)

....

8. Sospecho que dice la verdad y que el culpable es otro. (Probablemente)

....

quizá(s) / tal vez / acaso	vielleicht	**la suerte**	das Glück
la meta	das Ziel	**sospechar**	vermuten, verdächtigen
conseguir	bekommen	**el culpable**	der Schuldige

175 Drücken Sie nun Wünsche mit *ojalá* aus.

a. Cuando un amigo está en el hospital.

1. curarse pronto
   ¡Ojalá te cures pronto!
2. no ser nada malo
   ....
3. volver pronto a casa
   ....

b. Cuando es tarde y su hijo no ha llegado todavía a casa.

1. no pasar nada
   ¡Ojalá no haya pasado nada!
2. no tener un accidente
   ....
3. no perder el dinero del autobús
   ....

c. Cuando le gustaría tener vacaciones y no puede.

1. estar ahora en la playa
   ¡Ojalá estuviera ahora en la playa!
2. poder viajar a Italia
   ....
3. no tener que levantarse temprano
   ....

d. Cuando ha hecho algo que no debería haber hecho.

1. no haberlo hecho
   ¡Ojalá no lo hubiera hecho!
2. no haberse peleado con el jefe

3. no haberse gastado todo el dinero

curarse	geheilt werden, genesen	**pelearse**	(sich) streiten
temprano	früh	**gastar**	ausgeben

176 **Roberto ist ein bisschen neidisch auf Diego und drückt seine Wünsche durch *quién* aus. Vergessen Sie nicht, dass nur der Gebrauch des *pretérito imperfecto* oder *pluscuamperfecto* möglich ist.**

1. Diego tiene un BMW último modelo.
   ¡Quién tuviera un BMW último modelo!
2. Diego es tan guapo como un modelo.

3. Diego ha viajado por todo el mundo.

4. Diego gana 10.000 euros al mes.

5. Diego se ha casado con una mujer multimillonaria.

6. Diego se ha podido comprar una casa en el centro de Barcelona.

7. La casa de Diego tiene una azotea enorme.

8. Diego puede comer todos los días en un restaurante.

el último modelo	das neueste Modell	**casarse con**	heiraten
ganar	verdienen	**la azotea**	die Dachterrasse

177 Verbinden Sie die Aussagen links mit den Wünschen in der rechten Spalte.

1.	Lola está comiendo.	a.	¡Quién pudiera hablar tantos idiomas!
2.	He suspendido el examen.	b.	¡Que te diviertas!
3.	No me han invitado a una barbacoa.	c.	¡Así se arruine y pierda todo su dinero!
4.	Alicia está de vacaciones en Perú.	d.	¡Que aproveche!
5.	Salvador se va ahora a una fiesta.	e.	¡Que tengáis buen viaje!
6.	Daniel se aprovecha de sus empleados.	f.	¡Ojalá hubiera estudiado más!
7.	Víctor habla cinco idiomas.	g.	¡Quién hubiera podido ir con ella!
8.	Mis padres salen ahora para Madrid.	h.	¡Así llueva a cántaros y se le apague el fuego!

suspender	durchfallen	**aprovecharse de**	ausnützen
la barbacoa	Grillfest	**llover a cántaros**	wie aus Kübeln regnen
arruinarse	sich ruinieren	**apagarse**	ausgehen

178 *Indicativo* oder *subjuntivo*? Vervollständigen Sie die folgenden Sätze mit der richtigen Zeit des Verbs im Klammern.

1. ………… (pasar) lo que ………… (pasar), tú sabes que puedes contar conmigo.
2. Otra vez se ………… (oír) ruidos por la noche; los vecinos ………… (volver) quizás ya de las vacaciones.
3. Probablemente ya lo ………… (él / saber), así que no se lo ………… (nosotros / tener) que decir.
4. ………… (yo / hacer) lo que ………… (yo / hacer) todo el mundo me critica.
5. No me he comprado los zapatos que vi ayer. ¡Ojalá lo ………… (yo / hacer)!
6. Mi hermano empieza mañana las vacaciones. ¡Quién ………… él!
7. ¡Que ………… (tú / descansar) y ………… (tú / soñar) con los angelitos!
8. Pilar ya no está en su despacho. Quizás se ………… (ir) ya a su casa.
9. ¡Ojalá ………… (llegar) ya el libro que encargué hace tres semanas!
10. ¡Así ………… (estropearse) el coche y ………… (vosotros / quedarse) solos en mitad del desierto!

el ruido	das Geräusch, der Lärm	**el despacho**	das Büro
		encargar	bestellen
quizás	vielleicht	**estropearse**	kaputt gehen
descansar	ausruhen	**en mitad de**	mitten in
el ángel	der Engel		

→ Gr LGr S. 373–378, 392–409

Subjuntivo in dass-Sätzen

Der Gebrauch des *subjuntivo* in dass-Sätzen lässt sich in vier Gruppen unterteilen:

1. *Que* + *subjuntivo* nach Ausdrücken des Wünschens und der Aufforderung

Im Spanischen wird der *subjuntivo* bei Ausdrücken des Wünschens und der Aufforderung verwendet: *querer* (wollen), *desear* (wünschen), *aconsejar* (raten), *recomendar* (empfehlen), *permitir* (erlauben), *prohibir* (verbieten), *pedir* (bitten) usw.:

Quiero que vengas a mi casa. — Ich will, dass du zu mir kommst.

179 Vervollständigen Sie die folgenden Minidialoge zwischen Maite und ihrer Mutter Manoli.

Maite: ¡No quiero que siempre me .... (tú / decir) lo que tengo que hacer!
Manoli: No te he dicho lo que tienes que hacer, sólo te he aconsejado que .... (tú / llamar) por teléfono antes de ir.

Manoli: Te he pedido ya cientos de veces que .... (tú / recoger) tu cuarto antes de salir.
Maite: Lo siento, mamá. Ahora no tengo tiempo. Bernardo me ha llamado suplicándome que .... (yo / ir) a su casa para hacer con él los problemas de matemáticas.

Manoli: Ya sabéis muy bien que os he prohibido a ti y a tu hermano que .... (vosotros / comer) delante del televisor.
Maite: ¡Nunca nos permites que .... (nosotros / hacer) las cosas que nos gustan!

Manoli: (Al teléfono) Hola, hija, soy mamá. Te llamo porque el jefe me ha pedido que .... (yo / quedarse) un rato más y voy a llegar un poco más tarde a casa.
Maite: Vale, mamá. ¿Nos dejas que .... (nosotros / ver) la tele hasta que llegues?
Manoli: Bueno, pero sólo os dejo que la .... (vosotros / ver) un rato, ¿vale?

aconsejar	raten	**suplicar**	anflehen
recoger	aufräumen	**prohibir**	verbieten
el cuarto	das Zimmer	**el rato**	die Weile

2. *Que* + *subjuntivo* nach Ausdrücken der emotionalen Stellungnahme

Der *subjuntivo* wird auch bei Ausdrücken verwendet, die die verschiedensten persönlichen Einstellungen zu einer tatsächlichen oder imaginären Handlung wiedergeben: Freude, Hoffnung, Bedauern, Gleichgültigkeit, Zweifel, Gefallen, Missfallen usw. Also nach Ausdrücken wie *alegrarse* (sich freuen), *esperar* (hoffen), *sentir* (bedauern), *dudar* (verzweifeln), *fastidiar* (auf die Nerven gehen), *gustar* (gefallen), *no importar* (nichts ausmachen), *parecer raro / normal / increíble* (komisch / normal / unglaublich finden) usw.:

Me alegro de que hayáis ganado. Ich freue mich, dass ihr gewonnen habt.

Es wird aber der *indicativo* im Nebensatz verwendet, wenn das Verb des Hauptsatzes eine feste Überzeugung oder eine reine Feststellung ausdrückt. Es handelt sich meistens um die folgenden Verbgruppen:

- Verben des Sagens: *decir* (sagen), *afirmar* (versichern), *contar* (erzählen), *explicar* (erklären) usw.
- Verben des Denkens: *pensar* (denken), *recordar* (sich erinnern), *creer* (glauben), *opinar* (meinen, der Meinung sein) usw.
- Verben der Wahrnehmung: *ver* (sehen), *oír* (hören), *notar* (merken), *darse cuenta de* (sich klar werden), *observar* (beobachten) usw.

180 Teresa ist unzufrieden mit ihrer Arbeit und zählt alles auf, was ihr nicht gefällt. Setzen Sie die in Klammern angegebenen Verben im *subjuntivo* ein.

1. No soporto que mi jefe no me .... (saludar) cuando llega por las mañanas.
2. Me fastidia que Lola y yo siempre .... (tener) que hacer horas extras.
3. Me parece injusto que los otros compañeros .... (poder) irse antes a casa.
4. No me gusta que nadie me .... (dar) nunca las gracias.
5. Me parece raro que algunos .... (ganar) más que yo.
6. Siento que nadie me .... (decir) todavía que hago bien mi trabajo.
7. Dudo que mi jefe me .... (hacer) algún día un regalo.
8. Estoy harta de que Luis siempre .... (estar) hablando por teléfono con su novia en lugar de trabajar.
9. Tengo miedo de que mi situación laboral me .... (provocar) una enfermedad.
10. Espero que la situación .... (cambiar), si no, tendré que buscar otro trabajo.

soportar	ertragen	**dudar**	(be)zweifeln
fastidiar	nerven, ärgern	**el regalo**	das Geschenk
la hora extra	die Überstunde	**estar harto de algo**	etwas satt haben
injusto	ungerecht	**en lugar de**	anstatt
dar las gracias	danken	**tener miedo**	Angst haben
raro	seltsam, selten	**laboral**	Arbeits-
ganar	verdienen	**la enfermedad**	die Krankheit

181 Setzen Sie die in Klammern angegebenen Verben im richtigen Modus (*indicativo* oder *subjuntivo*) ein.

1. Pienso que los jugadores todavía no .... (olvidar) la derrota de ayer.
2. Me alegro de que .... (vosotros / conseguir) un aumento de sueldo.
3. A mi madre le parece increíble que no .... (tú / saber) cocinar.
4. Nos han dicho que los libros no .... (llegar) hasta la semana que viene.
5. Hemos visto que ya .... (vosotros / ordenar) el piso.
6. ¡Vámonos! Creo que en esta fiesta no nos .... (querer) nadie.
7. Parece mentira que todavía no .... (poder) decidirnos.
8. He notado que aquí .... (haber) algo que huele mal.
9. Me he dado cuenta de que .... (tú / preferir) estar con ella.
10. Esperamos que .... (usted / divertirse) con nosotros.

el jugador	der Spieler	**cocinar**	kochen
la derrota	die Niederlage	**ordenar**	aufräumen
el aumento	die Erhöhung	**parecer mentira**	unglaublich sein
el sueldo	das Gehalt	**oler mal**	schlecht riechen

3. *Que* + *subjuntivo* nach unpersönlichen Ausdrücken, die einen Nebensatz einleiten

Es handelt sich hier um Ausdrücke wie *es / parece posible* (es ist / scheint möglich), *es / parece probable* (es ist wahrscheinlich), *es / parece mejor* (es ist / scheint besser), *es una lástima* (es ist schade), *es bueno* (es ist gut), *es mejor* (es ist besser), *es / parece necesario* (es ist / scheint nötig), *es / parece importante* (es ist / scheint wichtig), *es / parece imposible* (es ist / scheint unmöglich), *es increíble* (es ist unglaublich), *puede (ser) que* (es kann sein), *es lógico* (es ist logisch), *es normal* (es ist normal) usw.:

***Es muy importante** que **estudiéis**.* — Es ist sehr wichtig, dass ihr lernt.

Es wird aber der ***indicativo*** im Nebensatz verwendet, wenn die unpersönlichen Konstruktionen eine feste Überzeugung oder eine reine Feststellung ausdrücken, also nach Ausdrücken wie *es seguro* (es ist sicher), *es verdad* (es ist wahr), *es cierto* (es stimmt), *es evidente* (es ist ganz eindeutig), *está claro* (es ist klar), *parece* (es scheint), *resulta* (es ist so), *me consta* (es ist mir bekannt) usw.:

Es evidente *que* ***has estudiado.*** Es ist ganz eindeutig, dass du gelernt hast.

Steht eine Verneinung vor diesen Ausdrücken, wird im Allgemeinen der ***subjuntivo*** verwendet:

Es seguro *que* ***has estudiado.*** ↔ ***No es seguro*** *que* ***hayas estudiado.***

182 Formulieren Sie Kommentare zu den folgenden Aussagen wie im Beispiel.

1. La gente protesta por el mal tiempo.
   Es natural que *la gente proteste por el mal tiempo.*
2. Mi madre tiene que trabajar más en la casa que mi padre.
   Es injusto que ……
3. Mi prima va a conseguir el trabajo.
   Parece que ……
4. Gregorio no puede venir a verme esta tarde.
   Es una lástima que ……
5. La gente protesta por la subida de los precios.
   Es lógico que ……
6. Nuria ha abandonado a su marido.
   Es cierto que ……
7. Este verano hará mucho calor.
   Puede ser que ……
8. Los niños aprenden sus lecciones todos los días.
   Es importante que ……
9. En España cada vez hay más zonas desérticas.
   Está claro que ……
10. El médico te hace un chequeo cuando te encuentras mal.
    Es necesario que ……

injusto	ungerecht	**abandonar**	verlassen
la prima	die Cousine	**desértico**	Wüsten-
conseguir	bekommen	**el chequeo**	die Untersuchung, der Check
es una lástima que	es ist schade, dass		
la subida	die Steigerung, die Erhöhung		

4. *Subjuntivo* nach verneinten Verben der Meinungsäußerung

Der *subjuntivo* wird auch nach verneinten Verben der Meinungsäußerung verwendet, z. B. *no creo* (ich glaube nicht), *no pienso* (ich denke nicht) usw.:

No creo que venga mañana. Ich glaube nicht, dass er morgen kommt.

Achtung!

Wenn das verneinte Verb im Imperativ steht, wird im Nebensatz der ***indicativo*** benutzt:

No crea que no lo sé. Glauben Sie nicht, dass ich es nicht weiß.

183 **Fügen Sie die richtige Form des passenden Verbs ein.**

1. No pienses que te .... si no terminas el trabajo a tiempo.
2. He visto que todos los asistentes al acto .... corbata.
3. No recuerdo que vosotros .... alguna vez en mi casa.
4. No he notado que .... mucho la vida en este país.
5. No creáis que todo el mundo .... como vosotros.
6. Me han dicho que algunos empleados .... anticipadamente.
7. No creo que los López .... vender el piso.
8. Hemos oído que tu hermana ya .... otra vez.

pensar
querer
divorciarse
ayudar
llevar
cambiar
estar
jubilarse

el asistente	der Teilnehmer; der Assistent	**la corbata**	die Krawatte
		el empleado	der Angestellte
el acto	die öffentliche Feierlichkeit	**anticipadamente**	im Voraus
		el piso	die Wohnung

Zeitenfolge im dass-Satz mit *subjuntivo*

Steht ein Ausdruck oder ein Verb, der / das den *subjuntivo* verlangt, in der Gegenwart oder in einer Form der Vergangenheit mit Bezug auf die Gegenwart (*pretérito perfecto*), wird je nach Zeitverhältnis das *presente de subjuntivo* oder das *pretérito perfecto de subjuntivo* gebraucht:

Espero *que ya* ***haya llegado****.*	Ich hoffe, dass er schon angekommen ist.
He querido *que* ***vengas*** *tú también hoy.*	Ich wollte, dass auch du heute kommst.

Steht ein Ausdruck oder ein Verb, der / das den *subjuntivo* verlangt, in einer Zeit der Vergangenheit ohne Bezug auf die Gegenwart (*pretérito imperfecto*, *indefinido* oder *pluscuamperfecto*) oder im *condicional*, wird je nach Zeitverhältnis das *imperfecto de subjuntivo* oder das *pluscuamperfecto de subjuntivo* gebraucht:

¿No te ***gustaría*** *que Luis y Pepa* ***vinieran****?*	Würde es dir nicht gefallen, wenn Luis und Pepa kommen würden?
No ***creía*** *que lo* ***hubieras conseguido****.*	Ich glaubte nicht, dass du es geschafft hättest.

184 Setzen Sie die folgenden Sätze in die Vergangenheit.

1. Es increíble que todavía no haya terminado su tesis doctoral.
   Era increíble que todavía no hubiera terminado su tesis doctoral.
2. Beatriz insiste en que vayamos con ella de vacaciones.
   ……
3. Me sorprende que los trabajadores ya sepan todo lo que se ha decidido en la reunión.
   ……
4. Siempre se quejan de que no los traten con el suficiente respeto.
   ……
5. Me parece extraordinario que te hayan ascendido de puesto.
   ……
6. No puedo creer que otra vez nos hayan puesto una multa.
   ……
7. Nos han recomendado que tomemos el tren de las 11 de la mañana.
   ……
8. No pueden soportar que siempre les digan lo que tienen que hacer.
   ……

9. Les han rogado que la próxima vez lleguen puntualmente.

....

10. Me ha prohibido terminantemente que le cuente a Paco lo que ha pasado.

....

la tesis doctoral	die Doktorarbeit	**ascender**	befördern
insistir en	darauf bestehen	**la multa**	die Geldstrafe
sorprender	überraschen	**recomendar**	empfehlen
la reunión	die Sitzung	**soportar**	ertragen
quejarse	sich beklagen	**rogar**	bitten, anflehen
tratar	behandeln	**prohibir terminantemente**	strengstens verbieten
suficiente	ausreichend		
extraordinario	außergewöhnlich		

185 **Frau Pérez ist heute schlecht gelaunt und schreibt ein paar Dinge auf, die ihr das Leben angenehmer machen würden. Setzen Sie die eingeklammerten Verben in die richtige Form.**

1. Me gustaría que mi vida .... (ser) más interesante.
2. Desearía que mi jefe me .... (felicitar) de vez en cuando por mi trabajo.
3. Agradecería que mis compañeros me .... (sonreír) por las mañanas.
4. Querría que mi jornada laboral no .... (ser) tan larga.
5. Me gustaría que mi marido me .... (regalar) flores con frecuencia.
6. Me alegraría que mis hijos .... (recoger) sus habitaciones sin tenerles que decir yo nada.
7. Me gustaría que alguien .... (cocinar) por mí.
8. Desearía que todos mis vecinos me .... (saludar) en la escalera.

desear	wünschen	**regalar**	schenken
felicitar	gratulieren	**con frecuencia**	oft
agradecer	danken	**alegrar**	freuen
sonreír	lächeln	**recoger**	*hier* aufräumen
la jornada laboral	die Arbeitszeit	**escalera**	die Treppe

186 Übersetzen Sie die folgenden Sätze.

1. Hoffentlich verpasse ich nicht den Zug!
2. Wir befürchteten, dass Pedro nicht kommen könnte.
3. Ich wollte ihn begleiten, egal was passieren würde.
4. Wären wir doch jünger!
5. Ich wollte nicht, dass die ganze Nachbarschaft erfährt, was passiert war.
6. Schade, dass Paquito nicht Weltmeister geworden ist!
7. Ich glaubte nicht, dass sie recht hatten.
8. Es war angebracht, dass wir alle gehorchten.
9. Wenn sie doch gekommen wären!
10. Es störte mich, dass er immer recht haben wollte.

perder	verpassen, verlieren	**convertirse en**	werden
temer	befürchten	**tener razón**	recht haben
el vecindario	die Nachbarschaft	**ser conveniente**	angebracht sein
saber	erfahren	**obedecer**	gehorchen
el campeón del mundo	der Weltmeister	**molestar**	stören

187 Wiederholung. Wählen Sie die richtige Lösung aus. In drei Fällen gibt es zwei Möglichkeiten.

1. Les hemos recomendado que no .... por la noche.
   a. salan　b. hubieran salido　c. salgan
2. Era evidente que todos .... que ella ....
   a. querían　b. quisieran　c. quieran
   a. se iba　b. se fuera　c. se haya ido
3. Me saca de mis casillas que siempre .... que repetirle las cosas.
   a. tuviera　b. tenga　c. tenía

4. Era lógico que los niños .... cansados después de la jornada escolar.
   a. estuviesen   b. estaban   c. estén
5. Me pareció una locura que .... con ella.
   a. se casó   b. se hubiera casado   c. se case
6. ¡Quién .... pisar La Luna en 1969!
   a. pudiera   b. habría podido   c. hubiera podido
7. Nos encantaría que toda tu familia .... a vernos.
   a. viniera   b. venga   c. vendría
8. Nos habían pedido que no nos .... sin despedirnos.
   a. iríamos   b. íbamos   c. fuéramos
9. Salvador me dijo ayer que tu madre .... un accidente.
   a. tenía   b. había tenido   c. hubiera tenido
10. No creía que tú .... tanto cariño por él.
   a. sentaras   b. sientes   c. sintieses

recomendar	empfehlen	**casarse**	heiraten
evidente	offensichtlich	**pisar**	betreten
sacar de sus casillas	aus dem Häuschen bringen	**despedirse**	sich verabschieden
jornada escolar	der Schultag	**el cariño**	die Zuneigung, die Liebe
la locura	die Verrücktheit		

→ Gr LGr S. 463–466 und S. 589–600

Subjuntivo in adverbialen Nebensätzen

Adverbiale Nebensätze werden durch Konjunktionen wie *porque* (weil), *así que* (so dass), *para que* (damit), *aunque* (obwohl), *antes de que* (bevor), *si* (wenn / falls) usw. eingeleitet, die oft – aber nicht immer – den *subjuntivo* erfordern.

Kausalsätze

Kausalsätze werden im Spanischen durch kausale Konjunktionen wie *porque* (weil), *puesto que* (weil ... nämlich / da ... ja), *ya que* (weil / da ... nämlich / da ... ja), *pues* (denn), *como* (da), *dado que* (da ... ja [nun einmal]) eingeleitet und stehen in der Regel im *indicativo*.

188 Verbinden Sie die passenden Satzteile.

1.	No fui a trabajar	a.	pues no tenía suficiente dinero.
2.	No fui de vacaciones	b.	tendremos que encontrar una buena solución.
3.	Como ayer no pude ir al cine,	c.	porque me encontraba mal.
4.	Dado que la situación es delicada,	d.	puesto que ya llevo aquí una hora esperando.
5.	Ya que tienes prisa,	e.	iré esta noche.
6.	Me voy, no espero más,	f.	termina y vámonos.

encontrarse mal	sich schlecht fühlen	**llevar ... esperando**	schon seit ... warten
delicado	heikel	**la prisa**	die Eile

Beachten Sie, dass

- ein durch *como* eingeleiteter Kausalsatz immer vor dem Hauptsatz steht,
- *porque* oft in der gesprochenen Sprache durch *que* ersetzt wird, vor allem nach einem Imperativ im Hauptsatz:
  Hazlo bien, (por)que es muy importante. Mach es gut, weil es sehr wichtig ist.

189 Vervollständigen Sie die folgenden Sätze mit der passenden Kausalkonjunktion.

1. ¡Ven, ... (porque / que) quiero hablar contigo.
2. .... (Como / Porque) tengo la tarde libre, voy a dar un paseo por la playa.
3. He llegado tarde .... (como / porque) el autobús tenía retraso.
4. .... (Pues / Dado que) no hay otra opción, tendremos que vender el piso.
5. Si queréis se lo digo yo, ... (como / pues) somos buenos amigos.
6. .... (Ya que / pues) me lo preguntas, te voy a decir sinceramente lo que pienso.
7. .... (Que / Puesto que) eso ya no tiene remedio, será mejor pensar en el futuro.
8. ¡No te muevas, ... (dado que / que) te están mirando!

libre	frei	**el piso**	die Wohnung
el paseo	der Spaziergang	**sinceramente**	ehrlich
la playa	der Strand	**no tener remedio**	nicht zu lösen sein, hoffnungslos sein
el retraso	die Verspätung		
la opción	die Wahlmöglichkeit		

Alle Kausalkonjunktionen fordern den *indicativo*, außer wenn die Konjunktion bzw. der Grund, den sie einleitet, verneint ist:

Lo hago porque me lo **pides** *tú.*	Ich tue es, weil du mich darum bittest.
Lo hago, **no porque** *me lo* **pidas**, *sino porque creo que es lo que debo hacer.* (bzw. **No** *lo hago* **porque** *me lo* **pidas** ...)	Ich tue es, nicht weil du mich darum bittest, sondern weil ich denke, dass ich es machen soll.

Beachten Sie, dass *como* mit *subjuntivo* einen Konditionalsatz einleitet, der eine Warnung bzw. eine Drohung ausdrückt:

Como no **vengas** *a verme, me enfado contigo.*	Wenn du mich nicht besuchst, bin ich böse auf dich.

190 *Indicativo* oder *subjuntivo*? Entscheiden Sie sich für die richtige Alternative.

1. No te he llamado porque tu opinión .... (sea / es) indispensable, pero me gustaría saber qué piensas.
2. Como .... (tuviera / tenía) dos pulseras iguales, le regalé una a Sonia.
3. Me parece mal que no me lo hayas dicho, no porque .... (tengo / tenga) que saberlo todo, sino porque esa noticia .... (sea / es) importante.
4. Ha podido conseguir ese puesto porque su currículum .... (sea / es) bueno, pero no es tan competente porque .... (ha estudiado / haya estudiado): es sobre todo la experiencia la que más le ha enseñado.
5. Como no .... (encontramos / encontremos) pronto un aparcamiento, llegaremos tarde.
6. Como no .... (encontramos / encontrásemos) ningún aparcamiento, tuvimos que dejar el coche en doble fila.
7. Como no .... (vayas / vas) en seguida, perderás el último tren.
8. Como no .... (vayas / vas) nunca, todavía no te conocen.

la opinión	die Meinung	**el puesto**	die Stelle, das Amt
indispensable	unerlässlich	**la experiencia**	die Erfahrung
la pulsera	das Armband	**enseñar**	lehren
regalar	schenken	**el aparcamiento**	der Parkplatz
parecer bien / mal	gut / schlecht finden	**en doble fila**	in der zweiten Reihe
la noticia	die Nachricht	**en seguida**	sofort
conseguir	erreichen, erlangen	**perder**	*hier* verpassen

Konsekutivsätze

Konsekutivsätze werden im Spanischen durch Konjunktionen wie *así que* (so dass / also / somit), *de modo que / de manera que / de forma que* (also / somit / so dass) und durch Adverbial- bzw. Konditionalergänzungen wie *en consecuencia / por consiguiente* (daher), *por (lo) tanto* (darum / somit / also), *así pues* (folglich / demnach) usw. eingeleitet, wobei das Verb im *indicativo* steht:

No hemos hablado desde enero, así que ***espero*** *tu llamada.*	Wir haben seit Januar nicht miteinander geredet, ich warte also auf deinen Anruf.

Die Konjunktionen *de ahí que / de aquí que / de allí que* (daher) dagegen leiten immer einen Nebensatz mit *subjuntivo* ein:

Estuve ayer en su casa, de ahí que no ***vaya*** *hoy.*	Ich war gestern bei ihm, daher gehe ich heute nicht hin.

191 **Vervollständigen Sie die folgenden Sätze mit der richtigen Form der in Klammern angegebenen Verben.**

1. Aún no ha llegado el tren, así que .... (yo / tener) tiempo de tomar un café.
2. Estamos todas ya, así pues .... (nosotras / empezar) la reunión.
3. Se enfada mucho, de ahí que no le .... (yo / contar) nada.
4. Se enfadó mucho, de ahí que no le .... (yo / contar) nada.
5. Las ventas no van bien, por (lo) tanto .... (haber) que sacar consecuencias.
6. Nadie hizo ninguna pregunta, en consecuencia todo .... (estar) claro.
7. Lo ha intentado usted todo, de modo que no .... (usted / poder) hacer nada más.
8. Aquel fue mi gran error, de ahí que luego él no .... (confiar) en mí.

la reunión	die Versammlung	**intentar**	versuchen
enfadarse	sich ärgern	**el error**	der Fehler
la venta	der Verkauf	**confiar**	vertrauen
sacar consecuencias	Konsequenzen ziehen		

Einige Konsekutivergänzungen, z. B. *tan ... que* (so [sehr] ... dass), *tal ... que* (so ... dass), *tanto ... que* (so viel ... dass), *de tal manera / modo / forma que* (so ... dass), beinhalten auch einen Vergleich. In diesen Fällen steht ein Teil der Konsekutivergänzung im Hauptsatz, der andere im Nebensatz:

Es tan aburrido que no lo soporto.	Er ist so langweilig, dass ich ihn nicht ertrage.

Wenn die Folge eingetreten ist, wird der *indicativo* verwendet; wenn sie erwünscht ist, der *subjuntivo*:

*Preparó la fiesta de tal manera que les **gustó** a todos.*	Er organisierte das Fest so, dass alle zufrieden waren.
*Tienes que preparar la fiesta de tal manera que les **guste** a todos.*	Du musst das Fest so vorbereiten, dass alle zufrieden sind.

192 **Vervollständigen Sie die Sätze mit der richtigen Form der in Klammern angegebenen Verben.**

1. Ven tantas horas de televisión que .... (ellos / vivir) fuera de la realidad.
2. Me tratáis tan bien que me .... (parecer) incluso excesivo.
3. Si llegas tarde, entra de manera que no .... (despertarse) los niños.
4. Me lo dijo de una forma tan rara que no .... (yo / enterarse).
5. Tiene tantos parientes que no .... (yo / conocer) a todos.
6. Tienes que preguntárselo de tal manera que .... (parecer) natural.
7. Trabajas tanto que nunca .... (tú / tener) tiempo para divertirte.
8. Juan Luis Guerra tiene tal éxito que las entradas de sus conciertos .... (agotarse) pronto.

tratar	behandeln	**el / la pariente**	der / die Verwandte
despertarse	aufwachen	**divertirse**	sich amüsieren
raro	komisch, seltsam	**la entrada**	die Eintrittskarte
enterarse	*hier* verstehen	**agotarse**	ausverkauft sein

Finalsätze

Finalsätze werden im Spanischen durch folgende Konjunktionen eingeleitet: *para que / a fin de que / con el fin de que* (damit), *con la intención de que / con el propósito de que* (mit der Absicht, dass), *con la finalidad de que / con el objeto de que* (mit dem Zweck, dass), *no sea que* (nicht dass / damit nicht) usw. In Finalsätzen steht immer der *subjuntivo*.

193 Verbinden Sie die passenden Satzteile.

1.	Tengo cita con el médico	a.	con la intención de que sea un éxito.
2.	Nos hemos sumado al proyecto	b.	con el propósito de que ella por fin lo acepte.
3.	No haga demasiado ruido,	c.	para que me haga un análisis.
4.	Se va definitivamente a Costa Rica	d.	no sea que el bebé se despierte.
5.	Tomarán las medidas necesarias	e.	no vaya a ser que lleguen antes de la hora.
6.	Ayúdame a preparar la comida,	f.	con el objeto de que los beneficios aumenten.

la cita	der Termin	**el análisis**	die Untersuchung
el éxito	der Erfolg	**el bebé**	das Baby
sumarse	sich anschließen	**tomar medidas**	Maßnahmen ergreifen
aceptar	akzeptieren, annehmen	**ayudar**	helfen
		el beneficio	der Gewinn
el ruido	der Lärm	**aumentar**	zunehmen, steigern

Beachten Sie, dass

- bei Subjektgleichheit im Haupt- und Nebensatz die Präposition *para* + Infinitiv anstatt *para que* + *subjuntivo* verwendet wird:
  Tengo una idea ***para conseguir*** *dinero rápida y fácilmente.* — Ich habe eine Idee, um schnell und leicht Geld zu verdienen.
- wenn im Hauptsatz ein Verb der Bewegung steht, z. B. *ir*, *venir*, *bajar* usw., üblicherweise die Präposition *a* statt *para* bevorzugt wird (*para* ist aber auch korrekt).

194 Vervollständigen Sie die Sätze mit der richtigen Präposition bzw. Konjunktion und der richtigen Form der Verben.

1. He venido .... (a / para / a que / para que) .... (yo / ver) el partido.
2. Hemos ampliado los horarios .... (a / para / a que / para que) los clientes no .... (quejarse).
3. Quieren terminar pronto los estudios .... (a / para / a que / para que) .... (ellos / empezar) a trabajar.
4. Javi, ¿bajas .... (a / para / a que / para que) .... (tú / comprar) el pan?
5. Tenéis que ir al banco .... (a / para / a que / para que) os .... (ellos / informar).
6. Ernesto le ha preparado una fiesta a Esperanza .... (a / para / a que / para que) .... (ella / llevarse) una sorpresa y .... (ella / olvidar) los problemas.
7. Pasamos luego .... (a / para / a que / para que) .... (tú / tomar) un café.
8. Baja la llama .... (a / para / a que / para que) no .... (quemarse) el arroz.

el partido	das Spiel	**el pan**	das Brot
ampliar los horarios	die Öffnungszeiten erweitern	**llevarse una sorpresa**	überrascht werden
		la llama	die Flamme
el / la cliente	der Kunde / die Kundin	**el arroz**	der Reis

Konzessivsätze

Konzessivsätze werden im Spanischen durch folgende Konjunktionen eingeleitet: *aunque / a pesar de que* (obwohl / auch wenn / wenn ... auch / selbst wenn), *aun cuando* (obwohl / selbst wenn), *si bien* (obwohl) usw. Der *indicativo* wird verwendet, wenn der Konzessivsatz informativ ist und daher ein Gegensatz betont werden soll. Meistens wird die Konjunktion im Deutschen durch „obwohl" wiedergegeben:

Aunque ***estoy*** *muy cansado, te voy a ayudar un rato.*	Obwohl ich sehr müde bin, werde ich dir eine Weile helfen.

Der *subjuntivo* wird dagegen benutzt, wenn der Konzessivsatz keinen informativen Wert hat und sich dementsprechend auf Bekanntes bezieht. Dies wird im Deutschen meistens durch die Konjunktion „auch wenn" wiedergegeben:

Te agradezco mucho que me ayudes aunque ***estés*** *cansado.*	Ich bin dir für deine Hilfe sehr dankbar, auch wenn du müde bist.
Aunque ***estuviera*** *cansado, ha sido un placer poder ayudarte.*	Auch wenn ich müde war, war es ein Vergnügen, dir zu helfen.

Beachten Sie, dass *si bien* ausschließlich mit dem *indicativo* gebraucht wird.

195 Verbinden Sie die passenden Satzteile.

1.	Fui a trabajar	a.	aunque nieve.
2.	Hace frío, pero saldremos	b.	aunque sea breve.
3.	En verano siempre echo una siesta	c.	aunque estaba enfermo.
4.	A pesar de que el negocio va bien	d.	el paciente está muy preocupado.
5.	Nadie confía en mí, pero lo haré	e.	los jefes nunca están contentos.
6.	Si bien la operación no es grave	f.	a pesar de que desconfíen incluso mis padres.

nevar	schneien	**preocupado**	besorgt
breve	kurz	**confiar en alguien**	jemandem vertrauen
echar una siesta	Mittagsschlaf halten	**el jefe**	der Chef
enfermo	krank	**contento**	zufrieden
el negocio va bien	das Geschäft läuft	**grave**	schlimm, ernst

196 **Entscheiden Sie, ob das Verb im *indicativo* oder im *subjuntivo* steht.**

1. Acabamos de escuchar las reglas del juego. Aunque ya las .... (sabemos / sepamos) vamos a resumirlas brevemente.
2. Nos reuniremos a las ocho de la mañana, si bien la conferencia .... (empieza / empiece) a las nueve.
3. Les informamos de que, a pesar de que el tráfico .... (es / sea) denso, no hay atascos en las salidas de la ciudad.
4. No se preocupen por mi ausencia: aun cuando no .... (podemos / podamos) vernos en los próximos días, estaremos en contacto.
5. Casi todos saben que su trayectoria es excelente, pero, aunque lo .... (saben / sepan) o no lo .... (saben / sepan), nadie votará por él porque conocen su mal carácter.
6. Ustedes no se dejen impresionar por él, aun cuando les .... (dice / diga) cosas muy exageradas.
7. Es increíble: aunque .... (te aseguro / te asegure) que se lo recordé tres veces, se le olvidó por completo.
8. No me extraña, porque se olvida de todo aunque se lo .... (repites / repitas) mil veces.

las reglas del juego	die Spielregeln	**votar por alguien**	für jemanden stimmen
resumir	zusammenfassen		
reunirse	sich treffen, sich versammeln	**dejarse impresionar**	sich beeindrucken lassen
la conferencia	der Vortrag	**exagerado**	übertrieben
tráfico denso	zäh fließender Verkehr	**asegurar**	versichern
		recordar	(sich) erinnern
el atasco	der Stau	**olvidarse de algo**	etwas vergessen
la ausencia	die Abwesenheit	**extrañar**	wundern, erstaunen
la trayectoria	der Werdegang	**repetir**	wiederholen

Andere konzessive Konjunktionen wie *por más que / por mucho que* (so sehr auch / wenngleich / wie sehr ... auch) werden mit dem *indicativo* oder *subjuntivo* nach den bereits eingeführten Kriterien für Konzessivsätze gebraucht. Beachten Sie, dass *por muy ... que* (so ... auch sein mag / wie ... auch immer / und wenn ... auch noch so) immer den *subjuntivo* erfordern:

Por muy cansado que ***estés****, tienes que seguir.* So müde du auch sein magst, du musst weitermachen.

197 **Verbinden Sie die passenden Satzteile.**

1.	Por mucho que te esfuerces	a.	no me hizo caso.
2.	Por muy preocupado que estés	b.	siempre podréis contar conmigo.
3.	Por más que se lo dije	c.	no reconocerán tu trabajo.
4.	Por muchos problemas que tengáis	d.	tienes que mantener la calma.
5.	Por más razones que le busco	e.	no te fíes nunca de él: es una mala persona.
6.	Por muy bien que te trate	f.	no puedo explicarme su comportamiento.

esforzarse	sich anstrengen	**la razón**	der Grund
hacer caso	jemandem glauben	**buscar**	suchen
poder contar con alguien	sich auf jemanden verlassen können	**fiarse de alguien**	sich auf jemanden verlassen
reconocer	anerkennen	**tratar**	behandeln
mantener la calma	Ruhe bewahren	**el comportamiento**	das Verhalten

Temporalsätze

In Temporalsätzen steht sowohl der *indicativo* als auch der *subjuntivo*. Häufige temporale Konjunktionen sind *cuando* (als / wenn), *en cuanto / tan pronto como / apenas* (sobald), *antes de que* (bevor), *después de que* (nachdem) und *hasta que* (bis).

198 A **Sehen Sie sich die folgenden Sätze an und versuchen Sie dabei die Regeln zum Gebrauch von *indicativo* bzw. *subjuntivo* in Temporalsätzen herauszufinden.**

Cuando **vaya** a visitarla, le diré que la echas muchísimo de menos.
Cuando **voy** a visitarla, siempre le llevo flores.
Cuando **fui** a visitarlo me dijo que no lo molestara.
No pararán hasta que les **digamos** quién ha sido.
No paran de hacer ruido hasta que les **decimos** que nos molesta muchísimo.
No pararon de hablar hasta que se lo **dijimos**.
Después de que **se vayan** me lo cuentas todo.
Después de que **se fueron** me lo contó todo.
Después de que **se van** me lo cuenta todo.
En cuanto lo **veas**, dile que me llame.
En cuanto el nieto **ve** a su abuelo, suele ir corriendo a abrazarlo.
En cuanto lo **vi** supe que era él.
Sal del trabajo tan pronto como **oigas** el reloj.
Suele salir del trabajo tan pronto como **oye** el reloj dando las cinco.
He salido del trabajo tan pronto como **he oído** el reloj.

visitar	besuchen	**el / la nieto/-a**	der / die Enkel/-in
echar de menos	vermissen	**el / la abuelo/-a**	der Großvater / die Großmutter
molestar	stören		
parar	aufhören	**correr**	rennen
hacer ruido	Krach machen	**abrazar**	umarmen
contar	erzählen	**el reloj**	die Uhr
llamar	anrufen		

198 *Indicativo* oder *subjuntivo*?

B

1. Was wird gebraucht, wenn sich der Temporalsatz auf die Zukunft bezieht?
   ....
2. Und was wird verwendet, wenn sich der Temporalsatz auf eine Erfahrungstatsache oder auf eine reale Handlung bezieht? ....
3. Und wenn die Handlung in der Vergangenheit liegt? ....

199 Vervollständigen Sie die Sätze mit der richtigen Form der in Klammern angegebenen Verben. Achten Sie darauf, ob sich die Handlung auf die Zukunft bezieht oder „zeitlos" ist.

1. Cuando .... (yo / estudiar) me gusta escuchar música.
2. Cuando .... (nosotros / salir) compraremos el pan.
3. Déjalo todo en orden antes de que .... (vosotros / salir) de casa.
4. No te volverá a escribir hasta que no lo .... (hacer) tú.
5. Sería conveniente comunicárselo antes de que .... (ella / enterarse).
6. No sé qué pasa, pero cuando lo .... (yo / llamar) por teléfono siempre me dicen que no está.
7. No me gusta que me molesten cuando .... (yo / trabajar).
8. No volverá a hablarte hasta que no le .... (tú / pedir) perdón.
9. En cuanto .... (vosotros / enterarse) de la noticia, vais a celebrarlo por todo lo alto.
10. Todos los días, tan pronto como .... (nosotros / acabar) de desayunar, salimos de casa.

dejar en orden	in Ordnung bringen	**la noticia**	die Nachricht
conveniente	angemessen, nützlich	**celebrar por todo lo alto**	ganz groß feiern
enterarse	erfahren	**desayunar**	frühstücken
pedir perdón	um Verzeihung bitten		

Beachten Sie, dass *antes de que* (bevor) immer den *subjuntivo* verlangt und daher als Ausnahme betrachtet werden sollte:

Antes de que ***llegues*** *llámame.*	Bevor du ankommst, ruf mich an.
Antes de que ***llegaras*** *pensé en ti.*	Bevor du angekommen bist, habe ich an dich gedacht.

200 Vervollständigen Sie die Sätze mit der richtigen Form der in Klammern angegebenen Verben.

1. Estaba muy nervioso antes de que le .... (ellos / hacer) la entrevista de trabajo.
2. Se puso a cantar a grito pelado apenas .... (él / entrar) en la cafetería.
3. Os dejaré en paz después de que me .... (vosotros / decir) qué pasó.
4. Hasta que no .... (nosotros / llegar) a casa no respiramos tranquilos.
5. Hasta que no .... (ver / ellos) que ha entrado en el colegio, los padres siguen allí de pie despidiéndose de su hijo.
6. En cuanto lo .... (yo / ver) me va a tener que oír.
7. Sabes de qué humor está tan pronto como lo .... (tú / ver).
8. Tan pronto como .... (ella / poner) un pie en la cama, se quedará dormida, hoy está muy cansada.
9. Supe que le había pasado algo antes de que me lo .... (vosotros / decir).
10. Cuando .... (él / llegar) le contaré todo lo que ha pasado.

la entrevista de trabajo	das Vorstellungsgespräch	**estar de buen / mal humor**	gut / schlecht gelaunt sein
ponerse a cantar	anfangen zu singen	**la cama**	das Bett
a grito pelado	mit lautem Geschrei	**quedarse dormido**	einschlafen
dejar en paz	in Ruhe lassen	**cansado**	müde
respirar tranquilo	ruhig atmen		

Antes de que, *después de que* und *hasta que* werden gebraucht, wenn der Hauptsatz und der Temporalsatz verschiedene Subjekte haben. Bei Subjektgleichheit werden *antes de*, *después de* und *hasta* + Infinitiv verwendet:

Piensa bien las cosas antes de ***hacerlas****.*	Überlege gut, bevor du etwas tust.

201 **Lesen Sie folgendes Rezept, wie man *una tortilla española* (ein spanisches Kartoffelomelett) zubereitet, und ergänzen Sie den Text mit den passenden Verbformen.**

Antes de ………………… (tú / pelar) y ………………… (tú / cortar) las patatas en trozos pequeños, corta también la cebolla en trocitos muy pequeños y así tendrás todo preparado. Luego pon el aceite a calentar en una sartén. Cuando el aceite ………………… (estar) caliente, pon las patatas en la sartén, pero primero échales sal a tu gusto. Antes de que las patatas ………………… (estar hechas), añade la cebolla para que se dore. Después de ………………… (añadir) la cebolla, empieza a batir los huevos. Antes de ………………… (mezclar) las patatas y los huevos, échales una pizca de sal. Después de ………………… (echar) la sal, cuando las patatas ya ………………… (estar) ligeramente doradas, mézclalas con el huevo en un recipiente. Antes de ………………… (poner) la mezcla en la sartén, quita casi todo el aceite. Cuando la ………………… (poner) en la sartén, asegúrate de que el aceite esté bien caliente. Después de ………………… (dorar) ligeramente la mezcla por un lado, dale la vuelta a la tortilla con un plato grande o la tapa de una olla y dora la otra parte. Cuando ya ………………… (estar) lista, sácala a un plato y déjala reposar un rato. Si no la sirves en seguida, tápala con otro plato hasta que ………………… (llegar) el momento de hacerlo. ¡Que aproveche!

pelar	schälen	**mezclar**	mischen
cortar	schneiden	**la pizca**	die Prise
el trozo	das Stück	**dorado**	golden, goldgelb
luego	dann, danach	**el recipiente**	der Behälter
la sartén	die Pfanne	**quitar**	entfernen
añadir	hinzufügen	**tapar**	bedecken
dorar	goldgelb braten	**la olla**	der Topf
batir	schlagen	**reposar**	ruhen

Konditionalsätze

Si-Sätze

Die spanischen *si*-Sätze (*oraciones condicionales con si*) lassen sich in vier Gruppen einteilen:

1. ***Condicionales reales*** (= reale Bedingungssätze)	
Nebensatz ***si*** + ***indicativo***	Hauptsatz ***indicativo***
• *Si* ***tengo*** *hambre,* Wenn ich Hunger habe,	***como*** *algo.* esse ich etwas.
• *Si* ***tenías*** *frío,* Wenn es dir kalt war,	*¿por qué no te* ***pusiste*** *una chaqueta?* warum hast du keine Jacke angezogen?
2. ***Condicionales posibles*** (= mögliche Bedingungssätze)	
Nebensatz ***si*** + ***presente de indicativo***	Hauptsatz ***futuro*** *o* ***imperativo***
• *Si no* ***tienes*** *dinero,* Wenn du kein Geld hast,	*no* ***podrás*** *comprar la casa.* wirst du das Haus nicht kaufen können.
• *Si* ***ve*** *a Daniel,* Wenn Sie Daniel sehen,	***comuníquele****, por favor, la noticia.* teilen Sie ihm die Nachricht bitte mit.
3. ***Condicionales improbables*** (= unwahrscheinliche Bedingungssätze)	
Nebensatz ***si*** + ***imperfecto de subjuntivo***	Hauptsatz ***condicional simple***
• *Si no* ***tuvieras*** *tanto trabajo,* Wenn du nicht so viel Arbeit hättest,	***estarías*** *con más frecuencia con tus hijos.* wärst du öfter bei deinen Kindern.
• *Si* ***ganara*** *el premio,* Wenn er den Preis gewinnen würde,	***dejaría*** *de trabajar.* würde er nicht mehr arbeiten.
4. ***Condicionales irreales*** (= irreale Bedingungssätze)	
Nebensatz ***si*** + ***pluscuamperfecto de subjuntivo***	Hauptsatz ***condicional compuesto*** *o* ***pluscuamperfecto de subjuntivo***
• *Si lo* ***hubiera sabido****,* Wenn ich es gewusst hätte,	*te* ***habría / hubiera ayudado****.* hätte ich dir geholfen.
• *Si se* ***hubieran casado****,* Wenn sie geheiratet hätten,	*no* ***habrían / hubieran sido*** *felices.* wären sie nicht glücklich gewesen.

Achtung!
Wenn der Hauptsatz auf die Gegenwart hinweist, kann nur das ***condicional simple*** verwendet werden:

- *Si no **hubiera suspendido**, no **estaría** ahora tan triste.*
  Wenn er nicht durchgefallen wäre, wäre er jetzt nicht so traurig.

202 **Vervollständigen Sie die Sätze mit der richtigen Form der in Klammern angegebenen Verben.**

1. Si no consigo el permiso de conducir, ... (perder) mi trabajo.
2. Si uno .... (trabajar) demasiadas horas, no se rinde lo suficiente.
3. Nos .... (ver) la semana que viene en casa de Nuria sólo si mejora mi dolor de espalda.
4. .... (ir) con vosotros al concierto, si pasáis antes a recogernos.
5. Si .... (comer) pescado en malas condiciones, podéis intoxicaros.
6. Si .... (existir) alguna esperanza, ésa está en la juventud.
7. .... (llegar) mucho antes si vamos en tren.
8. Si uno se .... (alimentar) con comida basura, engorda.
9. Si .... (tener) problemas, es mejor que hables con nosotros.
10. Si vas hoy al supermercado, no .... (olvidar) comprar tomates y cebolla.
11. Si no sabías a qué hora habíamos quedado, ¿por qué no me .... (llamar)?
12. .... (tomar) un taxi si bebes demasiado en la fiesta.

el permiso de conducir	der Führerschein	**intoxicarse**	sich vergiften
		la esperanza	die Hoffnung
rendir	leisten	**alimentarse**	sich ernähren
el dolor de espalda	die Rückenschmerzen	**la comida basura**	das Fastfood
recoger	abholen	**engordar**	zunehmen
en malas condiciones	in schlechtem Zustand	**la cebolla**	die Zwiebel
		quedar	sich verabreden

203 **Wandeln Sie die Sätze 1–8 der vorigen Übung in *oraciones condicionales improbables* (unwahrscheinliche Bedingungssätze) um.**

1. ....
2. ....
3. ....
4. ....
5. ....
6. ....
7. ....
8. ....

204 **Bilden Sie *oraciones condicionales irreales* (irreale Bedingungssätze).**

1. Se habían gastado todos los ahorros. Tuvieron que vender la casa.
   Si no se hubieran gastado todos los ahorros, no habrían / hubieran tenido que vender la casa.
2. No tengo dinero. No me ha tocado la lotería.
   ....
3. Tuvo un accidente de coche con toda su familia. Su mujer murió en ese accidente.
   ....
4. No regamos las plantas la semana pasada. Las plantas se secaron.
   ....
5. No había ningún árbol en el pueblo. Todos los árboles habían sido talados.
   ....
6. No tenía ningún libro de Miguel Delibes en casa. No sabía nada de este autor.
   ....
7. No ha conseguido comprar la casa de sus sueños. Vive todavía en un piso.
   ....
8. Se han bebido una botella de güisqui. Ahora están borrachos.
   ....
9. Nunca había trabajado con ordenadores. No le dieron el trabajo.
   ....
10. Hemos atracado un banco. Ahora estamos en la cárcel.
   ....

gastar	ausgeben	**talar**	fällen
los ahorros	die Ersparnisse	**borracho**	betrunken
tocar la lotería	in der Lotterie gewinnen	**el ordenador**	der Computer
		atracar	überfallen
regar	gießen	**la cárcel**	das Gefängnis
secarse	vertrocknen		

205 Finden Sie die richtigen Verbindungen der folgenden Satzteile.

1.	Si lo hacéis,	a.	llámala y se lo dices.
2.	Si te necesitara,	b.	no toserías ahora así.
3.	Si leyeras el periódico con más frecuencia,	c.	no se debe conducir.
4.	Si te enteras de algo nuevo,	d.	ya te llamaría por teléfono.
5.	Si lo hubieras tratado mejor,	e.	si no te quisiera.
6.	Si te hubieras puesto un jersey,	f.	os denunciaré a la policía.
7.	Si se bebe alcohol,	g.	no habrías hecho esa sandez.
8.	Si realmente la quieres,	h.	comunícanoslo.
9.	No estaría ahora aquí contigo,	i.	no harías esas preguntas tan tontas.
10.	Si lo hubieras pensado dos veces,	j.	no se habría ido con otra.

toser	husten	**el jersey**	der Pullover
enterarse	mitbekommen	**denunciar**	anzeigen
tratar	behandeln	**la sandez**	die Dummheit

206 Wählen Sie ein Verb aus dem Kästchen und setzen Sie es in der richtigen Zeitform ein.

morir • tener que • regalar • arreglar • tomar • tocar • enfadarse • ser • estar • ver

1. Si la profesora no .... tan aburrida, tendría más alumnos en sus cursos.
2. Si Jacinto .... el coche, no habría tenido el accidente.
3. Si la enfermera no cuidara al enfermo, éste se ....
4. Si la orquesta .... mal, fue porque ese día fue dirigida por un director suplente.
5. Si .... usted a la vecina del quinto, entréguele este paquete, por favor.
6. Si lo hubieran elegido jefe de sección, ahora .... todos medio depresivos.

7. Si estás en Sevilla, ... subir a la Giralda.
8. .... me el vestido si realmente no te gusta.
9. El cocinero .... muchísimo si llegáis tarde.
10. Si yo estuviera en tu lugar, me .... unos días libres.

regalar	schenken	**cuidar**	pflegen
arreglar	reparieren	**suplente**	Ersatz-
enfadarse	sich ärgern	**entregar**	überreichen
aburrido	langweilig	**elegir**	auswählen

207 Übersetzen Sie die folgenden Bedingungssätze.

1. Wenn wir noch ein Kind hätten, wäre Sara nicht so allein.

   ....

2. Ihr werdet eine gute Note bekommen, wenn ihr den Stoff richtig lernt.

   ....

3. Wenn du mir zugehört hättest, hättest du keine Probleme gehabt.

   ....

4. Man muss zu Hause bleiben, wenn das Fieber sehr hoch ist.

   ....

5. Das Leben wäre viel schöner, wenn es immer sonnig wäre.

   ....

6. Ich hätte mein Haus verkauft, wenn das Angebot ein bisschen besser gewesen wäre.

   ....

7. Wenn du nicht weißt, was du Antonio schenken kannst, frag seine Frau.

   ....

8. Wenn du früher aufgestanden wärst, wärst du jetzt schon fertig.

   ....

9. Hätten sie keinen Hund, könnten sie öfter in Urlaub fahren.

   ....

10. Wenn sie sich wirklich anstrengen, werden sie es schaffen.

   ....

la nota	die Note	**la oferta**	das Angebot
la materia	der Stoff	**regalar**	schenken
escuchar	zuhören	**levantarse**	aufstehen
la fiebre	das Fieber	**esforzarse**	sich anstrengen
hacer sol	sonnig sein	**de verdad**	wirklich

Weitere Konditionalsätze

Konditionalsätze können auch durch andere Konjunktionen eingeleitet werden, z. B. *en caso de que* (falls / wenn), *siempre que / siempre y cuando* (vorausgesetzt, dass / sofern), *a condición de que* (unter der Bedingung, dass), *con tal (de) que* (wenn nur), *basta con que* (es genügt, wenn), *a no ser que / a menos que / excepto que / salvo que* (es sei denn / außer).

Im Gegensatz zu den konditionalen *si*-Sätzen werden alle diese Konjunktionen nur mit dem *subjuntivo* gebraucht:

- realer Bedingungssatz:
  *Voy todos los domingos al rastro a no ser que **llueva**.* — Ich gehe jeden Sonntag zum Flohmarkt, es sei denn es regnet.
- möglicher Bedingungssatz:
  *En caso de que me **entre** hambre, comeré algo.* — Falls ich Hunger bekomme, werde ich etwas essen.

208 **Vervollständigen Sie die folgenden Sätze mit der richtigen Form der in Klammern angegebenen Verben. Vergleichen Sie dabei die Sätze mit denen der Übung 202.**

1. En caso de que no .... (conseguir) el permiso de conducir, perderé mi trabajo.
2. Basta con que uno .... (trabajar) demasiadas horas, para no rendir lo suficiente.
3. Nos veremos la semana que viene en casa de Nuria siempre que .... (mejorar) mi dolor de espalda.
4. Iremos con vosotros al concierto, a condición de que .... (pasar) antes a recogernos.
5. No os podéis intoxicar, a menos que .... (comer) pescado en malas condiciones.
6. En caso de que .... (existir) alguna esperanza, ésa está en la juventud.
7. Llegaremos mucho antes siempre y cuando .... (ir) en tren.
8. Uno no engorda a no ser que .... (comer) demasiado o .... (alimentarse) con comida basura.
9. En caso de que .... (tener) problemas, es mejor que hables con nosotros.
10. En caso de que .... (ir) hoy al supermercado, no olvides comprar tomates y cebolla.

el permiso de conducir	der Führerschein	**intoxicarse**	sich vergiften
		la juventud	die Jugend
rendir	einbringen	**engordar**	dick werden, zunehmen
mejorar	sich bessern		
la espalda	der Rücken	**alimentarse**	sich ernähren
recoger	abholen	**la basura**	der Abfall

209 **Wandeln Sie die Sätze der vorigen Übung in *oraciones condicionales improbables* (unwahrscheinliche Bedingungssätze) um.**

1. ...
2. ...
3. ...
4. ...
5. ...
6. ...
7. ...
8. ...
9. ...
10. ...

Beachten Sie, dass

- *siempre que + indicativo* immer einen Temporalsatz und *siempre que + subjuntivo* einen Konditionalsatz einleiten:

  *Te espero siempre que **vienes**.* — Ich warte auf dich immer, wenn du kommst.

  *Te esperaré siempre que no **vengas** tarde.* — Ich werde auf dich warten, vorausgesetzt, du kommst nicht zu spät.

- *mientras* mit dem *indicativo* und dem *subjuntivo* gebraucht wird und verschiedene Nebensätze einleiten kann:
  - *mientras + indicativo* → Temporalsatz (reale Tatsache):

    *Mientras espero, **veo** la tele.* — Während / Solange ich warte, sehe ich fern.
  - *mientras + subjuntivo* → Temporalsatz / Konditionalsatz (Annahme oder Möglichkeit):

    *Mientras **sigas** trabajando así, tendrás éxito.* — Solange / Wenn du weiter so arbeitest, wirst du Erfolg haben.

    *Mientras **sea** así, me parece bien.* — Wenn es so ist, finde ich es gut.
  - *mientras que + indicativo* → Adversativsatz (reale Tatsache):

    *Mientras que tú te **pasas** todo el santo día sin hacer nada, yo no hago otra cosa que trabajar.* — Während du den lieben langen Tag nichts tust, arbeite ich die ganze Zeit.

210 **Vervollständigen Sie diese Liste von Empfehlungen für die Mitarbeiter einer Firma mit den in Klammern angegebenen Verben.**

1. En caso de que .... (oír) usted la sirena en horas de trabajo, deje lo que esté haciendo y salga al exterior, pues se trata de una emergencia.
2. Si tiene algún problema relacionado con sus tareas, basta con que se lo .... (comentar) a su coordinador.
3. Siempre que .... (necesitar) hacer una pausa, asegúrese de parar la máquina, salvo que no .... (ser) posible.
4. Se permite descansar cada cierto tiempo a todos los trabajadores, a condición de .... (cumplirse) los objetivos marcados por el equipo.
5. Puede usted disponer de las instalaciones de ocio siempre y cuando lo .... (considerar) oportuno.
6. Si está completamente seguro, puede tomar decisiones sobre su trabajo usted mismo, excepto que no .... (ser) decisiones lógicas.
7. No está permitido fumar, a menos que .... (encontrarse) usted en una de las zonas exteriores marcadas como área de descanso para fumadores.
8. Mientras .... (observar) estas normas, estará ayudando a todos a crear y mantener un ambiente de trabajo relajado.

tratarse de	sich handeln um
la emergencia	der Notfall
la tarea	die Aufgabe
asegurarse	sich vergewissern
parar	abschalten
permitir	erlauben
descansar	sich ausruhen, sich erholen
cada cierto tiempo	von Zeit zu Zeit
cumplir	*hier* erreichen, erbringen
el objetivo	das Ziel
el equipo	das Team
disponer	verfügen
las instalaciones de ocio	die Freizeitein-richtungen
considerar oportuno	für angebracht halten
estar permitido	erlaubt sein
la zona exterior	äußerer Bereich
área de descanso	*hier* Erholungsgebiet
la norma	die Regel
mantener	halten
relajado	entspannt

→ Gr LGr S. 250–253

Subjuntivo in Relativsätzen

Relativsätze werden durch Relativpronomen eingeleitet und können sowohl mit dem *indicativo* als auch mit dem *subjuntivo* gebildet werden.

211 Lesen Sie folgende Anzeigen aus einer Zeitung und beantworten Sie anschließend die Fragen.

Se busca secretaria con conocimientos de informática, buena presencia y que **hable** inglés y alemán.

Se buscan pisos que **tengan** cuatro habitaciones y jardín, y que no **estén** lejos del centro.

Se busca un perro pastor alemán que **tenga** pedigrí para cruzarlo con perra pastora alemana.

Se busca a un perro pastor alemán que **tiene** el pelo marrón y negro, es grande y cariñoso. Perdido desde ayer. Responde al nombre de Urki.

Se busca a un hombre de 35 años que **ha escapado** del sanatorio. Dice que se llama Napoleón y lleva un traje que **parece** militar.

1. Kennt man in den drei ersten Anzeigen die Person, die Wohnungen bzw. den Hund? ....
2. Was für ein Modus wird verwendet? ....
3. Kennt man in den zwei letzten Anzeigen den Hund bzw. die Person? ....
4. Was für ein Modus wird verwendet? ....

la buena presencia	das gepflegte Äußere	**cruzar**	kreuzen
el piso	die Wohnung	**el pelo marrón**	das braune Fell
el jardín	der Garten	**responder al nombre**	auf den Namen hören
lejos del centro	weit (weg) vom Zentrum	**escapar**	entkommen, ausbrechen
el pastor alemán	der Schäferhund	**el traje**	der Anzug
el pedigrí	der Stammbaum		

212 Vervollständigen Sie die Sätze mit der richtigen Form der in Klammern angegebenen Verben.

1. Conozco a un chico que .... (saber) cinco idiomas.
2. ¿Conoces a alguien que .... (hablar) japonés?
3. ¿Conoces a ese chico de clase que .... (llevar) el pelo largo? ¡Es guapísimo!
4. Es un chico que .... (tener) el pelo largo y .... (ser) muy, muy simpático.
5. Es el chico que .... (decir) que quiere ser presidente.
6. ¿Hay alguien que .... (querer) participar en el coloquio?
7. ¿Hay alguien que .... (entender) lo que quiere decir esta expresión?
8. Se busca chica que .... (querer) compartir piso con otras dos chicas, a ser posible no fumadora.
9. Necesito una persona que .... (poder) ayudarme
10. Sé de un sitio que .... (ser) muy especial para él.
11. Conozco a un cocinero que .... (hacer) los mejores espagueti a la carbonara.
12. Quiero un trabajo que .... (ser) compatible con mi vida familiar. Me da igual cuál.
13. Tiene un trabajo que .... (ser) compatible con su vida familiar.

el / la chico/-a	der Junge / das Mädchen	**compartir**	teilen
		el / la fumador/-a	der / die Raucher/-in
llevar el pelo largo	die Haare lang tragen	**el sitio**	der Ort
guapo	hübsch	**el / la cocinero/-a**	der Koch / die Köchin
participar	teilnehmen	**dar igual**	egal sein
el coloquio	das Kollloquium, die Konferenz		

Wie Sie festgestellt haben, verwendet man den *indicativo*, wenn sich das Relativpronomen auf ein identifizierbares Bezugswort bezieht, und den *subjuntivo*, wenn dies nicht der Fall ist:

*Los niños, que **están** cansados, pueden ir a dormir*. Die Kinder, die müde sind, können schlafen gehen. → Man weiß, dass alle Kinder müde sind.

*Los niños que **estén** cansados pueden ir a dormir*. → Man weiß nicht, welche Kinder müde sind.

*Los niños que **están** cansados pueden ir a dormir*. → Man weiß, welche Kinder müde sind oder zumindest, dass es einige sind.

213 **Vervollständigen Sie den Brief und entscheiden Sie jedes Mal, welche Verbform des *indicativo* bzw. des *subjuntivo* für die in Klammern angegebenen Verben passend ist.**

Querida amiga:

He leído tu carta y por lo que me cuentas ese hombre con el que .... (estar) saliendo, Julián, te gusta mucho. Entiendo que tengas dudas porque lleváis poco tiempo y todavía no os conocéis mucho. De todas maneras, como me has pedido consejo, allá va.

En primer lugar, por lo que te conozco te diría que necesitas a alguien que .... (saber) escucharte, no sólo porque tienes muchas cosas que contar sino también porque eres una gran conversadora. Por lo que me cuentas, ese hombre que .... (conocer) hace unos meses, es uno que .... (saber) escuchar, así que, por ese lado, no tienes de qué preocuparte.

Por otro lado, yo te veo con alguien que .... (ser) muy vital, así como tú, alguien a quien le .... (gustar) divertirse, que .... (hacer) actividades al aire libre, como pasear, disfrutar de la naturaleza, etc., igual que aquel novio con el que .... (estar) cuando nos conocimos y que te .... (pedir) que te casaras con él. No sé si Julián es así, pero, bueno, creo que éstas son cualidades que .... (tú / haber) de tener en cuenta. Además, si Julián es una persona que .... (saber) lo que .... (querer), que lo .... (tener) claro y que .... (desar) compartir su vida contigo, mejor que mejor ... y por lo que me cuentas, es así.

Bueno Tania, con la poca información que .... (yo, tener) no te puedo decir más, pero, bueno, poco a poco se anda el camino así que, tranquila y ya me contarás qué tal va todo con Julián más adelante.

Besos y cuídate.
Sonia

salir con alguien	mit jemandem gehen (zusammen sein)	**al aire libre**	im Freien
		disfrutar de	genießen
la duda	der Zweifel	**el / la novio/-a**	der / die Freund/-in
llevar poco / mucho tiempo	seit neuem / langem zusammen sein	**casarse**	heiraten
		la cualidad	die Eigenschaft
el consejo	der Rat(schlag)	**tener en cuenta**	berücksichtigen, erwägen
el / la gran conver-sador/-a	der / die Plauderer/ -in	**tener claro**	genau wissen
divertirse	sich amüsieren	**más adelante**	später

Beachten Sie, dass die Verneinung des Bezugswortes meistens seine Unidentifizierbarkeit bedeutet, was die Verwendung des *subjuntivo* erfordert:

No hay excusas que ***valgan****.*	Es gibt keine zulässigen Ausreden.

Dasselbe gilt, wenn das Bezugswort ein Negationswort ist, z. B. *nadie* oder *nada*:

Nadie que ***tenga*** *sentido común dice algo así.*	Niemand mit gesundem Menschenverstand sagt so etwas.

214 Wandeln Sie die folgenden Sätze in Negativsätze um.

1. Tengo amigos que saben lo que quieren.

   ....

2. Hay muchos que dicen la verdad.

   ....

3. Había personas y cosas por las que merecía la pena vivir.

   ....

4. Allí conocí a alguien que sabía bailar flamenco.

   ....

5. Vio algo especial en ella que le llamó la atención.

   ....

6. Me encontré con alguien que había estado en la guerra.

   ....

7. Conocía algunas playas solitarias que tenían una arena blanquísima.

   ....

8. En el circo siempre había algún payaso que nos hacía reír.

   ....

merecer la pena	sich lohnen	**solitario**	einsam
llamar la atención	auffallen	**el payaso**	der Clown
la guerra	der Krieg		

Die drei letzten Übungen trainieren zusammenfassend das Thema „adverbiale Nebensätze".

215 Wiederholung. Vervollständigen Sie den Dialog und achten Sie dabei auf die richtige Zeit und den richtigen Modus der in Klammern angegebenen Verben.

Mikel: Sé que seguramente te .... (parecer) una tontería lo que voy a decirte, pero me encantaría .... (estar) un mes en una isla desierta solo y que luego .... (llegar) tú a visitarme.

Raquel: ¡Qué bonito! Me estás diciendo entonces que durante todo un mes quieres estar tranquilito mientras yo desaparezco tranquilamente de la circulación. Primero deseas que .... (yo / irse) y después que .... (yo / volver) de visita para .... (tú / alegrarse) de verme. ¿No crees que .... (ser) demasiado?

Mikel: Yo no he dicho que .... (yo / pretender) hacer eso que dices. Veo que no me .... (tú / entender) y no creo que .... (ser) tan difícil entenderme. Si .... (trabajar) tanto como yo, comprenderías muy bien mi necesidad de soledad y descanso.

Raquel: Es increíble que .... (tu / atreverse) a decir eso y está claro que .... (tú / ser) un machista. Siempre que .... (tú / llegar) del trabajo yo te preparo la cena. Mientras tú .... (mirar) la tele yo .... (terminar) los trabajos de la casa: ¿Cuándo descanso yo?

Mikel: Bueno ... sí, la verdad es que .... (tú / tener) razón. Perdóname si .... (tú / poder). Es verdad que no .... (haber) nadie en casa que .... (trabajar) tanto como tú. Y tienes tanta razón que a partir de ahora te .... (yo / ayudar) más en casa. Cuando .... (yo / volver) de trabajar no esperaré hasta que tú lo .... (hacer) todo, sino que te ayudaré a terminarlo. Ya no quiero islas desiertas, no porque no .... (ser) interesantes, sino porque allí te .... (yo / echar de menos).

Raquel: Eso me parece más razonable y ... como errar .... (ser) de sabios y también reconocer los errores ... Entonces, ¿adónde nos vamos de vacaciones, tío listo?

la tontería	die Dummheit
encantar	sehr gut gefallen
la isla desierta	die einsame Insel
desaparecer de la circulación	aus dem Verkehr verschwinden
pretender	anstreben
la necesidad	das Bedürfnis
la soledad	die Einsamkeit
el descanso	die Erholung
atreverse	wagen
el machista	der Macho
descansar	sich ausruhen
tener razón	recht haben
perdonar	verzeihen
echar de menos	vermissen
razonable	vernünftig
errar es de sabios	Irren ist menschlich
reconocer los errores	die Fehler zugeben
el tío listo	*in etwa* der Schlaumeier

216 **Wiederholung. Vervollständigen Sie auch diesen Dialog und achten Sie wieder auf die richtige Zeit und den richtigen Modus der in Klammern angegebenen Verben.**

Padre: Es evidente que ahora .... (hacer) frío, por eso no es lógico que .... (tú / pasearse) así de fresco por la calle.

Hijo: Puede que .... (tú / tener) razón, papá, pero creo que ya .... (yo / ser) mayor para .... (yo / decidir) si .... (yo / ponerme) una cosa u otra, ¿no? No es necesario que tú me .... (decir) qué es lo que debo ponerme.

Padre: Perdona, hijo. No creía que .... (tú / ser) tan susceptible. Te lo he dicho para que no .... (tú / resfriarse), pero si no .... (tú / querer) que te .... (yo / ayudar) no te molestaré más, a no ser que tú me lo .... (pedir). Así que, en caso de que .... (tú / cambiar) de opinión, ya sabes.

Hijo: Mira, papá, por mucho que .... (tú / querer) ayudarme no soporto que me .... (tú / hablar) en un tono tan paternalista, de modo que ya .... (tú / saber). Si .... (tú / nacer) en mi época y .... (tú / tener) mi edad, me comprenderías mejor.

Padre: Cuando .... (tú / ser) padre me comprenderás tú también mejor a mí, y los hijos que .... (tú / tener) te dirán las mismas cosas que tú me .... (decir) a mí ahora. Cuando yo .... (ser) pequeño, mi padre me decía lo mismo, aunque yo entonces tampoco lo .... (entender). También yo le decía que me .... (él / dejar) en paz.

Hijo: Lo ves, papá, es lo que yo te digo. Aunque tal vez .... (tener) razón tú también. Por eso, desde hoy aceptaré lo que me .... (tú / decir) a condición de que me lo .... (tú / pedir) como a un amigo.

evidente	offensichtlich	resfriarse	sich erkälten
pasearse	spazieren gehen	molestar	stören
así de fresco	so leicht angezogen	soportar	ertragen, aushalten
ponerse algo	sich etwas anziehen	nacer	geboren werden
susceptible	empfindlich	la edad	das Alter

217 Wiederholung. Vervollständigen Sie diesen Brief und achten Sie wieder auf die Zeit und den Modus der in Klammern angegebenen Verben.

Ratisbona, 25 de julio de 2008

Querido Alberto:

¿Cómo va todo? Espero que .... (vosotros / estar) bien cuando .... (vosotros / recibir) esta carta ... y también que me .... (tú / contestar) tan pronto como .... (tú / terminar) de leerla. Vivimos tan lejos que .... (nosotros / verse) menos de lo que a mí me gustaría, pero, aunque la distancia .... (ser) grande, nunca me olvido de esos años que .... (nosotros / pasar) juntos en Santiago. Recuerdo con nostalgia aquellos veranos en que .... (nosotros / ir) a la playa desde por la mañana, esa época en que todas las cosas que nos .... (pasar) nos parecían maravillosas y que ahora .... (yo / echar) un poco de menos.

Recuerdo especialmente «el gran día». Era viernes y hacía mucho calor. Por la mañana habíamos hecho nuestro último examen y en aquel momento, en la playa, éramos las personas más felices del mundo. De pronto aparecieron dos chicas que ya .... (nosotros / ver) al mediodía en la Plaza Mayor. Ellas nos miraron y nos reímos. Como .... (ellas / parecer) mayores y .... (ellas / ser) muy guapas nos pusimos rojos como tomates, sobre todo tú cuando te .... (ellas / pedir) que les .... (tú / sacar) una foto. Menos mal que yo les pregunté si .... (ellas / querer) .... (ellas / sentarse) con nosotros, no porque lo .... (hacer) yo, sino porque tú .... (quedarse) petrificado, como si .... (tú / ver) al demonio. De ahí que yo .... (atreverse) a hacer la pregunta, a pesar de que en el fondo .... (yo / ser) tan tímido como tú, si bien no lo .... (yo / parecer). Y ya ves, ahora estamos felizmente casados con ellas, de manera que aquella época .... (continuar) en cierto modo hoy todavía.

Aunque .... (yo / saber) que .... (ser) imposible, a veces me gustaría .... (yo / vivir) experiencias que .... (ser) parecidas a aquellas. Pero en el fondo basta que .... (nosotros / hablar) de esos años para que .... (nosotros / recuperar) casi las mismas sensaciones. También por eso me .... (gustar) .... (yo / ir) a visitarte pronto o que .... (venir) vosotros aquí, que ya hace meses que no nos vemos. Antes de que .... *(nosotros / hablar) por teléfono, mirad qué fechas os van bien y, tan pronto como* .... *(vosotros / saber), nos lo decís. En caso de que* .... *(vosotros / querer)* .... *(venir) vosotros, podéis venir cualquier fin de semana, siempre que lo* .... *(nosotros / tener) libre, y a condición de que* .... *(vosotros / traer) ese jamón y ese vino tan ricos de tu tierra.*

Un fuerte abrazo de los cuatro para toda la familia,
Anxo

recibir	bekommen
contestar	(be)antworten
pasar juntos	zusammen verbringen
maravilloso	wunderbar, toll
echar de menos	vermissen
aparecer	erscheinen, auftauchen
ponerse rojo	rot im Gesicht werden
sacar una foto	fotografieren
menos mal	Gott sei Dank
sentarse	sich hinsetzen
quedarse petrificado	zu Stein werden
el demonio	der Teufel
en el fondo	eigentlich
tímido	schüchtern
casado	verheiratet
la experiencia	die Erfahrung
parecido	ähnlich
recuperar	wiedererlangen
la fecha	das Datum
rico	lecker
tu tierra	deine Gegend
el abrazo	die Umarmung

VERBEN • IMPERATIV

Der Imperativ wird für Befehle und Anweisungen gebraucht, aber auch in anderen Situationen:

- Befehle: *¡Acuéstate!* — Geh schlafen!
- Anweisungen: *Gire usted a la derecha.* — Biegen Sie rechts ab.
- Rat: *¡No trabajéis tanto!* — Arbeitet nicht so viel!
- Warnungen: *¡Tengan cuidado!* — Passen Sie auf!
- Höfliche Aufforderungen: *Pase, pase.* — Kommen Sie doch herein.

→ Gr LGr S. 410–423

Bejahter Imperativ

Bei den Formen des bejahten Imperativ müssen Sie Folgendes beachten:

- Die Form der 2. Person Singular ist identisch mit der 3. Person Singular des Indikativ Präsens:

¡Habla con ella!	*¡Bebe más agua!*	*¡Escribe más despacio!*
Sprich mit ihr!	Trink mehr Wasser!	Schreib langsamer!

  Ist die 3. Person des Indikativ Präsens unregelmäßig, ist es der Imperativ auch:
  ¡Vuelve pronto a casa! — Komm bald wieder nach Hause!
- Die 2. Person Plural ist identisch mit der Grundform des Verbs, aber die Endung *-r* wird zu *-d*:

¡Hablad con ella!	*¡Bebed más agua!*	*¡Escribid más despacio!*
Sprecht mit ihr!	Trinkt mehr Wasser!	Schreibt langsamer!

- Die Höflichkeitsformen und die 1. Person Plural des Imperativs sind identisch mit den entsprechenden Formen des *presente de subjuntivo*:

¡Hablemos con ella!	*¡Beban más agua!*	*¡Escriba más despacio!*
Sprechen wir mit ihr!	Trinken Sie mehr Wasser!	Schreiben Sie langsamer!

Wenn das *presente de subjuntivo* eines Verbs unregelmäßig ist, sind es die Imperativ-Formen auch:
¡Haga lo que quiera! — Machen Sie, was Sie wollen!

Achtung! Obwohl *vayamos* die 1. Person Plural des Imperativs des Verbs *ir* ist, benutzt man normalerweise die Indikativ-Form *vamos*:
¡Vamos al cine! — Gehen wir ins Kino!

218 **Bilden Sie die Imperativ-Formen der folgenden Verben.**

	tú	Vd.	nosotros	vosotros	Vds.
correr (laufen)		*¡Corra!*			
descansar (sich ausruhen)					*¡Descansen!*
escuchar (zuhören)					
mirar (schauen)			*¡Miremos!*		
trabajar (arbeiten)	*¡Trabaja!*				
jugar (spielen)					
subir (hinaufgehen)				*¡Subid!*	
seguir (weitergehen)					
volver (zurückkommen)		*¡Vuelva!*			
traducir (übersetzen)					
traer (bringen)	*¡Trae!*				
dormir (schlafen)					

Die 2. Person Singular des bejahten Imperativs ist bei einer Reihe von Verben unregelmäßig.

219 A **Können Sie die unten stehenden Imperativ-Formen an der richtigen Stelle einsetzen?**

di • ve • haz • pon • sé • sal • ten • ven

poner	tener	venir	ir	decir	ser	salir	hacer

219 B **Vervollständigen Sie die folgenden Sätze mit einer der oben stehenden Imperativ-Formen.**

1. ¡.................... a la fiesta con nosotros! Te lo vas a pasar muy bien.
2. .... lo que dice tu madre; ella tiene razón.
3. ¡.................... los libros en tu cuarto!
4. ¡.................... lo que piensas sobre este asunto!
5. ¡.................... tú mismo! No tienes que pensar tanto en lo que dicen los demás.
6. Por favor, ... la cena preparada para las nueve.
7. ¡.................... por la otra puerta! Ésta está cerrada con llave.
8. .... con tu hermano, ya sabes que él todavía es muy pequeño para ir solo.

pasarlo bien	Spaß haben	**los demás**	die anderen
tener razón	recht haben	**la cena**	das Abendessen
el cuarto	das Zimmer	**cerrar con llave**	zusperren
el asunto	die Angelegenheit		

220 **Geben Sie jetzt den folgenden Personen, die Probleme mit ihrer Gesundheit haben, ein paar Ratschläge. Setzen Sie die kursiv gedruckten Wörter in die passende Imperativ-Form.**

1. María, *tienes que ir* al médico.
   María, ve al médico.
2. Juan, *deberías hacer* más deporte.
   ....
3. *Vosotros deberíais comer* menos.
   ....
4. Señora Contreras, *yo en su lugar dormiría* más.
   ....
5. *Ustedes deberían trabajar* menos.
   ....
6. *Tendrías que salir* más y *olvidar* los problemas.
   ....
7. Si tiene dolor de cabeza, *debería tomar* una pastilla.
   ....
8. Si tienen problemas de estómago, *deberían ir* a un especialista.
   ....

9. *Yo en vuestro lugar probaría* la homeopatía.

....

10. Señor Conde, yo *volvería* a ir al médico.

....

el deporte	der Sport	**la pastilla**	die Tablette
el lugar	der Ort, die Stelle	**el estómago**	der Magen

→ Gr LGr S. 413–414

Verneinter Imperativ

Die Formen des verneinten Imperativs stimmen mit denen des *presente de subjuntivo* überein:

¡No hables con ella!	Sprich nicht mit ihr!
Por favor, no venga mañana.	Bitte, kommen Sie morgen nicht.
¡No nos preocupemos todavía!	Machen wir uns (noch) keine Sorgen!
¡No bebáis más café!	Trinkt keinen Kaffee mehr!
Cojan el autobús número 11.	Nehmen Sie den Bus Nummer 11.

221 **Bilden Sie Sätze mit dem verneinten Imperativ, um Befehle zu erteilen.**

1. Te prohíbo salir sola por las noches. *¡No salgas sola por las noches!*
2. Os prohíbo fumar. ....
3. No quiero que abra la ventana. ....
4. No deben leer esta información. ....
5. No debes charlar en clase. ....
6. No podéis volver tan tarde. ....
7. Le prohíbo hablar así conmigo. ....
8. No tienes que cerrar la puerta. ....

prohibir	verbieten	**fumar**	rauchen
así	so	**charlar**	plaudern

222 **Hier ist das Rezept von *gazpacho andaluz*. Schreiben Sie die Anweisungen zur Zubereitung dieser kalten Suppe in der *usted*-Form des Imperativs.**

Ingredientes:
1 kg de tomates
un pepino pequeño
medio pimiento verde
un trozo de pan
2 ó 3 dientes de ajo
aceite, vinagre, sal
agua

1. Pelar y cortar los tomates, el pepino y los ajos
   Pele y corte los tomates, el pepino y los ajos.
2. No trocear mucho la verdura pues después se va a triturar todo
   ....
3. Remojar el trozo de pan en una taza con agua
   ....
4. No utilizar pan tierno
   ....
5. Echar los tomates en la batidora y batirlos
   ....
6. Introducir poco a poco el pepino, el pimiento, los ajos y el pan remojado
   ....
7. No echar todo a la vez
   ....
8. Cuando esté todo bien batido, añadir el aceite, el vinagre y la sal, y batir todo muy bien
   ....
9. No utilizar demasiado vinagre
   ....
10. Verter todo en un gran cuenco y echar agua para que no esté muy espeso
    ....
11. Meter el gazpacho en el frigo
    ....
12. Servir el gazpacho bien frío con trocitos de pepino, pimiento, tomate y pan
    ....

¡Que aproveche!

los ingredientes	die Zutaten	**la taza**	die Tasse
el pepino	die Gurke	**tierno**	weich
el pimiento	der Paprika	**la batidora**	der Mixer
el trozo	das Stück	**batir**	mixen
el ajo	der Knoblauch	**echar**	hineintun
el aceite	das Öl	**introducir**	hineintun
el vinagre	der Essig	**añadir**	hinzufügen
pelar	schälen	**verter**	(ein)gießen
cortar	schneiden	**el cuenco**	die Schüssel
trocear	in Stücke teilen	**espeso**	dick
la verdura	das Gemüse	**meter**	hineinstellen
triturar	zerkleinern	**el frigo(rífico)**	der Kühlschrank
remojar	einweichen		

→ Gr LGr S. 414–417

Imperativ mit Pronomen

- Beim **bejahten Imperativ** werden die Reflexiv- und Objektpronomen immer an den Imperativ angehängt:
  ¡Cómete toda la sopa! Iss die ganze Suppe!
- Wie immer, wenn in einem Satz direkte und indirekte Objektpronomen zusammen stehen, erscheinen die indirekten Pronomen (Dativ) – im Gegensatz zum Deutschen – vor den direkten Pronomen (Akkusativ):
  ¡Dámelo! Gib es mir!
- Vor *lo / la / los / las* werden *le* und *les* zu *se*:
  ¡Dígaselo (a él)! Sagen Sie es ihm!
- Bei den reflexiven Verben im Imperativ fällt in der 1. Person Plural das *-s* weg:
  ¡Divirtámonos juntos! Lasst uns zusammen Spaß haben!
- Bei reflexiven Verben entfällt in der 2. Person Plural die Endung ***-d***:
  ¡Sentaos! Setzt euch!
- Beim **verneinten Imperativ** stehen die Pronomen vor dem Verb und hinter der Negation:
  ¡No me lo des! Gib es mir nicht!
  ¡No se lo diga a su mujer! Sagen Sie es Ihrer Frau nicht!

223 Bilden Sie die Imperativ-Form und ersetzen Sie dabei die kursiv gedruckten Wörter durch die passenden Pronomen.

1.	(tú)	pedir *el libro*	*¡Pídelo!*
2.	(usted)	preguntar *a la señora*	....
3.	(nosotros)	comprar *el videojuego*	....
4.	(vosotros)	devolver *los tebeos*	....
5.	(ustedes)	hacer *inventario*	....
6.	(tú)	prestar *la falda a tu hermana*	....
7.	(usted)	traer *flores a su marido*	....
8.	(nosotros)	ponernos *los guantes*	....
9.	(vosotros)	lavaros *el pelo*	....
10.	(ustedes)	decir *la verdad a los niños*	....

el videojuego	das Videospiel	**prestar**	leihen
devolver	zurückgeben	**la falda**	der Rock
el tebeo	der Comic	**los guantes**	die Handschuhe
el inventario	das Bestandsverzeichnis		

224 Wählen Sie ein Verb vom Kästchen aus und setzen Sie dann die richtige Imperativ-Form in die Lücken ein. Zwei Verben müssen zwei Mal benutzt werden.

callarse • soltarse • tomarlo • sentarse • mirar • tomar • darme • girar • cruzar • andar

Padre: ¿Nos puede decir, por favor, cómo se va al Cine Emperador?

Desconocido: Sí, claro. *Miren*, para ir al Cine Emperador .... la primera calle a la derecha. Luego .... unos 100 metros hasta que lleguen a un puestecillo; allí .... a la izquierda. Después de unos 50 metros .... la calle y ahí está el Cine Emperador.

Padre: Muchísimas gracias. Adiós.

Desconocido: No hay de qué. Adiós.

Niño: Oye, mamá, ¿me compras chuches?

Madre: No, ... ahora, que si no, no vamos a encontrar el cine.

Niño: Papi, ¿me das un pañuelo?

Padre: Sí, claro, ... ¡Cuidado! No ...., que vienen coches.

Madre: Anda, ... la mano y no .... de ella.

Niño: Mami, estoy cansado. ¿Me puedo sentar un ratito en el bordillo?

Madre: No, no, no ...., que no tenemos tiempo. Ya te sentarás en el cine.

Padre: ...., ya hemos llegado.

callarse	schweigen	**a la izquierda**	(nach) links
soltarse	loslassen	**no hay de qué**	bitte, gern geschehen
girar	abbiegen	**las chuche(ría)s**	die Süßigkeiten
cruzar	überqueren	**el pañuelo**	das Taschentuch
a la derecha	(nach) rechts	**el bordillo**	der Bordstein
el puestecillo	der Kiosk		

225 A **Beantworten Sie die folgenden Fragen bejahend und ersetzen Sie dabei die kursiv gedruckten Wörter durch die passenden Pronomen.**

1. ¿Puedo subir *el volumen de la radio?*
   (usted) Sí, claro, *súbalo, súbalo.*
2. ¿Quieres que te pase *la sal*?
   (tú) Sí, por favor, ...
3. ¿Queréis que os demos ahora *las notas de los exámenes*?
   (vosotros) Sí, sí, ...
4. ¿Quiere que le traduzcamos *el texto*?
   (ustedes) Sí, por favor, ...
5. ¿Os apetece que nos compremos *un helado*?
   (nosotros) Sí, sí, ...
6. ¿Le regalo *a la niña dinero* por haber tenido un sobresaliente en matemáticas?
   (tú) Sí, claro, ...
7. ¿Nos dejáis leer *la revista*?
   (vosotros) Sí, claro, ...
8. ¿Puedo probarme *su abrigo*?
   (usted) Sí, sí, ...
9. ¿Podemos decirle *una cosa*?
   (ustedes) Sí, por favor, ...
10. ¿Nos tomamos *otro café*?
   (nosotros) Sí, sí, ...

225 B **Beantworten Sie nun die Fragen der vorigen Übung verneinend.**

1. No, no *lo suba.*
2. No, no ....
3. No, no ....
4. No, no ....
5. No, no ....
6. No, no ....
7. No, no ....
8. No, no ....
9. No, no ....
10. No, no ....

el volumen	die Lautstärke	**el sobresaliente**	die Note 1 (sehr gut)
pasar	*hier* reichen	**la revista**	die Zeitschrift
apetecer	Lust haben auf	**el abrigo**	der Mantel
el helado	das Eis		

226 **Sie fahren in Urlaub und lassen Ihre kleine Hündin Lulú bei Ihrer Freundin Alicia. Sie geben Alicia einen Zettel, auf dem steht, was mit Ihrer Hündin zu tun ist. Schreiben Sie nun den Text noch einmal, so dass die kursiv gedruckten Wörter durch einen Imperativ ersetzt werden. Ersetzen Sie dabei auch die unnötigen Wiederholungen durch Pronomen.**

Ante todo, Alicia, muchas gracias por hacerte cargo de mi pequeña Lulú. Tú ya sabes que es una perrita muy sensible, *hay que tratar a Lulú* con cariño. Por las mañanas *podrías sacar a Lulú* un ratito a pasear, pero no *debes dejar* que se canse mucho ¡Es tan pequeñita! Y, algo muy importante, no *debes permitir a Lulú* que juegue con otros perros porque nunca se sabe si están sanos. Para comer a Lulú le gusta la carne muy troceadita; así que, si no te importa, *podrías cortarle a Lulú la carne* en trocitos muy pequeños. Para beber le gusta el agua bien fría, por eso *le tienes que dar a Lulú el agua* del frigo. No te importa, ¿verdad? Algo que también le gusta mucho a mi perrita es bañarse, así que, si no es demasiado para ti, *podrías bañar a Lulú* todas las noches. Ah, algo importantísimo: a Lulú no le gusta dormir sola, así que *debes acostar a Lulú* en tu cama para que no tenga miedo. Espero que no le importe a tu marido. Bueno, muchísimas gracias y espero que os lo paséis muy bien con mi querida Lulú.

....

....

....

....

....

....

hacerse cargo de algo	etwas übernehmen	**sano**	gesund
		la carne	das Fleisch
tratar con cariño	lieb behandeln	**troceado**	in Stücke geteilt
sacar a pasear	Gassi gehen	**bañar(se)**	(sich) baden
cansarse	müde werden	**acostar**	ins Bett bringen
permitir	erlauben	**el miedo**	die Angst

VERBEN • UNPERSÖNLICHE VERBFORMEN

Unter „unpersönlichen" (oder „infiniten") Verbformen versteht man solche, die nicht konjugiert werden, d. h. keine Informationen zu Person, Zahl, Zeit und Modus enthalten. Man unterscheidet im Spanischen drei unpersönliche Formen des Verbs:
- der Infinitiv (*el infinitivo*),
- das Partizip Perfekt (*el participio*),
- das *gerundio*.

→ Gr LGr S. 423–429

Infinitiv

Der Infinitiv ist die Grundform des Verbs. Man unterscheidet eine einfache (1) und eine zusammengesetzte (2) Form:

(1) *Estoy contenta de **vivir** en esta ciudad.* — Ich bin froh, in dieser Stadt zu wohnen.
(2) *Estoy contenta de **haber conseguido** este puesto.* — Ich bin froh, diese Stelle bekommen zu haben.

einfache Form		zusammengesetzte Form	
cantar	singen	*haber cantado*	gesungen haben
beber	trinken	*haber bebido*	getrunken haben
vivir	wohnen	*haber vivido*	gewohnt haben

Der Infinitiv kann als (maskulines) Substantiv und als Verb verwendet werden. Wie ein **Substantiv** kann der Infinitiv einen Begleiter haben:

el cantar de los pájaros — das Singen der Vögel
su buen hacer — sein gutes Handeln

Einige Infinitive sind lexikalisiert und können sogar eine Pluralform haben; ihre ursprüngliche Bedeutung kann sich dabei leicht verändern:

poder (können) → *el poder / los poderes* (die Macht)
deber (müssen) → *el deber* (die Pflicht) / *los deberes* (die Pflichten / die Hausaufgaben)

Der Infinitiv (als **Substantiv** oder als **Verb**) hat dieselben Satzfunktionen wie ein Substantiv. Man darf aber Folgendes nicht vergessen:

a. Als Objekt des Hauptverbs muss das Subjekt von Haupt- und Nebensatz gleich sein:
   Quiero desayunar a las 8. — Ich will um 8 Uhr frühstücken.

Aber:

Quiero que desayunes a las 8. — Ich will, dass du um 8 Uhr frühstückst.

Ausnahmen sind die Verben der Wahrnehmung (*ver, oír, sentir* ...), bei denen das Objekt des Hauptverbs Subjekt des Infinitivs ist:

Oigo a alguien subir las escaleras. — Ich höre jemanden die Treppe hinaufgehen.

b. Bei Verben des Verbietens, Erlaubens und Beratens sind beide Konstruktionen möglich:

Mi madre no me dejó ir al cine. / Mi madre no me dejó que fuera al cine. — Meine Mutter erlaubte mir nicht, ins Kino zu gehen.

c. Bei Verben des Sagens und Wissens wird immer *que* verwendet:

Le he dicho que lo hago más tarde. — Ich habe ihm gesagt, dass ich es später mache.

d. Bei Verben des Denkens tendiert man auch zu der „dass“-Konstruktion, obwohl der Infinitiv auch verwendet werden kann, wenn das Subjekt von Haupt- und Nebensatz gleich ist:

Creo que me he comportado correctamente. / Creo haberme comportado correctamente. — Ich glaube, dass ich mich richtig benommen habe.

e. Als Ergänzung einer anderen Wortart wird der Infinitiv meist durch die Präposition *de* eingeleitet:

Es hora de salir. — Es ist Zeit zu gehen.

Als **Verb** kann der Infinitiv ein Objekt oder ein Adverb haben. Ist das Objekt ein Pronomen, muss es an den Infinitiv angehängt werden:

Tienes que llamarlo inmediatamente. — Du musst ihn sofort anrufen.

227 Infinitiv oder Konstruktion mit *que*? Entscheiden Sie und machen Sie die nötigen Änderungen in jedem Satz. In einigen Fällen gibt es zwei Möglichkeiten.

1. Carlos me pidió (yo / llevarlo) en coche al trabajo porque quería (él / llegar) puntual.
   *Carlos me pidió **que lo llevara** en coche al trabajo porque quería **llegar** puntual.*
2. Creemos (nosotros / haberles dado) lo que se merecían.
   ....
3. No os aconsejo (vosotros / ir) de vacaciones a La Costa Blanca.
   ....
4. Les han dicho (ellos / aprobar) el examen con muy buena nota.
   ....
5. Ya sé (a ti no gustar) (tú / acostarte) tarde.
   ....

6. Os he escuchado (vosotros / discutir) en la otra habitación.

....

7. Intenté (yo / ponerme) en contacto con ustedes, pero no pude (conseguirlo).

....

8. No nos han dejado (nosotros / entrar) en la discoteca.

....

9. Suelen (ellos / escribirme) por Navidad y por mi cumpleaños.

....

10. Sabes muy bien (tú / no estar) preparado para (tú / enfrentarte) a ese problema solo.

....

llevar en coche	im Auto mitnehmen	**acostarse**	zu Bett gehen
puntual	pünktlich	**soler**	(etwas zu tun) pflegen
merecerse	(sich) verdienen	**enfrentarse a algo**	sich mit etwas auseinandersetzen
aconsejar	raten		
aprobar	bestehen		

228 Wandeln Sie die Sätze um, indem Sie einen substantivierten Infinitiv benutzen.

1. Los pájaros cantan alegremente. Esto me gusta mucho.
   El alegre cantar / El cantar alegre de los pájaros me gusta mucho.
2. La lluvia cae lentamente. María se pone nostálgica.

   ....

3. Mis perros ladran continuamente. Esto no deja dormir a mis vecinos.

   ....

4. Ha ganado un premio literario. Esto lo ha hecho famoso.

   ....

5. Pueden ir a la piscina hoy. Esto los alegra mucho.

   ....

6. Trabaja día y noche. Esto ha acabado con su matrimonio.

   ....

el pájaro	der Vogel	**continuamente**	unablässig, unaufhörlich
alegremente	fröhlich		
caer	fallen	**alegrar**	freuen
ponerse	werden	**acabar con**	zerstören
ladrar	bellen	**el matrimonio**	die Ehe

Der Infinitiv als Verkürzung eines Nebensatzes

Mit einer Präposition bzw. präpositionalen Wendung und einem Infinitiv kann ein adverbialer Nebensatz verkürzt werden. Hat der Infinitiv ein eigenes Subjekt, steht es immer nach ihm:

Al llegar ***mi padre****, todos nos callamos.* Als mein Vater kam, schwiegen wir alle.

229 **Vervollständigen Sie die Sätze mit einer Präposition oder präpositionalen Wendung aus dem Kasten, so dass die Nebensätze die angegebenen Bedeutungen haben. Verbinden Sie dann jeden Satz mit seiner deutschen Übersetzung.**

a • de • al • a pesar de • para • por • antes de • sin • después de • tras • aun sin • con • hasta

Temporalsatz

1. .... mirarla, me di cuenta de su tristeza.
2. .... recibir el premio, dará las gracias a todos.
3. Comimos .... hartarnos.
4. .... de recibir la noticia se encerró en su cuarto.
5. .... irte, ayúdame a fregar.

Kausalsatz

6. No pudimos entrar .... ser menores de edad.
7. .... tanto comer ha engordado.

Konditionalsatz

8. .... no llevar retraso el tren llegará a las dos.

Finalsatz

9. He venido .... recoger el libro.
10. Estás aquí .... aprender español.

a. Ich bin gekommen, um das Buch zu holen.
b. Wir aßen, bis wir satt waren.
c. Wir durften nicht rein, weil wir minderjährig sind.
d. Wenn der Zug keine Verspätung hat, wird er um 2 Uhr ankommen.
e. Sobald er den Preis bekommt, wird er sich bedanken.
f. Du bist hier, um Spanisch zu lernen.
g. Bevor du weggehst, hilf mir beim Abwaschen.
h. Als ich sie ansah, merkte ich ihre Traurigkeit.
i. Vom vielen Essen hat er zugenommen.
j. Nachdem sie die Nachricht erhielt, sperrte sie sich in ihrem Zimmer ein.

Konzessivsatz

11. .... conocerlo, sé que es un buen hombre.
12. .... estudiar, no aprueba los exámenes.

Modalsatz

13. .... llorar no arreglas la situación.
14. .... trabajar no puedes vivir.

k. Ohne zu arbeiten kannst du nicht leben.
l. Durch Weinen erreichst du nichts.
m. Obwohl er lernt, besteht er keine Prüfungen.
n. Sogar ohne ihn zu kennen, weiß ich, dass er ein guter Mensch ist.

230 Wandeln Sie die folgenden Nebensätze in verkürzte Infinitivkonstruktionen um.

1. Si ves hoy a tu hermano, dale este libro de mi parte.
   De ver *hoy a tu hermano, dale este libro de mi parte.*
2. Aunque no sabía hacerlo, lo intentó.
   ....
3. Antes de que te vayas al colegio, bájame la basura.
   ....
4. Ha gastado tanto que ahora tiene la cuenta corriente en números rojos.
   ....
5. Cuando bajaba las escaleras, me encontré un billete de cien euros.
   ....
6. No aprobó el examen porque no había estudiado lo suficiente.
   ....
7. Aunque tiene mucho trabajo, va a acompañarme a la fiesta de mi empresa.
   ....
8. Después de que hayamos terminado el proyecto, nos iremos unos días de viaje.
   ....

aunque	obwohl	**aprobar**	bestehen
intentar	versuchen	**suficiente**	genug, ausreichend
gastar	ausgeben	**la empresa**	die Firma, das Unternehmen
la cuenta corriente	das Girokonto		
bajarse	hinuntergehen	**irse de viaje**	verreisen
la escalera	die Treppe		

→ Gr LGr S. 430–434

Partizip Perfekt

Sie haben gelernt, dass das Partizip Perfekt unveränderlich ist, wenn es zur Bildung der zusammengesetzten Zeiten gebraucht wird:

La niñas ya han llegado.	Die Mädchen sind schon angekommen.

Das Partizip Perfekt kann auch zur Bildung des Vorgangspassivs mit *ser* oder des Zustandspassivs mit *estar* (siehe Kapitel „Passiv") gebraucht werden. In diesen Fällen stimmt es in Genus und Numerus mit dem Substantiv überein:

Los niños fueron invitados a una fiesta.	Die Jungen wurden auf ein Fest eingeladen.
Las ventanas están cerradas.	Die Fenster sind geschlossen.

Das Partizip Perfekt kann auch als Adjektiv gebraucht werden und passt sich dann in Genus und Numerus dem Substantiv an:

la niña dormida	das schlafende Mädchen
el hombre amado	der geliebte Mann

Einige Verben haben ein regelmäßiges Partizip Perfekt, um die zusammengesetzten Zeiten und das Passiv zu bilden, und ein unregelmäßiges mit einer adjektivischen Funktion:

*He **corregido** el examen.*	Ich habe die Prüfung korrigiert.
*un ejercicio **correcto***	eine richtige Übung

231 Setzen Sie die Partizipien der in Klammern angegebenen Verben ein. In einigen Fällen müssen sie das Partizip dem Substantiv anpassen.

1. ¿Quién ha .... (hacer) hoy la comida?
2. Mónica no está .... (acostumbrar) a este tipo de clima.
3. Ésta es la lista con las personas .... (escoger).
4. Todos los pisos fueron .... (vender) antes de que estuvieran .... (terminar).
5. Tenía en un cajón todas las cartas .... (escribir) por su novia.
6. Me encanta el huevo .... (freír) con patatas .... (freír).
7. El profesor había .... (leer) todos los trabajos, pero no había .... (poner) todavía las notas.
8. Mis padres están muy .... (preocupar) por la salud de mi abuelo.
9. Las personas .... (educar) no hacen esas cosas.
10. Los ladrones han sido .... (perseguir) y .... (capturar) por la policía.

acostumbrar	gewöhnen	**la nota**	die (Schul-)Note
escoger	auswählen	**educar**	erziehen
el piso	die Wohnung	**el ladrón**	der Dieb
el cajón	die Schublade	**perseguir**	verfolgen
freír	braten	**capturar**	fangen, festnehmen

232 **Wählen Sie das regelmäßige oder das unregelmäßige Partizip, um die folgenden Sätze zu vervollständigen.**

atendido / atento • corrompido / corrupto • fijado / fijo • juntado / junto • manifestado / manifiesto • soltado / suelto • suspendido / suspenso

1. Lo que han hecho contigo es una injusticia ....
2. Ya han .... al asesino de mi vecino.
3. Han .... tres mesas para que podamos sentarnos todos ....
4. Todos los alumnos están ....
5. Los alumnos no han .... ni un solo minuto.
6. No ha .... ningún alumno.
7. Hace años que está luchando por encontrar un puesto de trabajo ....
8. Me han .... su total repulsa ante la situación actual.
9. Son unos políticos .... que han .... a algunos ciudadanos que antes eran honrados.
10. Hemos estado .... durante toda la clase.
11. ¡Ten cuidado! Los perros están ....
12. Todavía no han .... los puntos de la reunión de mañana.

manifestar	äußern, aussagen	**suspenso**	durchgefallen
manifiesto	offensichtlich, klar	**luchar**	kämpfen
soltar	freilassen, loslassen	**la repulsa**	die Abneigung
suelto	lose, losgelassen	**honrado**	ehrlich, anständig
suspender	durchfallen	**la reunión**	die Besprechung

Das Partizip zur Verkürzung von Nebensätzen

Das Partizip Perfekt kann zur Verkürzung von Nebensätzen verwendet werden. Es gibt zwei mögliche Konstruktionen.

a. Das Partizip bezieht sich auf ein Substantiv des Hauptsatzes:
*Es un trabajo **hecho** por todos nosotros.* Das ist eine Arbeit, die wir alle gemacht haben.

b. Das Partizip bezieht sich auf ein nachfolgendes Substantiv, das nicht zum Hauptsatz gehört:
*(Una vez) **terminado** el trabajo, me fui.* Nachdem ich die Arbeit beendet hatte, ging ich.

233 **Übersetzen Sie die folgenden Sätze mit einer Partizipialkonstruktion.**

1. Herr Fernández ist ein Chef, den jeder respektiert.

2. Wenn die Ferien vorbei sind, werden wir abnehmen müssen.

3. Nachdem der Vortrag zu Ende war, haben wir alle ein Glas Sekt getrunken.

4. In dieser Stadt gibt es viele Häuser, die mein Vater gebaut hat.

5. Nachdem ich die Zeitung gelesen hatte, fing ich zu arbeiten an.

6. Ich musste das ganze Essen wegwerfen, das ich für das Fest gekocht hatte.

7. Nachdem der Professor vorgestellt wurde, fingen die Trinksprüche an.

8. Das sind die Bücher, die dieses Jahr in der Schule gelesen wurden.

el jefe	der Chef	**construir**	bauen
respetar	respektieren	**tirar**	wegwerfen
adelgazar	abnehmen	**cocinar**	kochen
la conferencia	der Vortrag	**presentar**	vorstellen
la copa	das Glas	**el brindis**	der Trinkspruch
el cava	der Sekt	**el colegio**	die Schule

→ Gr LGr S. 434–437

Gerundio

Das *gerundio* ist eine unveränderliche Form des Verbs, die eine Handlung in ihrem Verlauf ausdrückt. Es wird gebildet, indem man *-ando* bzw. *-iendo* an den Verbstamm anhängt. Wie beim Infinitiv gibt es eine einfache und eine zusammengesetzte Form:

Verben auf ***-ar***:	Verben auf ***-er***:	Verben auf ***-ir***:
z. B. *cerr-ar*	z. B. *quer-er*	z. B. *sal-ir*
*cerr-**ando***	*quer-**iendo***	*sal-**iendo***
*hab**iendo** cerrado*	*hab**iendo** querido*	*hab**iendo** salido*

Unregelmäßigkeiten:

a. Bei einigen Verben auf *-er* und *-ir* wird das ***i*** der *gerundio*-Endung zu ***y***: *cre-er → cre**y**endo, le-er → le**y**endo, ir → **y**endo.*

b. Das *gerundio* von *poder* ist *p**u**diendo.*

c. Bei Verben auf *-ir* mit Diphthongierung oder Vokalwechsel (z. B. *dormir*, *sentir*, *decir*, ...) ändert sich der Stammvokal: *d**u**rmiendo*, *s**i**ntiendo*, *d**i**ciendo*, ...

Das *gerundio* hat die gleiche Funktion wie ein modales Adverb (d. h. es drückt die Art und Weise aus, wie etwas geschieht), es betont jedoch die Gleichzeitigkeit mit der Handlung des konjugierten Verbs:

*Me contestó **gritándome**.* Er antwortete mir, indem er mich anschrie.

234 **Bilden Sie sinnvolle Sätze mit den Satzteilen der zwei Spalten.**

1.	Se despidió de mí	a.	.... (sentir) lo que decía.
2.	Me lo dijo	b.	.... (pegar) patadas.
3.	Lo vi	c.	.... (ver) la televisión.
4.	Nos habló	d.	.... (pedir) dinero a los amigos.
5.	Aprendió mucho inglés	e.	.... (darme) la mano.
6.	Al mediodía descansa	f.	.... (ir) al colegio.
7.	Se defendió del ladrón	g.	.... (mover) las caderas.
8.	Se pasa el tiempo	h.	.... (mirarme) a los ojos.
9.	Siempre se duerme	i.	.... (dormir) un ratito la siesta.
10.	Marcela siempre anda	j.	.... (leer) libros en ese idioma.

despedirse	sich verabschieden	defenderse	sich verteidigen
pegar	*hier* geben	el ladrón	der Dieb
la patada	der Fußtritt	la cadera	die Hüfte
descansar	sich ausruhen, sich erholen	el ratito	das Weilchen

Das *gerundio* als Verkürzung von Nebensätzen

Das *gerundio* kann verschiedene Arten von Nebensätzen ersetzen (temporal, kausal, konditional, konzessiv und modal). Wie beim Partizip Perfekt kann man zwei Konstruktionen unterscheiden.

a. Das *gerundio* bezieht sich auf das Subjekt oder Objekt des Verbs im Hauptsatz:
He visto a los niños ***jugando*** *al fútbol.* — Ich habe die Kinder Fußball spielen sehen.

b. Das *gerundio* kann auch in einer absoluten Konstruktion verwendet werden, mit oder ohne eigenem Subjekt. Wenn es ein eigenes Subjekt hat, steht dieses immer hinter dem *gerundio*:
Estando *el día bueno, no me quiero quedar en casa.* — Da der Tag schön ist, will ich nicht zu Hause bleiben.

235 Wandeln Sie die Sätze um, indem Sie die unterstrichenen Teile durch eine *gerundio*-Konstruktion ersetzen.

Koordination

1. Me caí <u>y me hice mucho daño</u>.
Me caí haciéndome mucho daño.
2. El vaso se cayó <u>y se rompió en mil pedazos</u>.
....

Temporalsatz

3. <u>Después de haber limpiado la casa</u>, se echó un rato en el sofá.
....

Kausalsatz

4. <u>Como mi marido está aquí</u>, no me puede pasar nada.
....

Konditionalsatz

5. <u>Si llegas tempranito</u>, conseguirás entradas.
....
6. <u>Si sabes comportarte</u>, no tendrás problemas en la cena de gala.
....

Konzessivsatz

7. Aunque la ha ayudado su madre, no ha conseguido terminar el trabajo a tiempo.
   Aun ....
8. A pesar de que tiene dinero, no comprará esa casa.
   Aun ....

hacerse daño	sich wehtun	**la entrada**	die Eintrittskarte
el vaso	das Glas	**comportarse**	sich benehmen
romperse en mil pedazos	völlig zersplittern	**la cena de gala**	das Gala-Abendessen
		a pesar de que	obwohl
el rato	die Weile		

Las perífrasis verbales

Der Infinitiv, das *gerundio* und das Partizip Perfekt werden auch in so genannten ***perífrasis verbales*** verwendet. Darunter versteht man Verbalkonstruktionen, die das Ergebnis einer Verbindung zweier Verben zu einer einzigen Aussage sind, wobei das erste Verb in seiner Bedeutung abgeschwächt ist und quasi als Hilfsverb fungiert. Solche *perífrasis verbales* werden im Spanischen sehr oft gebraucht.

a. ***Perífrasis verbales* mit Infinitiv**

Die wichtigsten sind:

- ***Acabar de*** + **Infinitiv** drückt aus, dass etwas gerade geschehen ist:
  Lo acabo de hacer. — Ich habe es gerade gemacht.
- ***Ir a*** + **Infinitiv** drückt Zukunft und Absicht aus:
  Voy a hacerlo enseguida. — Ich will / werde es gleich machen.
- ***Volver a*** + **Infinitiv** drückt die Wiederholung einer Handlung aus:
  Ella ha vuelto a hacerlo. — Sie hat es wieder / noch einmal gemacht.
- ***Dejar de*** + **Infinitiv** bedeutet „aufhören etwas zu tun“:
  He dejado de fumar. — Ich habe aufgehört zu rauchen.
- ***Ponerse a*** + **Infinitiv** drückt den Beginn einer Handlung aus:
  Me he puesto a estudiar en serio. — Ich habe anfangen, ernsthaft zu lernen.
- ***Echar(se) a*** + **Infinitiv** beschreibt eine plötzlich einsetzende Handlung.
  Es wird meist mit den Verben *reír*, *llorar*, *temblar*, *correr*, *andar* und *volar* gebraucht:
  El ladrón (se) echó a correr. — Der Dieb fing plötzlich an zu rennen.
- ***Quedar en*** + **Infinitiv** drückt eine Abmachung oder Verabredung aus:
  Hemos quedado en vernos a las 8. — Wir haben uns um 8 Uhr verabredet.
- ***Tener que / deber / hay que*** + **Infinitiv** drücken Pflicht aus:
  Tienes que levantarte temprano. — Du musst früh aufstehen.
- ***Deber de*** + **Infinitiv** drückt Vermutung aus:
  Deben de ser ya las 11. — Es muss wohl schon 11 Uhr sein.

236 **Vervollständigen Sie die Sätze mit der passenden *perífrasis verbal*.**

1. El médico le ha recomendado que ………………… trabajar tanto.
2. ………………… vernos con más frecuencia.
3. ………………… encontrarme hace un momento a tu padre en el ascensor.
4. ………………… irme a mi casa porque me duele mucho la cabeza.
5. Fernando ………………… a llorar cuando se enteró de la muerte de Luis.
6. Juan, ………………… prestar más atención pues otra vez ………………… cometer el mismo fallo.
7. Se levantó tempranísimo e inmediatamente ………………… a trabajar.
8. No sé dónde está el postre que sobró anoche; ………………… habérselo comido tu padre.
9. ………………… que cada uno lleve mañana su propia comida.
10. ………………… luchar mucho para conseguir algo en la vida.
11. ………………… llegar este paquete para ti.
12. Santi siempre ………………… correr cuando veía un perro.

recomendar	empfehlen	**prestar atención**	aufpassen
con más frecuencia	öfter	**cometer**	begehen
el ascensor	der Aufzug	**el fallo**	der Fehler
llorar	weinen	**sobrar**	übrig bleiben / sein
enterarse	erfahren	**luchar**	kämpfen, ringen

b. ***Perífrasis verbales* mit *gerundio***

Die wichtigsten sind:

- ***Estar* + *gerundio*** drückt den Verlauf einer Handlung aus:
  Marta está comiedo. — María isst gerade.
- ***Llevar* + Zeitraum + *gerundio*** drückt das Andauern der Handlung während eines bestimmten Zeitraums aus:
  María lleva tres horas limpiando el piso. — María putzt schon seit drei Stunden die Wohnung.
- ***Continuar / seguir* + *gerundio*** drückt das Fortdauern einer Handlung aus, die in der Vergangenheit begonnen hat:
  Juan sigue viviendo en Granada. — Juan wohnt immer noch in Granada.
- ***Ir* + *gerundio*** betont, dass die Handlung sich progressiv entwickelt:
  Los niños van entrando en la clase. — Die Kinder gehen nach und nach in die Klasse.
- ***Andar* + *gerundio*** gibt den Verlauf einer wiederholten Handlung an, wobei nur ein vager Bezug zum Zeitpunkt oder Ort gegeben ist:
  Anda diciendo por ahí que yo la quiero. — Er erzählt herum, dass ich sie liebe.

237 Vervollständigen Sie diese E-Mail mit einer *perífrasis verbal de gerundio*.

¡Hola! ¿Qué tal estás?

Ayer te .... (esperar) 20 minutos en la cafetería de la universidad. Ya sé que siempre .... (viajar) de un lado para otro y que cuando estás en Bilbao no tienes mucho tiempo para los amigos, pero yo .... (querer) verte, aunque sólo sea un ratito.
Ya .... (ser) hora de que te des cuenta de lo importante que son los amigos. .... (llevar) varias semanas .... (intentar) verte, pero poco a poco .... (cansarse) de ser yo siempre la que .... (mantener) nuestra amistad viva.

¡Hasta pronto! Espero.
Maika

de un lado para otro	hin und her	**intentar**	versuchen
el ratito	ein Weilchen	**cansarse**	es leid sein, müde werden
darse cuenta de algo	sich über etwas klar werden	**mantener algo vivo**	etwas aufrechterhalten

238 *Infinitiv* oder *gerundio*? Streichen Sie jeweils die Form, die nicht passt.

1. Los pasajeros van (entrar / entrando) en el avión poco a poco.
2. Los pasajeros van a (entrar / entrando) en el avión dentro de poco.
3. Hace tres años que me dejó mi mujer, pero todavía no he dejado de (quererla / queriéndola).
4. Ya son las seis y todavía no se ha puesto a (hacer / haciendo) los deberes.
5. Acabo de (terminar / terminando) el libro que me prestaste.
6. No molestes ahora a Jorge porque está (estudiar / estudiando).
7. Ricardo anda por ahí (hablar / hablando) mal de mí.
8. Los pájaros se echaron a (volar / volando) cuando oyeron el disparo.
9. Los hijos de los vecinos llevan ya tres horas (hacer / haciendo) ruido.
10. Hemos quedado en (pagar / pagando) los gastos a medias.
11. Mi primo ha vuelto a (enfadarse / enfadándose) con su novia.
12. Deben de (ser / siendo) ya las 10 porque ya están (abrir / abriendo).

prestar	leihen	**los gastos**	die Kosten
molestar	stören, belästigen	**el primo**	der Cousin, der Vetter
el pájaro	der Vogel	**enfadarse con**	sich ärgern über
el disparo	der Schuss	**la novia**	die Freundin
el ruido	der Lärm		

c. ***Perífrasis verbales*** **mit Partizip Perfekt**

Bei den folgenden *perífrasis verbales* stimmt das Partizip Perfekt in Geschlecht und Zahl mit dem Substantiv überein.

- *Ir* + **Partizip Perfekt** drückt einen Zustand unter einem dynamischen Gesichtspunkt aus und kann durch *estar* + **Partizip Perfekt** ersetzt werden:
  Lola va muy pintada. — Lola ist stark geschminkt.
- *Ir* + **Partizip Perfekt** kann auch eine anhäufende Bedeutung haben und einen abgeschlossenen Vorgang bezeichnen:
  Hasta ahora van corregidos 20 exámenes. — Bis jetzt sind 20 Prüfungen korrigiert worden.
- *Andar* + **Partizip Perfekt** bedeutet ungefähr dasselbe wie *ir* + **Partizip Perfekt**, wobei nur ein vager Bezug auf die Zeit oder den Ort gegeben ist:
  Anda muy preocupado. — Er ist sehr besorgt.
- *Llevar* + **Partizip Perfekt** hat auch eine anhäufende Bedeutung wie *ir* + **Partizip Perfekt**:
  Llevo 20 exámenes corregidos. — Bis jetzt habe ich 20 Prüfungen korrigiert.
- *Seguir / continuar* + **Partizip Perfekt** bezeichnet die Fortdauer oder Kontinuität einer Handlung. Es kann im Deutschen durch „immer noch“ wiedergegeben werden:
  La ventana sigue rota. — Das Fenster ist immer noch kaputt.
- *Tener* + **Partizip Perfekt** kann auch eine anhäufende Bedeutung wie *ir* und *llevar* haben:
  Tengo 20 exámenes corregidos. — Bis jetzt habe ich 20 Prüfungen korrigiert.
- *Tener / traer* + **Partizip Perfekt** drückt das Weiterwirken eines Zustandes aus:
  Mi familia me tiene preocupada. — Meine Familie macht mir Sorgen.
- *Tener* + **Partizip Perfekt** hebt auf den Abschluss einer Handlung ab:
  Tengo decidido ir este año a Cádiz. — Ich habe den Entschluss gefasst, dieses Jahr nach Cádiz zu fahren.
- *Tener* + *dicho* bezeichnet Wiederholung oder Nachdruck:
  Te tengo dicho que no fumes en la cama. — Ich habe dir schon oft gesagt, dass du nicht im Bett rauchen sollst.
- *Quedar* + **Partizip Perfekt** bezeichnet die Folgen einer Handlung und das Fortbestehen eines Zustands:
  Después de limpiar todo el piso, me quedé dormida. — Nachdem ich die ganze Wohnung geputzt hatte, schlief ich ein.

- ***Dejar*** + **Partizip Perfekt** betont die Folgen einer abgeschlossenen Handlung:
  La enfermedad me ha dejado agotado. Die Krankheit hat mich fertiggemacht.
- ***Dar por*** + **Partizip Perfekt** bedeutet „halten für / ansehen als“:
  Doy por terminada nuestra discusión. Ich halte unsere Diskussion für beendet.

Weitere Beispiele:
dar por aludido = sich betroffen fühlen; *dar por descontado* = als sicher annehmen; *darse por ofendido* = sich beleidigt fühlen; *darse por vencido* = sich geschlagen geben.

239 Vervollständigen Sie die Sätze mit einer der angegebenen *perífrasis de participio*.

trae / tiene preocupada • quedó agotado • dieron por muerto • llevamos ganados • va hecho • tienen prohibido • ha dejado impresionado • anda deprimido • sigue estropeado • tenemos pensado

1. Hasta ahora .... 200.000 euros con la venta de piezas de repuesto.
2. Como trabaja tan bien, ... que se encargue de la sección de ventas.
3. Nuestro coche .... y tenemos que desplazarnos en autobús.
4. Siempre .... desde que perdió a su mujer.
5. Mis padres me .... que hable con él.
6. Después de trabajar catorce horas ....
7. Después del accidente le ....
8. Su forma de relacionarse con los clientes me ....
9. No se preocupa nada de su aspecto físico y siempre .... un asco.
10. El terrorismo internacional me ....

la pieza de repuesto	das Ersatzteil	**desplazarse**	sich bewegen
la sección de ventas	die Verkaufsabteilung	**el asco**	der Ekel

VERBEN • PASSIV UND UNPERSÖNLICHE FORMEN

→ Gr LGr S. 481–488

Passiv

Der Gebrauch des deutschen Passivs hat keine genaue Entsprechung im Spanischen, einer Sprache, in der das Passiv viel seltener gebraucht wird – ***se utiliza** mucho menos* – als im Deutschen und in der stattdessen oft aktive Verbformen verwendet werden – ***se usan** en su lugar formas verbales activas.*

240 A **Verbinden Sie die Sätze mit ihren deutschen Entsprechungen.**

1.	Ayer fue inaugurado el nuevo estadio.	a.	Der Empfang ist schon vorbereitet.
2.	Han sido detenidas cinco personas.	b.	Das Haus wurde bereits verkauft.
3.	Ya se ha vendido la casa.	c.	Gestern wurde das neue Stadion eröffnet.
4.	La recepción ya está preparada.	d.	Fünf Menschen sind festgenommen worden.
5.	En la prensa no han dicho nada nuevo.	e.	Neue Spuren sind entdeckt worden.
6.	Fueron recibidos con gritos de júbilo.	f.	Es wurde an die Tür geklopft.
7.	Se han descubierto nuevas pistas.	g.	In der Presse wurde nichts Neues gesagt.
8.	Llamaron a la puerta.	h.	Sie wurden mit Jubelrufen empfangen.

240 B **Wie viele verschiedene Möglichkeiten können Sie in diesen Sätzen für die Wiedergabe des deutschen Passivs im Spanischen finden?**

....

Welche Strukturen werden jedes Mal verwendet?

....

....

Was die Bildung angeht, entspricht das spanische Passiv mit ***ser*** + Partizip dem deutschen Vorgangspassiv mit **werden** + Partizip. Im Gegensatz zum Deutschen muss das Partizip mit dem passiven Subjekt des Satzes in Genus und Numerus übereinstimmen. Der Urheber wird mit der Präposition *por* eingeführt:

*Las nuevas instalaciones deportivas **han sido** / **fueron** inaugurad**as por** el alcalde.*	Die neuen Sporteinrichtungen wurden vom Bürgermeister eingeweiht.

Beachten Sie, dass das Partizip des Hilfsverbs (im Beispiel *sido*) unverändert bleibt. Generell wird diese Form des Passivs im gesprochenen Spanisch selten gebraucht.

241 Ergänzen Sie die Endungen des Partizips.

1. La exposición fue inaugurad…… por el ministro.
2. Los ministros han sid…… recibid…… por el jefe del Gobierno.
3. América fue descubiert…… por Cristóbal Colón.
4. El problema será discutid…… por los miembros del partido.
5. Sus novelas han sid…… traducid…… a varias lenguas.
6. El ladrón ha sid…… detenid…… por la policía esta mañana.
7. Los rumores fueron confirmad…… ayer por el entrenador.
8. Las leyes de inmigración están siendo revisad…… por los parlamentarios.

la exposición	die Ausstellung	**el ladrón**	der Dieb
recibir	empfangen	**detener**	festnehmen
el jefe del Gobierno	der Regierungschef	**el rumor**	das Gerücht
descubrir	entdecken	**el entrenador**	der Trainer
el miembro del partido	das Parteimitglied	**la ley de inmigración**	das Einwanderungsgesetz
la novela	der Roman	**revisar**	überprüfen
traducir	übersetzen	**el parlamentario**	der Abgeordnete

242 **Wandeln Sie die folgenden Aktiv-Sätze in Passiv-Sätze um.**

1. Muchas personas han visto los sucesos. — Viele Menschen haben die Ereignisse gesehen.

   ....

2. El público recibió a las actrices con un gran aplauso. — Das Publikum empfing die Schauspielerinnen mit großem Applaus.

   ....

3. Colón descubrió América en 1492. — Kolumbus endeckte Amerika 1492.

   ....

4. Un testigo avisó a la policía. — Ein Zeuge benachrichtigte die Polizei.

   ....

5. Las bombas destruyeron la embajada. — Die Bomben zerstörten die Botschaft.

   ....

6. Han construido el hospital en dos años. — Das Krankenhaus wurde in zwei Jahren gebaut.

   ....

7. El detective ha encontrado nuevas huellas en el lugar de los hechos. — Der Detektiv hat neue Spuren am Tatort gefunden.

   ....

8. Se han descubierto nuevas pruebas. — Es sind neue Beweise entdeckt worden.

   ....

Das spanische Passiv mit ***estar*** + Partizip entspricht dem deutschen Zustandspassiv mit **sein** + Partizip und wird sowohl in der gesprochenen als auch in der geschriebenen Sprache benutzt. Die Angleichung des Partizips an das Subjekt erfolgt wie beim Vorgangspassiv:

*Las sillas **están** ya dispuest**as** en círculo para la reunión.* — Die Stühle sind für die Versammlung bereits im Kreis aufgestellt.

243 **Ergänzen Sie die folgenden Sätze mit den in Klammern angegebenen Verben und achten Sie dabei auf den Unterschied zwischen Vorgangs- und Zustandspassiv.**

1. La tienda ya .... (cerrar).
2. Los bancos del parque .... recién .... (pintar).
3. Nuestras propuestas .... (rechazar) por el jefe, así que ya no hay nada que hacer: .... definitivamente .... (rechazar).
4. Tus amigas .... (decepcionar) contigo.
5. La noticia ya .... (confirmar): .... (confirmar) ayer por el portavoz de la empresa.
6. ¿... (vosotras / preparar) para salir?
7. Los contratos .... casi .... (firmar). Esta tarde .... (firmar) oficialmente por los representantes.
8. El problema por fin .... (resolver): lo ha resuelto Julio esta mañana.

recién pintado	frisch gestrichen	**el portavoz**	der (Presse-)Sprecher
rechazar	ablehnen	**estar preparado**	fertig sein
decepcionar	enttäuschen	**firmar**	unterschreiben

Die ***pasiva refleja*** ist eine Konstruktion, die eine passive Bedeutung hat, aber mit einer aktiven Verbform (und dem Reflexivpronomen ***se***) gebildet wird.
Die *pasiva refleja* hat keine Entsprechung im Deutschen.

*En España **se** habla**n** cuatro lenguas oficiales.* — In Spanien werden vier offizielle Sprachen gesprochen.

Mit dieser Konstruktion vermeidet man das im Spanischen sehr formell wirkende Passiv in der gesprochenen Sprache, wenn kein Urheber genannt wird. Das Subjekt des Satzes steht meistens hinter dem Verb. Das Verb wird diesem Subjekt im Numerus angeglichen.

Im Singular unterscheidet man nicht zwischen *pasiva refleja* und unpersönlicher Form: *Aquí **se habla** español* entspricht im Deutschen sowohl „Hier **spricht man** Spanisch“ als auch „Hier **wird** Spanisch **gesprochen**“.

Wenn das direkte Objekt eine Person ist (und deshalb mit der Präposition ***a*** eingeführt wird), steht das Verb immer in der 3. Person Singular:

*Se **podía** oír **a** los niños.* — Man konnte die Kinder hören.

244 **Lesen Sie das folgende Tortilla-Rezept und ergänzen Sie es mit den passenden Formen der *pasiva refleja*.**

Primero .... (pelar) y .... (cortar) las patatas en trozos pequeños, después .... (cortar) también la cebolla en trocitos aún más pequeños. Luego .... (poner) el aceite a calentar en una sartén. Cuando el aceite está caliente, ... (poner) las patatas en la sartén, después de haberles puesto sal. Antes de que las patatas estén hechas, ... (añadir) la cebolla para que se dore. Después de añadir la cebolla, ... (batir) los huevos. Antes de mezclar las patatas y los huevos, hay que echarles una pizca de sal. Cuando las patatas ya están ligeramente doradas, ... (mezclar) con el huevo en un recipiente. Antes de poner la mezcla en la sartén, ... (quitar) casi todo el aceite y se asegura uno de que esté bien caliente. Después de dorar ligeramente la mezcla por un lado, hay que darle la vuelta a la tortilla con un plato grande o la tapa de una olla y dorar la otra parte. Cuando ya está lista .... (sacar) a un plato y .... (dejar) reposar un rato. Si, por ejemplo, ... (invitar) a algunos amigos a comer o cenar, ... (ofrecer) antes tapas o entremeses y no .... (servir) la tortilla en seguida, entonces ésta .... (tapar) con otro plato hasta que llegue el momento de hacerlo. ¡Que aproveche!

pelar	schälen	**por un lado**	auf der einen Seite
cortar	schneiden	**dar la vuelta**	umdrehen
el trozo	das Stück	**el plato**	der Teller
la cebolla	die Zwiebel	**la tapa**	der Deckel
el aceite	das Öl	**la olla**	der Topf
la sartén	die Pfanne	**listo**	fertig
añadir	hinzufügen	**reposar**	ruhen
dorar	goldgelb braten	**invitar**	einladen
batir huevos	Eier schlagen	**la tapa**	das Appetithäppchen
mezclar	mischen	**el entremés**	die Vorspeise
la pizca	die Prise	**servir**	auftischen
el recipiente	der Behälter	**tapar**	bedecken
quitar	entfernen	**¡Que aproveche!**	Guten Appetit!
asegurarse	sich vergewissern		

→ Gr LGr S. 489–501

Unpersönliche Formen

Wie gesagt entspricht die *pasiva refleja* im Singular formal einem unpersönlichen aktiven Satz:

*En España **se cocina** mucho con ajo.*	In Spanien **kocht man** viel mit Knoblauch. / In Spanien **wird** viel mit Knoblauch **gekocht**.

Andere Möglichkeiten, sich auf ein unpersönliches Subjekt zu beziehen, sind:

- 3. Person Plural, wenn sich der Sprecher ausschließt:
  __Dicen__ que mañana hará buen tiempo. — **Man sagt**, dass das Wetter morgen schön (sein) wird.
- *la gente / todo el mundo*, wenn es um ein Kollektiv geht. Das Verb steht dabei in der 3. Person Singular:
  __La gente__ / __Todo el mundo__ lo sabe. — **Die Leute** / **Alle** (**Leute**) wissen es.
- *uno / una*, wenn der Sprecher sich selbst mit einbezieht:
  __Uno__ espera que los amigos lo comprendan. — **Man** erwartet, dass die Freunde einen verstehen.
- *uno / una* anstatt *se* bei reflexiven Verben, um eine Verdopplung des *se* zu vermeiden:
  __Uno__ se pregunta si lo que hace está bien. — **Man** fragt sich, ob das, was man tut, gut ist.
- 2. Person Singular, wenn der Sprecher sich selbst in ein allgemeines Subjekt mit einbezieht:
  Eso es normal: __tienes__ un mal día y __dices__ precisamente lo que no __debes__. — Das ist normal: **Du hast** einen schlechten Tag und **sagst** eben gerade das, was **du** nicht sagen **sollst**.

245 Wählen Sie bei jedem Satz das passende Wort, um Unpersönlichkeit auszudrücken.

1. A veces .... (uno / se) se encuentra en situaciones difíciles.
2. En la empresa .... (todo el mundo / uno) está de acuerdo con la huelga.
3. Cerca de mi casa .... (has abierto / han abierto) un nuevo supermercado.
4. Es normal no aceptar un trabajo así: .... (uno / se) tiene su dignidad.
5. En aquella reunión .... (se dijo / uno dijo) que vender era la única solución.
6. En aquella reunión .... (dijiste / dijeron) que vender era la única solución.

7. Así es la vida: un buen día .... (te levantas / todo el mundo se levanta) y no .... (te reconoces / no se reconoce) en el espejo.
8. Así es la vida: un buen día .... (uno se levanta / se levantan) y no .... (se reconoce / se reconocen) en el espejo.

a veces	manchmal	**la reunión**	die Besprechung
la empresa	das Unternehmen	**la solución**	die Lösung
la huelga	der Streik	**reconocerse**	sich wiedererkennen
la dignidad	die Würde	**el espejo**	der Spiegel

Das unpersönliche Pronomen „es“ wird im Spanischen auf verschiedene Weise wiedergegeben:

- Verben für Naturerscheinungen:
  Está nevando. / Llueve. — Es schneit gerade. / Es regnet.
- Angaben über Wetter und Temperatur:
  Hace calor / sol. — Es ist heiß / sonnig.
- Einleitung unbestimmter Angaben durch *hay*:
  ¿Hay algo más? — Gibt es noch etwas?
- Ausdruck von Notwendigkeit mit *hay que*:
  Hay que hacerlo. — Man muss es machen. / Es muss gemacht werden.
- Unpersönliche Ausdrücke mit *es* + Substantiv, *es / está* + Adjektiv und *está* + Adverb:
  Es una lástima. — Es ist schade.
  Es raro que no llegue. — Es ist seltsam, dass er nicht kommt.
  Está claro que es lo mejor. — Es ist klar, dass es das Beste ist.
  Está bien / mal que lo digas. — Es ist gut / schlecht, dass du es sagst.
- Zeitangaben:
  Es la una. — Es ist ein Uhr.
  Son las dos. — Es ist zwei Uhr.
  Es pronto. — Es ist früh.

246 **Übersetzen Sie jeden Satz mit dem passenden Ausdruck, um das deutsche unpersönliche „es" wiederzugeben.**

1. Gibt es noch Fragen? ....
2. Es ist besser, wenn ich hier bleibe. ....
3. Es regnet gerade. ....
4. Es ist schon spät. ....
5. Es ist ein Glück, dass du da bist. ....
6. Es ist kalt und windig. ....
7. Es muss gesagt werden. ....
8. Es ist 14.00 Uhr und es sind 2 Grad. ....

quedarse	bleiben	**la suerte**	das Glück
llover	regnen	**viento**	*hier* windig
tarde	spät	**el grado**	der / das Grad

247 **Sie erzählen einem Freund folgende Nachricht, die Sie in einer Klatschzeitschrift gelesen haben. Wählen Sie jedes Mal das passende Wort bzw. den passenden Ausdruck von den in Klammern angegebenen Möglichkeiten. In manchen Fällen sind zwei Möglichkeiten korrekt.**

El famoso actor Javier Bardem ***ha sido visto*** *últimamente en compañía de la también famosa actriz Penélope Cruz. Las únicas fotos que* ***han sido publicadas*** *hasta ahora de los encuentros de la pareja son unas fotos que* ***fueron tomadas*** *en las islas Maldivas por un conocido fotógrafo del corazón y que* ***están incluidas*** *en el último número de la revista ...*

Pues mira, Lola, el último chisme es que .... (uno ha visto / han visto / has visto) a Javier Bardem y Penélope Cruz juntos en Maldivas. Parece que .... (están / hay / son) unas fotos que .... (se han publicado / son publicadas / están publicadas) en una revista del corazón y en las que .... (pueden ver / se los puede ver / una los puede ver) acaramelados como dos tortolitos. ¡Qué suerte, chica: los dos superguapos, superfamosos, enamorados y en una playa casi solitaria en la que siempre .... (es / está / hace) calor. Bueno, todavía .... (es / está / hace) pronto para saber si será sólo una aventura, ... (hay / hay que / está bien) esperar a ver qué pasa. La verdad es que hacen muy buena pareja, a casi .... (la gente / todo el mundo) le caen bien y .... (sería una pena / haría una pena / estaría una pena) que no funcionara la relación. Pero nunca .... (saben / se sabe / sabes), porque en esa profesión ....

(una se trabaja / se trabaja) lejos de casa, ... (una se conoce / se conoce) a gente interesente y .... (una se está / se está) siempre en el punto de mira. ¡Huy, ... (está / están / es / son) las dos: qué tarde .... (está / es / hace)! Chica, me tengo que ir, ya sabes: además de las ocho horas en la oficina, ... (a una le toca / te toca / hay) además hacer la compra, recoger a los niños, preparar la cena ... En fin, que .... (es mejor / está mejor / hay que) no pensar demasiado. .... (Es bien / Está bien / Hay que) conformarse con lo que .... (tienen / se tiene / una se tiene): aunque .... (es claro / está claro) que .... (hay / es / está) gente que parece que vive mejor, no debe .... (una preocuparse / se preocuparse / preocuparse) si quiere y la .... (quieres / quieren).

en compañía de	in Begleitung von	**pena**	schade
publicar	veröffentlichen	**estar en el punto de mira**	im Mittelpunkt stehen
el encuentro	die Begegnung		
la revista del corazón	die Klatschzeitschrift	**en la oficina**	im Büro
el chisme	der Klatsch	**tocar**	*hier* dran sein
acaramelados como dos tortolitos	wie zwei Turteltäubchen	**hacer la compra**	den täglichen Einkauf erledigen
hacer buena pareja	gut zusammenpassen	**conformarse**	sich zufrieden geben
caer bien	nett finden	**preocuparse**	sich Sorgen machen

VERBEN • INDIREKTE REDE

→ Gr LGr S. 455–462

Die indirekte Rede (*estilo indirecto*) ist die Berichtsform, in der Aussagen und Gedanken wiedergegeben werden, und zwar sowohl die eigenen als auch die anderer. Die indirekte Rede folgt im Spanischen einfachen Regeln: Steht der Einleitungssatz (= Hauptsatz) im ***presente***, ***futuro*** oder ***pretérito perfecto***, werden Zeit und Modus des Originalsatzes unverändert übernommen. Steht der Einleitungssatz dagegen in einer anderen Zeit der Vergangenheit (***pretérito indefinido***, ***imperfecto*** oder ***pluscuamperfecto***), muss die so genannte Zeitenfolge beachtet werden.

DIREKTE REDE	INDIREKTE REDE	INDIREKTE REDE
Maite dice:	*Maite **dice que*** *Maite **dirá que*** *Maite **ha dicho que***	*Maite **dijo que*** *Maite **decía que*** *Maite **había dicho que***
*«No **tengo** dinero.»*	*no **tiene** dinero.*	*no **tenía** dinero.*
*«No **he tenido** dinero.»*	*no **ha tenido** dinero.*	*no **había tenido** dinero.*
*«No **tenía** dinero.»*	*no **tenía** dinero.*	*no **tenía** dinero.*
*«No **tuve** dinero.»*	*no **tuvo** dinero.*	*no **había tenido** dinero.*
*«No **había tenido** dinero.»*	*no **había tenido** dinero.*	*no **había tenido** dinero.*
*«No **tendré** dinero.»*	*no **tendrá** dinero.*	*no **tendría** dinero.*
*«No **habrá tenido** dinero.»*	*no **habrá tenido** dinero.*	*no **habría tenido** dinero.*
*«No **tendría** dinero.»*	*no **tendría** dinero.*	*no **tendría** dinero.*
*«No **habría tenido** dinero.»*	*no **habría tenido** dinero.*	*no **habría tenido** dinero.*

Die Zeitenfolge gilt auch für den ***subjuntivo***:

*Maite **dice**: «**Quiero** que **vengas** en seguida.»* — Maite sagt: „Ich will, dass du sofort kommst."

→ *Maite dice que **quiere** que **venga** en seguida.* — → Maite sagt, sie wolle, dass ich sofort komme.

*Maite **dijo**: «**Quiero** que **vengas** en seguida.»* — Maite sagte: „Ich will, dass du sofort kommst."

→ *Maite dijo que **quería** que **viniera** en seguida.* — → Maite sagte, sie wolle, dass ich sofort komme.

Achtung! Die Konjunktion ***que*** darf – im Gegensatz zum deutschen „dass" – nicht weggelassen werden.

248 A **Wie ist die Zeitenfolge in der indirekten Rede, wenn der Einleitungssatz in einer Zeit der Vergangenheit steht? Ergänzen Sie die Tabelle.**

DIREKTE REDE	INDIREKTE REDE (dijo / decía / había dicho que)
Presente →	*imperfecto*
Pretérito imperfecto →	....
Pretérito perfecto →	....
Pretérito indefinido →	....
Pretérito pluscuamperfecto →	....
Futuro simple →	....
Futuro compuesto →	....
Condicional simple →	....
Condicional compuesto →	....

248 B **Entscheiden Sie sich für die richtige Zeit des Verbs. Verändern Sie auch, wenn nötig, die fett gedruckten Wörter.**

1. «***La semana pasada*** *alguien llamó a la puerta cuando estaba escribiéndole una carta a* ***mi*** *madre.*»
   a. Me ha contado que .... alguien .... a la puerta cuando .... escribiéndole una carta a .... madre.
   b. Me contó que .... alguien .... a la puerta cuando .... escribiéndole una carta a .... madre.
2. «***Iré mañana*** *a* ***tu*** *casa a* ***llevarte*** *los apuntes.*»
   a. Me ha dicho que .... a .... casa a .... los apuntes.
   b. Me había dicho que .... a .... casa a .... los apuntes.
3. «***Ayer te*** *estuve esperando casi una hora.*»
   a. Se queja de que .... esperando casi una hora.
   b. Se quejó de que .... esperando casi una hora.
4. «*Compraría el coche* ***ahora mismo*** *si tuviera el suficiente dinero.*»
   a. Reconoce que .... el coche .... si tuviera el suficiente dinero.
   b. Reconocía que .... el coche .... si tuviera el suficiente dinero.
5. «*No quiero que pienses que no* ***me*** *intereso por* ***ti****.*»
   a. Me ha vuelto a repetir que no .... que .... que no .... por ....
   b. Me volvió a repetir que no .... que .... que no .... por ....

6. «*Hoy* *voy a ir a veros*.»
   a. Nos ha prometido que .... a .... a ver........ .
   b. Nos había prometido que .... a .... a ver........ .
7. «*Supongo que con esto ya habremos terminado todo el trabajo hasta la próxima semana*.»
   a. Dice que .... que con .... ya .... todo el trabajo hasta ....
   b. Dijo que .... que con .... ya .... todo el trabajo hasta ....
8. «*Esta mañana he estado en el médico muy temprano.*»
   a. Me ha comentado que .... en el médico muy temprano.
   b. Me comentó que .... en el médico muy temprano.
9. «*Aquí en mi casa no habrías tenido ningún problema.*»
   a. Me asegura que .... en .... casa no .... ningún problema.
   b. Me aseguraba que .... en .... casa no .... ningún problema.
10. «*Le habíamos regalado lo que quería.*»
   a. Nos asegurarán que .... lo que ....
   b. Nos aseguraron que .... lo que ....

el apunte	die Notiz, die Unterlage
quejarse	sich beschweren, sich beklagen
suficiente	ausreichend, genug
reconocer	zugeben, (an)erkennen

prometer	versprechen
suponer	vermuten
asegurar	versichern
regalar	schenken

248 C Wie haben Sie die folgenden Verben, Adverbien, Demonstrativpronomen und Zeitangaben in der indirekten Rede wiedergegeben?

ir → ....
llevar → ....
la semana pasada → ....
la próxima semana → ....
mañana → ....
ayer → ....
hoy → ....
ahora mismo → ....
esto → ....
esta mañana → ....
aquí → ....

249 **Erzählen Sie jetzt einer Freundin, was María Ihnen letzte Woche am Telefon sagte.**

«Lo siento, pero no podré ir esta noche a tu fiesta de cumpleaños porque mañana tengo una entrevista de trabajo. Me han llamado hoy para decírmelo y por eso no te he podido avisar antes. La verdad es que no esperaba que me llamaran tan pronto pues la solicitud la eché la semana pasada. Bueno, espero que no te enfades. Ya nos veremos en otra ocasión.»

lo siento	es tut mir leid
la entrevista de trabajo	das Vorstellungsgespräch
avisar	benachrichtigen, Bescheid sagen
pues	denn
la solicitud	die Bewerbung
echar	*hier* wegschicken
enfadarse	sich ärgern
en otra ocasión	ein andermal

Aufforderungssätze in der indirekten Rede

Der Imperativ, die Aufforderung, wird in der indirekten Rede mit dem ***subjuntivo*** wiedergegeben:

*Maite **dice**: «**Llámame** más tarde.»*	Maite sagt: „Ruf mich später an."
→ *Maite **dice que** la **llame** más tarde.*	→ Maite sagt, ich soll sie später anrufen.

Steht die Einleitung in einer Zeit der Vergangenheit, wird aus dem ***presente de subjuntivo*** der ***imperfecto de subjuntivo***.

*Maite **dijo**: «**Llámame** más tarde.»*	Maite sagte: „Ruf mich später an."
→ *Maite **dijo que** la **llamara** más tarde.*	→ Maite sagte, ich soll sie später anrufen.

250 Setzen Sie die folgenden Aufforderungssätze in die indirekte bzw. direkte Rede.

1. «¡No lo hagas así!» — Me ha aconsejado que ………………… .
2. Mi madre me dijo que no fuera solo. — ………………… .
3. «¡Esperadme un poco!» — Nos pidió que lo ………………… .
4. «¡Venga usted mañana!» — Le propuso que ………………… .
5. El jefe les sugirió que se tomaran un día libre. — ………………… .
6. Me han ordenado que abandone la casa. — ………………… .
7. «¡Devuélveme mi dinero!» — Me ha exigido que le ………………… .
8. Me dirá que lo deje en paz. — ………………… .
9. «¡No sean orgullosos!» — Nos reprocharon que ………………… .
10. «¡Ayúdame!» — Me rogó que la ………………… .

aconsejar	raten	**devolver**	zurückgeben
pedir	bitten	**exigir**	fordern, verlangen
proponer	vorschlagen	**dejar en paz**	in Ruhe lassen
sugerir	vorschlagen	**orgulloso**	stolz
ordenar	befehlen, anordnen	**reprochar**	vorwerfen
abandonar	verlassen	**rogar**	bitten

Indirekte Fragen

Die indirekte Frage kann durch ein Fragewort eingeleitet werden:

Eva le pregunta: «¿Por qué no lo compras?»	Eva fragt ihn: „Warum kaufst du es nicht?“
→ *Eva le pregunta (que)* ***por qué*** *no lo compra.*	→ Eva fragt ihn, **warum** er es nicht kauft.
Rita me preguntó: «¿Con quién has hablado?»	Rita fragte mich: „Mit wem hast du geredet?“
→ *Rita me preguntó (que)* ***con quién*** *había hablado.*	→ Rita fragte mich, **mit wem** ich geredet hätte.

Wenn eine Frage ohne Fragewort beginnt, wird sie in der indirekten Rede mit ***si*** eingeleitet, das dem deutschen „ob“ entspricht:

Rita le pregunta a Tere: «¿Me puedes hacer un favor?»	Rita fragt Tere: „Kannst du mir einen Gefallen tun?“
→ *Rita le pregunta a Tere (que)* ***si*** *puede hacerle un favor.*	→ Rita fragt Tere, **ob** sie ihr einen Gefallen tun kann.

251 **Setzen Sie den Dialog in die indirekte Rede der Vergangenheit.**

Luis: ¿Has comprado las entradas para el teatro?

Luis le preguntó a Rosa (que) ***si había comprado*** *las entradas para el teatro.*

Rosa: No, ayer fui al teatro, pero la taquilla estaba cerrada.

....

Luis: ¿Y cuándo vas a comprarlas?

....

Rosa: Pues cuando pueda. Y si no te parece bien, cómpralas tú.

....

Luis: Bueno, no te pongas así. Es que si no las compramos pronto, nos quedaremos sin poder ver la obra.

....

....

Rosa: ¿Por qué no le pedimos a tu madre que nos las compre?

....

Luis: No es mala idea. Si mi madre pudiera comprarlas, no nos tendríamos que preocupar nosotros de ello.

....

....

Rosa: Entonces, llámala y pregúntaselo, por favor.

....

la entrada	die Eintrittskarte
la taquilla	die Abendkasse, der Schalter
no te pongas así	stell dich nicht so an
la obra	das Werk, das Stück
preocuparse de	sich kümmern um
entonces	dann, also

VERBEN • *SER, ESTAR, HAY*

Der richtige Gebrauch von *ser* und *estar* fällt deutschen Muttersprachlern in der Regel schwer, da beide Verben mit „sein“ wiedergegeben werden. Hinzu kommt der Gebrauch der unpersönlichen Form *hay* bei unbestimmten Angaben, die den deutschen Verbformen „ist“ bzw. „sind“ entspricht.

*¿**Eres** Mercedes?*	Bist du Mercedes?
*¿**Está** Mercedes?*	Ist Mercedes da?
*¿**Hay** alguien ahí?*	Ist jemand da?

→ Gr LGr S. 502–504

Estar ↔ *hay*

Um über die An- oder Abwesenheit von etwas oder jemandem zu sprechen, verwendet man im Spanischen *estar* oder *hay*. Man gebraucht *estar*, um näher bestimmte Sachen oder Personen einzuführen:

*En la foto **están** tu hermana y sus amigas.*	Auf dem Foto sind deine Schwester und ihre Freundinnen.

Die unpersönliche Form *hay* wird dagegen für die Einführung unbestimmter Angaben verwendet und steht immer im Singular:

*En la foto **hay** varias personas y algunos objetos.*	Auf dem Foto sind mehrere Personen und einige Gegenstände.

252 **Lesen Sie die folgenden Sätze und listen Sie anschließend die Angaben (Wortarten) auf, die mit *estar* bzw. mit *hay* verwendet werden.**

1. Debajo de la cama hay tres libros.
2. Creo que sus amigos no están aquí. Los que están con él son los míos.
3. ¿Dónde estaban esos libros? Los he buscado durante toda la mañana.
4. ¿Hay hoteles en tu pueblo? En el mío no hay ninguno.
5. Bego y Blanca están en casa de Claudia.
6. No hay demasiada gente en la sala todavía, pero durante el concierto habrá mucha más.
7. Los tres libros que estabas buscando estaban debajo de la cama. Los otros están allí.
8. Me parece que en este barrio hay un restaurante muy bueno.

debajo de	unter	**la sala**	der Saal
la cama	das Bett	**el barrio**	das Viertel

estar / bestimmte Angaben	*hay* / unbestimmte Angaben
....	....
....	....
....	....
....	....
....	....
....	....

253 Vervollständigen Sie die Sätze mit den passenden Verbformen.

1. Ya no .... (hay / está) más pan, tenemos que ir a hacer la compra.
2. Las llaves .... (hay / están) encima de la mesa.
3. Tus padres .... (hay / están) en la calle, esperando.
4. .... (Hay / Está) una cosa que no entiendo y quiero que me la expliques.
5. Estas flores .... (hay / están) en el parque junto a las rosas.
6. En la puerta .... (hay / está) alguien que pregunta por ti.
7. Carmelo no .... (hay / está) en el hospital y .... (hay / están) pacientes que preguntan por él.
8. Los dos invitados .... (hay / están) delante de la puerta, pero no .... (hay / está) nadie en casa para recibirlos.

la llave	der Schlüssel	**paciente**	geduldig
hacer la compra	einkaufen gehen	**el invitado**	der Gast

→ Gr LGr S. 504–513 und 524–525

Ser ↔ estar

Das Verb „sein" kann im Spanischen je nach Bedeutung bzw. Nuance mit den Verben *ser* und *estar* wiedergegeben werden. Grundsätzlicher Bedeutungsaspekt von *ser* ist die Definition bzw. Identifikation des Subjekts:

*La sangría **es** una bebida que se hace con vino tinto, zumo de naranja, azúcar y canela.*	Sangría ist ein Getränk, das aus Rotwein, Orangensaft, Zucker und Zimt gemacht wird.
*Ese **es** el bar en el que nos reunimos los jueves por la noche.*	Das ist die Kneipe, in der wir uns Donnerstag abends treffen.

254 Verbinden Sie die Sätze mit den passenden Bedeutungskategorien des Gebrauchs von *ser*.

1.	Sí, el reloj que lleva es de oro.	a.	Farbe
2.	El pueblo es pequeño, tranquilo y muy bonito.	b.	Identität
3.	Sergio es abogado.	c.	Klasse / Rasse
4.	Ese chico es Juan.	d.	Marke
5.	Andrés es uruguayo.	e.	Uhrzeit / Zeit
6.	Este perro es un pastor alemán.	f.	Eigenschaften
7.	La mesa es redonda.	g.	Charakter
8.	Ya es tarde, son las doce de la noche.	h.	Beruf
9.	Miguel es simpático y muy atento.	i.	Herkunft
10.	Aser es mi primo, no es mi novio.	j.	Form
11.	Nuestro coche es azul.	k.	Material / Stoff
12.	Mi bicicleta es CH, que es una buena marca.	l.	Verwandtschaft / Beziehung

el reloj	die Uhr	**atento**	aufmerksam
el oro	das Gold	**el primo**	der Cousin/Vetter
el abogado	der Rechtsanwalt	**el novio**	der Freund/Verlobte

Grundsätzlicher Bedeutungsaspekt von *estar* ist die Angabe des Standorts und des (meist vorübergehenden) Zustands:

Estamos *en casa de Rosa.*	Wir sind bei Rosa.
Estoy *triste y cansado.*	Ich bin (gerade) traurig und müde.

255 Verbinden Sie die passenden Satzteile.

1.	Cristina está en la ducha	a.	desde que ella lo dejó.
2.	¿Sabes dónde está Correos?	b.	encima de la mesa.
3.	Está hecho polvo	c.	y está en el centro del país.
4.	Es un bar muy divertido	d.	y no puede ponerse ahora al teléfono.
5.	Normalmente eres encantador,	e.	Sí, claro, está al lado de la estación de tren.
6.	Madrid es la capital de España	f.	Está todavía en el hospital, pero ya está mejor.
7.	Las llaves te las he dejado	g.	que está muy cerca de mi casa.
8.	¿Qué tal está Carlos?	h.	pero hoy estás un poco insoportable, chico.

dejar	verlassen	encantador	reizend
Correos	die Post	la llave	der Schlüssel
hecho polvo	fix und fertig	insoportable	unerträglich

256 **Welche der folgenden Sätze drücken jeweils einen Standort, welche einen physischen Zustand und welche einen Gemütszustand aus?**

1. Está muy contento desde que tiene el nuevo trabajo.
2. La catedral está enfrente del ayuntamiento.
3. Ha estado muy enfermo, pero ahora ya está sano.
4. Estamos un poco nerviosos por el examen.
5. ¿Julián y Águeda están en Alicante con los niños?
6. Estoy cansado y hambriento.
7. Roberto está muy preocupado últimamente.
8. La ventana está cerrada y no podemos abrirla porque está rota.

el ayuntamiento	das Rathaus	hambriento	hungrig
sano	gesund	preocupado	besorgt

Standort: ....
physischer Zustand: ....
Gemütszustand: ....

Zur Angabe des Berufs wird in der Regel *ser* gebraucht, es sei denn, es handelt sich um eine vorübergehende Betätigung: ***Está de** camarero.* (Er arbeitet zur Zeit als Kellner.) Je nach Sprachgebrauch kann der Familienstand mit *ser* oder mit *estar* ausgedrückt werden. Bei *estar* steht der Familienstand im Vordergrund: ***Estoy** casado.* (Ich bin verheiratet.) Bei *ser* steht die Eigenschaft im Vordergrund: ***Es** (una mujer) soltera.* (Sie ist ledig.) Man verwendet aber *estar*, um anzugeben, mit wem man verheiratet ist: ***Está** casado con Ana.* (Er ist mit Ana verheiratet.)

257 **Vervollständigen Sie den Text mit den passenden Verbformen.**

Conozco a un chico que se llama Carlos y .... (es / está) argentino. .... (Es / Está) estudiante de literatura inglesa y vive en Dublín. .... (Es / Está) amigo de mi primo Iván, quien, aunque .... (es / está) artista, en verano .... (es / está) de recepcionista en un hotel de Mallorca porque sabe idiomas y con el arte no gana mucho dinero. Iván y Carlos se conocieron precisamente trabajando en ese hotel, pues Carlos va allí a trabajar todos los veranos con Alejandra, con quien .... (es / está) casado desde hace un año. Al principio yo pensaba que Alejandra

.... (era / estaba) una chica soltera y tampoco sabía que .... (era / estaba) con Carlos. Hasta que un día ella me dijo que sí, que .... (eran / estaban) casados desde hacía poco tiempo y que, aunque ella .... (era / estaba) profesora de instituto, lo acompañaba en verano y que .... (era / estaba) de recepcionista en el hotel para poder .... (ser / estar) con él.

el primo	der Cousin, der Vetter	**ganar**	verdienen
el idioma	die Sprache	**al principio**	am Anfang

Räumliche und zeitliche Angaben über ein Ereignis werden mit *ser* gemacht. Die passende Übersetzung ist oft „stattfinden":

La conferencia ***es*** *a las siete, la película y el concierto a las diez.*	Der Vortrag findet um sieben statt, der Film und das Konzert um zehn.

Für die Beschreibung der Lage von Gegenständen und Personen wird *estar* verwendet. Eine passende Übersetzung ist in diesem Fall „sich befinden":

La farmacia ***está*** *al final de la calle, al lado de un banco.*	Die Apotheke befindet sich am Ende der Straße neben einer Bank.

Zeitliche Angaben wie Datum, Wochentag, Jahreszeit und Uhrzeit werden mit *ser* gemacht:

Hoy ***es*** *lunes, quince de julio.*	Heute ist Montag, der 15. Juli.

258 Ergänzen Sie die folgenden Sätze mit den passenden Verbformen.

1. – ¿Qué día .... (es / está) hoy?
   – .... (Es / Está) 7 de julio.
   – ¿Cómo? Perdona, no te he oído.
   – Que .... (somos / estamos) a 7 de julio.
2. ¿Dónde .... (es / está) la oficina de turismo? En la segunda calle a la derecha. No .... (es / está) muy lejos.
3. He llamado a mi madre por teléfono pero no .... (era / estaba) en casa. ¡Qué extraño! Nunca sale a estas horas. ¿Dónde .... (será / estará)?
4. No os olvidéis de que la fiesta .... (es / está) a las diez de la noche.
5. .... (Seremos / Estaremos) en casa hasta la hora del concierto.
6. El concierto .... (es / está) a las nueve de la noche en la plaza del pueblo.
7. La conferencia de Eduardo Mendoza .... (es / está) en el Instituto Cervantes.
8. .... (Es / Está) pronto para ir a la playa, todavía no .... (es / está) verano.

la oficina de turismo	das Fremdenverkehrsamt
extraño	seltsam
el pueblo	das Dorf; das Volk
la conferencia	der Vortrag
pronto	früh
el verano	der Sommer

259 Vervollständigen Sie den Text mit den passenden Verbformen von *ser* oder *estar*.

Hoy .... a 6 de enero. Sí, ... lunes, seis de enero de 2014 y, por tanto, ... el último día de Navidad en España y uno de los más importantes: el día de Reyes. Los niños .... muy contentos, pues .... el día en que traicionalmente reciben los regalos, en recuerdo del oro, el incienso y la mirra que los Reyes Magos, Melchor, Gaspar y Baltasar, llevaron al niño Jesús. Todavía .... muy temprano y los regalos .... aún junto a los zapatos que anoche millones de niños y adultos dejaron preparados para la visita real, junto a algo de agua y paja para los camellos y tal vez algún refrigerio para los reyes. Ayer por la tarde .... la cabalgata de Reyes y muchos niños pudieron verlos y pedirles los regalos. Esos mismos niños .... ahora dormidos y dentro de muy pocas horas despertarse y abrir los regalos .... para ellos el gran acontecimiento del día. Ahora .... las cuatro de la mañana y yo aquí .... ante el ordenador, escribiendo en mi blog, después de .... en una fiesta que en pricipio .... a la diez de la noche, pero que empezó a las 12 y de la que me he ido a las tres de la mañana. .... cansado, pero contento pensando en la felicidad de tantos niños que .... ahora mismo en sus camas, dormiditos, viviendo casi un cuento, como cualquiera de nosotros hace tiempo, cuando .... niños y .... lejos del adulto que ahora .... y muy cerca del milagro que siempre ....

Navidad	Weihnachten
el día de Reyes	das Dreikönigsfest
el oro	das Gold
el incienso	der Weihrauch
la mirra	die Myrrhe
los Reyes Magos	die Heiligen Drei Könige
la visita real	der königliche Besuch
la paja	das Stroh
el refrigerio	der Imbiss
la cabalgata de Reyes	der Dreikönigsumzug
el acontecimiento	das Ereignis
el ordenador	der Computer
dormiditos	schön schlafend
el cuento	das Märchen
el adulto	der Erwachsene
el milagro	das Wunder

Wie Sie gesehen haben, kann *estar + de* eine vorübergehende Aktivität oder Beschäftigung ausdücken:

Estoy *de vacaciones / de paso.*	Ich bin im Urlaub / auf der Durchreise.

Ser + de wird verwendet, um den Ursprung oder das Material anzugeben:

La tela ***es de*** *China,* ***es de*** *seda y (****es****)* ***de*** *color rojo.*	Der Stoff kommt aus China, er ist aus Seide und rot.

Estar + a wird verwendet, um den aktuellen Preis einer Ware oder um Entfernungen anzugeben:

Los tomates ***están a*** *tres euros el kilo.*	Die Tomaten kosten drei Euro das Kilo.
Soria ***está a*** *85 kilómetros de aquí.*	Soria ist 85 Kilometer von hier entfernt.

260 Ergänzen Sie die Sätze mit den passenden Verbformen.

1. Samuel .... (es / está) ahora de vigilante nocturno.
2. Tu empresa .... (es / está) a medio kilómetro de la mía.
3. La camisa de Anabel .... (es / está) de lino.
4. La vivienda .... (es / está) a un precio demasiado alto.
5. La casa .... (es / está) de color salmón.
6. Esos libros .... (son / están) de mis hermanas.
7. Las fresas .... (son / están) a precio rebajado: a un euro el kilo.
8. Ahora mismo .... (soy / estoy) de aprendiz en un taller.

el vigilante nocturno	der Nachtwächter	**el precio rebajado**	der reduzierte Preis
el lino	das Leinen	**el aprendiz**	der Lehrling
color salmón	lachsfarben	**el taller**	die Werkstatt

Ser wird mit vielen Adjektiven verwendet, um wesentliche (Charakter-)Eigenschaften auszudrücken:

La ciudad ***es*** *tranquila, el barrio* ***es*** *bonito, la gente* ***es*** *amable y nosotros* ***somos*** *felices aquí.*	Die Stadt ist ruhig, das Viertel ist schön, die Leute sind nett und wir sind glücklich hier.

Estar wird bei Adjektiven und Adverbien verwendet, um vorübergehende Eigenschaften auszudrücken:

El día ***está*** *gris de momento,* ***estoy*** *solo y enfermo y la tele* ***está*** *rota.*	Der Tag ist im Moment grau, ich bin alleine und krank und der Fernseher ist kaputt.

Um unpersönliche Äußerungen zu machen, werden oft Ausdrücke mit *ser* + Adjektiv + *que* verwendet:

Es *importante que vengas y* ***es*** *mejor que lo hagas pronto.*	Es ist wichtig, dass du kommst, und es ist besser, wenn du das bald tust.

Eine Ausnahme ist *estar claro que*:

Está *claro que tienen razón.*	Es ist klar, dass sie recht haben.

261 Ergänzen Sie die Sätze mit den passenden Verbformen.

1. Tu hermano .... (es / está) muy majo y simpático.
2. .... (Es / Está) probable que venga a verme.
3. Hoy .... (eres / estás) muy antipático. ¿Te pasa algo?
4. Antonio .... (es / está) trabajador y responsable.
5. La tele ya .... (es / está) bien, la repararon ayer.
6. .... (Es / Está) claro que hoy no es mi día de suerte.
7. La gente de esta ciudad .... (es / está) muy hospitalaria y acogedora.
8. .... (Soy / Estoy) contento de que todo haya terminado bien.

majo	nett	**hospitalario**	gastfreundlich
probable	wahrscheinlich	**acogedor**	freundlich
el día de suerte	der Glückstag	**contento**	zufrieden

Bei manchen Adjektiven ändert sich die Bedeutung, je nachdem, ob sie mit *ser* oder mit *estar* verwendet werden. Dabei ist der grundsätzliche Aspekt des Gebrauchs beider Verben ausschlaggebend:

*No **soy** nervioso, pero reconozco que hoy **estoy** muy nervioso.*	Ich bin kein nervöser Mensch, aber ich gebe zu, dass ich heute sehr nervös bin.

262 A **Verbinden Sie die spanischen Ausdrücke mit ihren deutschen Übersetzungen.**

1.	ser listo	a.	fertig / bereit sein
2.	estar listo	b.	aufgeweckt / lebhaft sein
3.	ser vivo	c.	klug sein
4.	estar vivo	d.	stolz sein
5.	ser orgulloso	e.	hochmütig sein
6.	estar orgulloso	f.	am Leben sein
7.	ser atento	g.	aufmerksam sein (folgen / zuhören)
8.	estar atento	h.	aufmerksam sein (galant sein)

262 B **Vervollständigen Sie den Text mit den passenden Verbformen.**

.... (Es / Está) una familia muy simpática. Joaquín .... (es / está) muy listo y atento. Eva .... (es / está) también muy inteligente y encantadora. Sus hijos .... (son / están) muy vivos también. Joaquín y Eva .... (son / están) orgullosos de ellos. Alguien me habló mal una vez de ellos, pero he comprobado que no .... (son / están) nada orgullosos, que .... (son / están) muy sencillos, educados y abiertos: siempre .... (son / están) listos para ayudar y atentos a lo que les dices.

encantador	reizend	**sencillo**	aufrichtig
comprobar	feststellen		

263 **Vervollständigen Sie den Text mit den passenden Verbformen von *ser*, *estar* oder *haber*.**

Muchos extranjeros creen que casi todos los españoles .... (nosotros) unos aficionados a los toros y al flamenco, que .... simpáticos por naturaleza, que siempre .... contentos y que en cualquier situación .... preparados para una fiesta o una siesta. Todas estas afirmaciones .... generalizaciones fáciles. Aunque .... verdad que .... muchos españoles de los que se puede decir que .... felices y muy extrovertidos, no .... de fiesta siempre, ni nos pasamos la vida tocando la guitarra o durmiendo una siesta a las tres de la tarde. Entre los españoles .... grandes diferencias en la manera de ser, según .... del norte o del sur de España, de la costa mediterránea o de la meseta castellana, por poner dos ejemplos generales. De todos modos, también .... cierto que .... rasgos del carácter que unen a los españoles y frecuentemente tienen que ver con la manera de vivir la vida cotidiana: cómo .... las relaciones familiares, cómo celebramos las fiestas, cómo .... nuestras comidas, etc.

el extranjero	der Ausländer	**la manera de ser**	das Wesen
aficionado a	Liebhaber / Fan von	**la meseta castellana**	die kastilische Hochebene
los toros	der Stierkampf		
pasar	verbringen	**el rasgo del carácter**	der Charakterzug

VERBEN • „LASSEN“ UND „WERDEN“ IM SPANISCHEN

→ Gr LGr S. 519–520

„Lassen“

Das häufig verwendete deutsche Verb „lassen“ wird im Spanischen je nach Bedeutung unterschiedlich wiedergegeben:

• **Erlauben, zulassen, nicht verhindern**	→ DEJAR
Meine Mutter lässt mich am Sonntag immer sehr lange schlafen.	*Mi madre siempre me **deja** dormir los domingos hasta muy tarde.*
Mein Vater lässt mich nicht alleine ins Kino gehen.	*Mi padre no me **deja** ir sola al cine.*
• **Zurücklassen, hinterlassen, liegen lassen**	→ DEJAR
Ich habe das Buch in meinem Büro gelassen.	***He dejado** el libro en mi despacho.*
Lass den Schlüssel auf dem Tisch!	*¡**Deja** la llave encima de la mesa!*
• **Wunsch oder Befehl**	→ IMPERATIVO
Lasst uns jetzt nicht darüber sprechen!	*¡No **hablemos** ahora de eso!*
• **Möglich sein, ausführbar sein**	→ PODER, SER
Das lässt sich nicht vermeiden.	*Eso no se **puede** evitar.*
Das lässt sich schwer beweisen.	*¡Eso **es difícil de demostrar**. / ¡Eso **es difícilmente demostrable**!*
• **Anweisen, beauftragen** („sich etwas machen lassen“)	→ VERBO REFLEXIVO / MANDARSE / HACERSE HACER ALGO
Ich habe mir die Haare schneiden lassen.	***Me he cortado** el pelo.*
Ich habe mir eine Hose machen lassen.	*He **mandado** hacer**me** unos pantalones.*
Er hat sich eine Garage bauen lassen.	***Se ha hecho** construir un garaje.*
• **Etwas veranlassen** („etwas machen lassen“)	→ MANDAR / HACER HACER ALGO
Der Bürgermeister hat die Straßen kehren lassen.	*El alcalde **ha mandado** barrer las calles.*
Der Chef ließ seine Mitarbeiter länger arbeiten.	*El jefe **hizo** trabajar más a sus empleados.*

264 Unterstreichen Sie die richtige Alternative und verbinden Sie dann die Sätze mit ihren deutschen Übersetzungen.

1. *Le hizo / Le dejó* sentarse y empezar a trabajar.
2. *Hizo / Mandó / Dejó* la comida encima de la mesa.
3. No *se puede / se deja* controlar a los niños tan fácilmente.
4. Mis amigas *se han teñido / han mandado teñirse* el pelo.
5. ¡*Mándanos / Déjanos* entrar, por favor!
6. Su hermana siempre *se tira sus cosas / deja sus cosas tiradas* por todos lados.
7. ¡*Dejemos hablar / Hablemos* de nuestros problemas!
8. *Mandé / Dejé* colgar un nuevo cuadro abajo.
9. *Me he dejado hacer / Me he hecho* una falda preciosa.
10. ¡*Olvidemos / Hagamos olvidar* todo lo que ha pasado!

a. Meine Freundinnen haben sich die Haare färben lassen.
b. Seine Schwester lässt immer ihre Sachen überall herumliegen.
c. Unten ließ ich ein neues Bild aufhängen.
d. Lasst uns alles vergessen, was geschehen ist!
e. Er ließ ihn sich hinsetzen und zu arbeiten anfangen.
f. Ich habe mir einen wunderschönen Rock machen lassen.
g. Kinder lassen sich nicht so einfach kontrollieren.
h. Lasst uns jetzt über unsere Probleme sprechen!
i. Lass uns bitte hereinkommen!
j. Sie ließ das Essen auf dem Tisch stehen.

265 Übersetzen Sie die folgenden Sätze.

1. Lass mich in Frieden!

   ....

2. Sie haben sich scheiden lassen.

   ....

3. Lassen Sie ihn Klavier spielen!

   ....

4. Lasst uns essen!

   ....

5. Wir haben das Gepäck im Auto gelassen.

   ....

6. Ich habe den Arzt kommen lassen.

   ....

7. Ich habe meine Wohnung streichen lassen.

   ....

8. Ich werde mich im März operieren lassen.

....

9. In Spanien lassen sich Unmengen solcher Bilder finden.

....

10. Lasst uns tanzen!

....

11. Sie werden ihm ihr Haus (hinter)lassen.

....

12. Du hast dir zu viel Zeit für diese Arbeit gelassen.

....

la paz	der Friede	**el piso**	die Wohnung
tocar el piano	Klavier spielen	**pintar**	streichen
el equipaje	das Gepäck	**una gran cantidad de**	Unmengen von
el médico	der Arzt	**el cuadro**	das Bild

→ Gr LGr S. 522–525

„Werden“

Im Spanischen gibt es keine einheitliche Entsprechung für „werden“, um Prozesse oder Veränderungen auszudrücken. Die folgende Tabelle gibt Ihnen einen Überblick über die verschiedenen Möglichkeiten, „werden“ auf Spanisch wiederzugeben.

• *ponerse*	– Übergang von einem physischen oder psychischen Zustand in einen anderen. Die Änderung ist weder essenziell noch permanent. Es wird nur mit Adjektiven gebraucht.	• ***Se ha puesto** enfermo.* Er ist krank geworden. • *Ayer **se puso** muy pesado.* Gestern wurde er sehr lästig.
• *volverse*	– Übergang von einem psychischen Zustand in einen anderen; Änderung des Charakters. Die Änderung ist permanent. – Änderung der Denkweise, des Glaubens oder der Zugehörigkeit. Wichtig ist dabei die Schnelligkeit der Änderung und nicht, ob die Person es wissentlich gemacht hat.	• ***Se ha vuelto** un pesado.* Er ist sehr lästig geworden. • ***Se ha vuelto** vegetariano (de la noche a la mañana).* Er ist (von heute auf morgen) Vegetarier geworden.

• ***hacerse***	– Änderung der Denkweise, des Glaubens oder der Zugehörigkeit. Wichtig ist dabei, dass die Person es wissentlich gemacht hat. – Zur Angabe des Berufsziels; man betont dabei die persönliche Entscheidung; wichtig ist der Moment, in dem man das Ziel erreicht. – Natürliche Veränderungen.	• ***Se ha hecho*** *vegetariano (después de pensárselo mucho).* Er ist (nach langer Überlegung) Vegetarier geworden. • ***Se ha hecho*** *abogado.* Er ist Anwalt geworden. • ***Se ha hecho*** *de noche.* Es ist dunkel geworden.
• ***llegar a ser***	– Zur Angabe des Berufsziels; man betont dabei die Zeitdauer, nicht die persönliche Entscheidung. Es kann bei Berufen verwendet werden, deren Erfolg nicht nur von der eigenen Anstrengung abhängt. – Zeitdauer, lange Entwicklung.	• ***Ha llegado a ser*** *abogado.* Er ist Anwalt geworden. • ***Llegó a ser*** *presidente.* Er wurde Präsident. • *La reestructuración de la empresa* ***llegó a ser*** *necesaria.* Die Umstrukturierung der Firma ist nötig geworden.
• ***convertirse en***	– Völlige Veränderung einer Person oder Sache; kann auch im übertragenen Sinne verwendet werden.	• *El agua* ***se convirtió en*** *vino.* Das Wasser wurde zu Wein. • ***Se ha convertido en*** *un actor famoso.* Er ist ein berühmter Schauspieler geworden.
• ***quedarse***	– Resultat; endgültige Veränderung.	• ***Se ha quedado*** *sordo.* Er ist taub geworden.
• ***resultar***	– Resultat; Endergebnis.	• *En el incendio* ***resultaron*** *heridos tres niños.* In dem Brand wurden drei Kinder verletzt.

Im Spanischen gibt es außerdem eine Reihe von Verben, die der deutschen Konstruktion „Adjektiv + werden“ entsprechen, z. B. *envejecer* (alt werden), *engordar* (dick werden), *adelgazar* (schlank werden), *cansarse* (müde werden), *enfadarse* (böse werden), *refrescar* (kühl werden), *enfriarse* (kalt werden), *amanecer* (Tag werden), *anochecer* (Nacht werden), *crecer* (groß werden) usw.

266 **Vervollständigen Sie die Sätze mit der richtigen Form von *ponerse*, *volverse*, *hacerse*, *llegar a ser*, *convertirse en*, *quedarse*, *resultar* oder mit einem Verb, das der deutschen Konstruktion „Adjektiv + werden“ entspricht.**

1. Don Ramón .... alcalde de su ciudad después de presentarse varias veces a las elecciones.
2. Ayer por la noche el enfermo .... mucho peor.
3. Desde que estuvo enfermo .... mucho cuando anda.
4. Juan .... muy inglés después de vivir cinco años en Londres.
5. ¿Por qué te levantas tan temprano? Todavía no ....
6. Estoy segura de que esta chica .... alguien en el mundo de la canción.
7. Cuando el reloj dio las doce, el príncipe .... una rana.
8. Cuando duerme poco, ... muy nervioso.
9. Antonio .... mucho en los últimos meses. ¡Parece un viejo!
10. Antonia .... con el régimen muy delgada.
11. Ha dejado los estudios y .... comerciante.
12. El niño está desconocido; .... un hombre este verano.

el alcalde	der Bürgermeister	**el comerciante**	der Kaufmann
las elecciones	die Wahl	**estar desconocido**	nicht wiederzuerkennen sein
la rana	der Frosch		
el régimen	die Diät		

267 **Übersetzen Sie die folgenden Sätze.**

1. Wascht euch die Hände! Das Essen wird kalt.
2. Mit der Zeit ist sie eine Expertin der spanischen Grammatik geworden.
3. Es wird langsam spät. Gehen wir nach Hause!
4. Sie will Nonne werden.
5. Er ist sehr ernst geworden, seitdem seine Frau ihn wegen seines besten Freundes verlassen hat.
6. Salvador wurde sehr rot, als er mich sah.
7. Dolores ist eine berühmte Schauspielerin geworden.
8. Die Busfahrt wird billiger, wenn wir eine Streifenkarte kaufen.
9. Sie wurde böse, weil wir sie nicht eingeladen hatten.
10. Nach dem Tod ihres Mannes ist sie sehr dünn geworden.
11. Nachdem sie die Prüfungsergebnisse bekommen hatten, wurden sie sehr traurig.
12. Nach dem Unfall wurde er blind.

la experta	die Expertin	**el bonobús**	die Streifenkarte
la monja	die Nonne	**delgado**	dünn
serio	ernst	**el resultado del examen**	das Prüfungsergebnis
desde que	seit		
rojo	rot	**ciego**	blind
la actriz	die Schauspielerin		

VERBEN • VERNEINUNG UND DOPPELTE VERNEINUNG

→ Gr LGr S. 607–611 und 620–622

No ist das wichtigste spanische Verneinungswort. Es entspricht dem deutschen „nein" und „nicht":

¿Han llegado ya? – ***No****,* ***no*** *han llegado todavía.*	Sind sie schon angekommen? – **Nein**, sie sind noch **nicht** angekommen.

Im Gegensatz zur deutschen Verneinung steht *no* immer vor dem konjugierten Verb:

No *puedo.*	Ich kann **nicht**.

Beide Verneinungen stehen vor dem konjugierten Verb, das gilt auch für Sätze mit Pronomen und für die zusammengesetzten Zeiten:

No*,* ***no*** *te lo hemos dicho todavía.*	**Nein**, wir haben es dir noch **nicht** gesagt.

Nach dem ersten *no* (nein) steht immer ein Komma:

No, *ése* ***no*** *es mi coche.*	**Nein**, das ist **nicht** mein Auto.

268 **Übersetzen Sie die folgenden Sätze ins Spanische.**

1. Habt ihr noch nicht zu Abend gegessen?

   ……………………………………

2. Nein, wir haben noch nicht zu Abend gegessen.

   ……………………………………

3. Tomás und Bea haben sich nicht dort kennengelernt.

   ……………………………………

4. Ich sah ihn gestern, aber ich habe es ihm nicht gesagt.

   ……………………………………

5. Nein, wir haben es uns nicht gut überlegt.

   ……………………………………

6. Wir wollen nicht auf ihn warten.

   ……………………………………

7. Jetzt gerade streiten sie sich nicht mehr.

   ……………………………………

8. Hast du nichts zu tun, oder was?

   ……………………………………

cenar	zu Abend essen	**pensarse algo bien**	sich etwas gut überlegen
conocerse	sich kennenlernen	**pelearse**	sich streiten

269 A Verbinden Sie die Sätze mit den passenden Übersetzungen und achten Sie dabei auf die Verneinungswörter.

1.	**No** vi a **nadie** en el concierto.	a.	Eliseo ist auch nicht gekommen.
2.	**Tampoco** ha venido Eliseo.	b.	Ich erwarte nichts Gutes von ihnen.
3.	No me espero **nada** bueno ya de ellos.	c.	Ich sah niemanden im Konzert.
4.	**Ni siquiera** sabía dónde estabas.	d.	Man kann weder weitergehen noch zurückehren.
5.	¿**No** hay **ningún** modo de llegar allí?	e.	Ich wusste nicht mal, wo du warst.
6.	**Ni** se puede seguir, **ni** (tampoco) volver atrás.	f.	Gibt es keine Möglichkeit dorthin zu gehen?
7.	¿Ya no quieres hacer el viaje?	g.	Nein, ich möchte es nicht mehr und kann es auch nicht.
8.	**No**, ya **no** quiero, **ni** (**tampoco**) puedo.	h.	Möchtest du die Reise nicht mehr machen?

269 B Wann verwendet man im Spanischen die einfache Verneinung und wann die doppelte?

1. Einfache Verneinung, wenn ....
2. Doppelte Verneinung, wenn ....

270 Verwandeln Sie die einfache Verneinung in die doppelte und umgekehrt.

1. Nadie quiere venir a la fiesta. ....
2. No, no hemos visto hasta ahora ningún dinero. ....
3. No es verdad nada de lo que dices. ....
4. Jamás hubiera creído que ganaría. ....
5. No hemos terminado tampoco el libro. ....
6. No he estado nunca en Australia. ....
7. Ninguno de mis amigos me ha llamado. ....
8. Tampoco hemos visto a Paco. ....

la verdad	die Wahrheit	**ganar**	gewinnen

Nada, *nadie*, *nunca* und *ninguno* entsprechen im deutschen einer bejahten Form, wenn diese Verneinungswörter nach einem Komparativ stehen:

*Santiago de Compostela me gusta mucho más que **ninguna** otra ciudad.*	Santiago de Compostela gefällt mir besser als **irgendeine** andere Stadt.
*Ahora te comprendo mejor que **nunca** (antes).*	Jetzt verstehe ich dich besser als **je** zuvor.

Im Gegensatz zum Deutschen kann man im Spanischen zwei solcher Verneinungswörter ohne weiteres im selben Satz verwenden:

*No le he dicho a **nadie nada**.*	Ich habe **niemandem etwas** gesagt.

Wenn *ninguno* nach dem Substantiv steht, kann auch *alguno* an seiner Stelle verwendet werden:

*No encuentro consuelo **ninguno** / **alguno**.*	Ich finde **keinen** Trost.

271 Vervollständigen Sie die E-Mail mit den passenden Wörtern.

Querida Caridad:

Todavía .... (alguien / nadie) nos ha entregado .... (algún / ningún). paquete. .... (También / Tampoco) nos ha llamado .... (alguien / nadie) ni nos han dejado nota .... (alguna / ninguna) Pero no te preocupes, que ya llegará.
Ya sabes, siempre pasa lo mismo en diciembre: mucha gente envía paquetes en estas fechas y por eso no funciona .... (algo / nada) como durante el resto del año. La verdad es que yo misma .... (jamás / nunca / no) había esperado tanto .... (también / tampoco) para enviar los regalos. Pero confiemos en Correos y en que los paquetes lleguen a tiempo. Claro que si no llegan hasta el día 24 tampoco es (ninguna / alguna) .... tragedia, pues llegarán en cualquier caso hasta Reyes y eso será suficiente.
Nada más, sólo quería responder a tu pregunta y aprovecho para desearos la mejor Navidad que hayáis pasado .... (siempre / nunca).

¡Feliz Navidad y Próspero Año Nuevo!
Reynaldo

entregar	abgeben, abliefern	**Correos**	die Post
la nota	die Notiz	**Reyes**	*hier* Dreikönigsfest
confiar en	vertrauen	**aprovechar**	ausnutzen, profitieren

ADVERBIEN

→ Gr LGr S. 534–548

Adverbien sind unveränderlich und können Verben, Adjektive, andere Adverbien oder auch einen ganzen Satz näher bestimmen.

272 Ergänzen Sie die Adverbien und ordnen Sie sie dann der richtigen Klasse zu.

Als Bestimmung eines Verbs

fatal • arriba • mucho

1. Anoche cené .... y por eso he dormido .... esta noche.
2. Si quieres, puedes dormir ....

Als Bestimmung eines Adjektivs

poco • bastante • demasiado

3. Roberto es .... inteligente, pero .... vago para sacar buenas notas.
4. Este tren es .... confortable. ¿No te parece?

Als Bestimmung eines anderen Adverbs

muy • más

5. Siempre realiza .... bien su trabajo.
6. Por favor, ven .... temprano.

Als Bestimmung eines Satzes

mañana • también • quizás

7. .... podamos ir .... a la exposición de Salvador Dalí.
8. Este año .... hemos ganado la final.

Adverbien des Ortes: ....
Adverbien der Zeit: ....
Modaladverbien: ....
Adverbien der Menge: ....
Adverbien der Zustimmung / Verneinung: ....
Adverbien des Zweifels: ....

273 A Verbinden Sie die folgenden Adverbien mit ihrer deutschen Übersetzung.

1.	ahí	a.	vielleicht
2.	no	b.	noch
3.	todavía	c.	gestern Nacht
4.	abajo	d.	mehr
5.	a lo mejor	e.	schon
6.	tampoco	f.	lauter
7.	aquí	g.	vielleicht
8.	alto	h.	auch nicht
9.	ya	i.	unten
10.	anoche	j.	nein
11.	más	k.	hier
12.	nunca	l.	draußen
13.	sí	m.	nie
14.	tal vez	n.	ja
15.	fuera	o.	da

273 B Benutzen Sie jetzt die Adverbien, um Ihrem Mitbewohner, der seine Brille nicht findet, zu helfen. Ein Adverb müssen Sie zwei Mal einsetzen.

Lola: Pepe, ¿has visto mis gafas? No sé dónde las dejé ayer.

Pepe: ...., ... estaban ...., a tu lado. ¿No las ves?

Lola: ...., ... no están.

Pepe: Pues, ... te las has dejado ...., en la cocina.

Lola baja y dice algo que Pepe no puede oír.

¿Qué has dicho? Habla ...., que no te oigo.

Lola sube otra vez.

Lola: En la cocina .... están.

Una hora más tarde

Pepe: ¿Has encontrado .... las gafas?

Lola: ...., ... no las he encontrado. .... me había pasado algo parecido.

Pepe: .... estén ...., en el jardín.

Lola sale al jardín.

Lola: ¡Aquí están! Muchas gracias.

las gafas	die Brille	**bajar**	hinuntergehen
dejarse algo en la cocina	etwas in der Küche liegen lassen	**parecido**	ähnlich

→ Gr LGr S. 541–542

Adverbien auf *-mente*

Es gibt eine ganze Reihe Adverbien, die mit der femininen Form eines Adjektivs und dem Suffix *-mente* gebildet werden. Haben die Adjektive keine eigene feminine Form, wird *-mente* an die einzige Form angehängt:
lento/-a (langsam) → *lenta* → *lentamente* (langsam)
normal (normal) → *normalmente* (normalerweise)

274 Bilden Sie von den folgenden Adjektiven Adverbien auf *-mente* und vervollständigen Sie dann die beiden Texte damit.

tímido → ....
final → ....
gracioso → ....
último → ....
libre → ....
probable → ....
abierto → ....
real → ....
rápido → ....
completo → ....
especial → ....
exacto → ....

a) La novia se iba acercando .... al altar con un bonito vestido que había sido diseñado .... para ella. La precedían cuatro niños cuyas cabezas estaban .... adornadas con flores. .... se iba a casar con el hombre al que había elegido .... y con el que .... sería feliz.

b) Mi novio me dijo el otro día .... que no creía más en nuestra relación porque .... nuestros intereses eran .... distintos. Me enumeró .... todas las cosas que .... le molestaban de mí y me comunicó que quería irse de casa lo más .... posible.

tímido	schüchtern
abierto	offen
gracioso	graziös, lustig
la novia	die Braut, die Freundin
acercarse	sich nähern
diseñar	entwerfen
preceder	vorgehen
adornado	geschmückt
el novio	der Freund, der Bräutigam
distinto	verschieden
enumerar	aufzählen
molestar algo a alguien	stören

→ Gr LGr S. 537–538, 542–543

Besonderheiten: *mucho / muy* und *demasiado*

Als Indefinitbegleiter und als Indefinitpronomen passen sich *mucho/-a/-os/-as* und *demasiado/-a/-os/-as* in Genus und Numerus dem Substantiv an, auf das sie sich beziehen:

*¿Tienes **muchos** amigos en Argentina?*	Hast du **viele** Freunde in Argentinien?
No, no tengo muchos.	Nein, ich habe nicht **viele**.
*Hay **demasiadas** sillas en esta habitación.*	Es gibt **zu viele** Stühle in diesem Zimmer.

Als Adverb stehen *mucho* und *demasiado* unveränderlich beim Verb:

*Te quiero **mucho**.*	Ich liebe dich **sehr**.
*Hoy he comido **mucho**.*	Heute habe ich **viel** gegessen.
*Hoy he comido **demasiado**.*	Heute habe ich **zu viel** gegessen.

Das Adverb *muy* steht nur vor Adjektiven und Adverbien:

*La comida está **muy** rica.*	Das Essen schmeckt **sehr** gut.
*Tengo que hablar **muy** seriamente contigo.*	Ich muss **sehr** ernst mit dir reden.

275 Übersetzen Sie die folgenden Sätze.

1. Ich bin sehr müde, weil ich heute viel gearbeitet habe.
2. Viele Menschen können nicht schwimmen.
3. Du hast zu viel ausgegeben und jetzt hast du zu viele Schulden.
4. Ich lerne sehr gern Spanisch.
5. Herr Ramos hat zu viele Feinde und deswegen ist sein Leben sehr hart.
6. Dieser Film ist sehr interessant.
7. Diese Hose finde ich zu modern für dich.
8. Ich esse viel.
9. Hast du viele Probleme? – Ja, ich habe viele.
10. Mir gefällt dein Rock sehr.

nadar	schwimmen	**el enemigo**	der Feind
gastar	ausgeben	**por eso**	deswegen
las deudas	die Schulden	**la falda**	der Rock

276 Außer *mucho* und *demasiado* gibt es im Spanischen noch andere Adverbien, die mit der männlichen Form des Adjektivs identisch sind. Bei welchen der kursiv gedruckten Wörtern handelt es sich um Adverbien?

1. Hay que apostar *fuerte* en la vida. / Es un chico muy *fuerte* que no se deja dominar.
2. Has puesto muy *poco* interés en mi proyecto. / Es un proyecto *poco* inteligente.
3. El pan está *duro*. / Hay que luchar muy *duro* en esta sociedad.
4. Hable más *claro* para que lo entienda. / El color de su pelo es muy *claro*.
5. No conduzcas tan *rápido*. / Es un tren *rápido*.
6. Saludó *primero* a las damas. / El problema *primero* ya lo conoces.
7. Siga *recto* por esta calle. / Es un hombre bastante *recto*.
8. Subió muy *alto* en su empresa. / Es un hombre muy *alto*.

apostar fuerte	mit hohem Einsatz spielen	**recto**	korrekt, gerade
		alto	groß, hoch, laut
luchar	kämpfen	**la empresa**	das Unternehmen
claro	hell, deutlich		

→ Gr LGr S. 543–544

Adverbiale Ausdrücke und Verbalkonstruktionen

In der Praxis stellt man fest, dass nicht immer einem deutschen Adverb ein spanisches entsprechen muss. Stattdessen werden im Spanischen oft adverbiale Ausdrücke oder Verbalkonstruktionen verwendet:

Me visita con frecuencia. — Er besucht mich **oft**.
Lola acaba de llegar. — Lola ist **gerade** angekommen.

277 Versuchen Sie, die folgenden spanischen Sätze ins Deutsche zu übersetzen.

1. Acabamos por decirles la verdad.

   ....

2. Han registrado la maleta a conciencia.

   ....

3. Suele levantarse muy temprano.

   ....

4. Nos encontramos por casualidad.

5. Por fortuna el accidente no fue tan grave.

6. ¿Quiere usted pagar al contado?

7. ¿Cuándo volveremos a vernos?

8. Me he aprendido de memoria la lección.

9. Seguimos viviendo en la misma casa.

10. Por suerte llegaron a tiempo.

la verdad	die Wahrheit	**la casualidad**	der Zufall
la maleta	der Koffer	**grave**	ernst
la conciencia	das Gewissen	**la suerte**	das Glück

PRÄPOSITIONEN

→ Gr LGr S. 549–579

Präpositionen dienen dazu, zwei Wörter oder Wortgruppen zueinander in Beziehung zu setzen. Sie können z. B. temporale, lokale, modale oder kausale Verhältnisse ausdrücken.
Im Spanischen wie im Deutschen sind die Präpositionen unveränderlich und können aus einem Wort oder aus mehreren Wörtern bestehen:

La última vez nos vimos **en** *el cine.* Das letzte Mal sahen wir uns im Kino.
Te llamaré **antes de** *la cena.* Ich werde dich vor dem Abendessen anrufen.

Die Präpositionen *a* und *de* mit dem maskulinen Artikel *el* werden jeweils zu *al* und *del*:

¿Cuándo vamos a ir otra vez **al** *teatro?* Wann werden wir noch einmal ins Theater gehen?
Éste es el nombre **del** *libro que querías.* Das ist der Name des Buches, das du wolltest.

→ Gr LGr S. 550–552, 560–561

A und *en*

278 Setzen Sie *a* oder *en* ein. Ordnen Sie dann die Präpositionen je nach Bedeutung in die richtige Kategorie ein.

1. Dile .... los niños que esta noche iremos .... un restaurante a cenar.
2. He pintado todo el piso sólo .... una semana.
3. No sé por qué siempre me pongo enferma .... verano.
4. La gente debería ir más .... bicicleta o .... autobús.
5. Lo mejor sería ir siempre .... pie.
6. Hoy almorzaremos .... las dos y media .... casa de mis padres.
7. Hace siglos que no veo .... mis antiguos compañeros de universidad.
8. .... marzo nos mudaremos .... una casa que está .... 20 kilómetros de León.
9. Mataron .... la pobre anciana .... sangre fría.
10. Te tienes que tomar tu trabajo más .... serio.
11. Mi tía es la que está sentada .... la derecha del señor calvo.
12. Yo me siento .... la sombra de un árbol mientras tú te bañas .... el río.

	A		EN
Entfernung:	....	Monat:	....
Richtung:	1	Jahreszeit:	....
Ortsangabe:	....	Ortsangabe:	....
Art und Weise:	....	Art und Weise:	....
Mittel:	....	Transportmittel:	....
Zeitpunkt:	....	Zeitraum:	2
Beim Akkusativobjekt:	....		
Beim Dativobjekt:	1		

pintar	(an-)streichen, malen	**la anciana**	die alte Frau
el siglo	das Jahrhundert	**la sangre**	das Blut
mudarse	ein- / aus- / umziehen	**la sombra**	der Schatten

279 Übersetzen Sie die folgenden Sätze.

1. Wir beantworteten alle Briefe innerhalb von drei Tagen.

   ....

2. Wir werden heute mit dem Zug zu Mercedes und Javier fahren.

   ....

3. Nach drei Wochen wusste ich noch nicht, ob ich die Prüfung bestanden hatte.

   ....

4. Ich habe das Geld auf dem Tisch gelassen. Kannst du es deiner Mutter geben?

   ....

5. Dieses Jahr werde ich meinen Geburtstag auf meine Art feiern.

   ....

6. Das Ehepaar sitzt am Ufer des Flusses.

   ....

7. Ich habe es zum Spaß gesagt.

   ....

8. Wo würdest du lieber wohnen, auf dem Land oder an der Küste?

   ....

el examen	die Prüfung	**el matrimonio**	das Ehepaar
aprobar	bestehen	**la orilla**	das Ufer
la manera	die Art	**la broma**	der Spaß

→ Gr LGr S. 553, 579, 561–563

Con und *de*

280 Verbinden Sie die Satzteile mit *de* oder *con*.

1.	No me puedo creer que todavía vivas		todo el mundo.
2.	La verdad es que no recuerdo si este cuadro es		70 años.
3.	Él siempre se comportó muy bien		dos dormitorios.
4.	Por favor, al salir cierra la puerta		los vecinos.
5.	Yo no me casaría con un hombre	de	oro.
6.	No es feliz		aventuras.
7.	Me he comprado un piso		prisa.
8.	Yo no soy		tus padres.
9.	Mi novio me ha regalado una pulsera		patatas.
10.	Ya sabes que no me gustan las películas		todo lo que tiene.
11.	Yo no quiero salir	con	miedo.
12.	Por favor, póngame usted tres kilos		Antonio Saura.
13.	Tienes que ser más amable		el frío que hace.
14.	Muchas veces no te entiendo porque hablas muy		tu misma ciudad.
15.	Durante la película estuve todo el tiempo muerto		llave.

Bei welchen Sätzen gibt es zwei Möglichkeiten?

....

el cuadro	das Gemälde	**el dormitorio**	das Schlafzimmer
la pulsera	das Armband	**la prisa**	die Eile
amable	freundlich, nett	**la llave**	der Schlüssel

De / desde

Die Präpositionen *de* und *desde* geben einen Ausgangspunkt an und können beide mit Bewegungsverben gebraucht werden:

*Vino **de** / **desde** Madrid en coche.*	Er kam **von** Madrid mit dem Auto.

Ist kein Bewegungsverb vorhanden, kann nur *desde* verwendet werden:

***Desde** aquí veo muy bien.*	**Ab** hier sehe ich sehr gut.

Desde wird auch zur Angabe eines Zeitpunkts benutzt:

*No he comido nada **desde** ayer.*	Ich habe **seit** gestern nichts gegessen.
*Vivo aquí **desde** el año 2006.*	Ich wohne hier **seit** 2006.

Aber:

*El curso es **de** 9 **a** 11.* oder *El curso es **desde** las 9 **hasta** las 11.*

281 *De* oder *desde*? Vervollständigen Sie die folgenden Sätze.

1. Fue .... su casa al colegio andando.
2. ¿............ cuándo llevas barba?
3. .... aquí a Granada hay 300 kilómetros.
4. Estoy esperándote .... las ocho.
5. .... mi balcón se ve muy bien el mar.
6. La conferencia duró .... las seis hasta las ocho.
7. Estamos juntos .... la infancia.
8. La consulta del médico es .... ocho a una.

la barba	der Bart	**la consulta del médico**	die Praxis, die Sprechstunde
la conferencia	der Vortrag		
la infancia	die Kindheit		

→ Gr LGr S. 553–554, 563–564, 572–574

Por / para

282 Ergänzen Sie *por* oder *para*. Ordnen Sie dann die verschiedenen Verwendungen dieser Präpositionen in die richtige Spalte ein.

1. **Ursache oder Grund** → Le han dado un premio .... su labor social.
2. **Zweck und Bestimmung** → Trabajo .... poder vivir.
   → Las flores son .... mi marido.
3. **Termin und Frist** → Tienes que terminar el trabajo .... el lunes.
4. **Preis** → Lo compramos .... sólo 100 euros.
5. **Zeitraum** → .... la mañana nunca tengo ganas de desayunar.
6. **Weg oder Bewegung durch** → Todos los días paseamos .... el parque.
7. **Richtung oder Ziel** → Se fueron .... Jaén en tren.
8. **Austausch oder Vertretung** → Hoy daré la clase .... él.
9. **Vergleich und Bezug** → .... tener 60 años está muy joven.
10. **Ungefähre Orts- und Zeitangaben** → Nos encontramos .... la calle.
    → Nos veremos .... enero.
11. **Meinung** → .... ti no tiene importancia mi opinión.
12. **Mittel, Art und Weise** → Me mandaron el paquete .... avión.
13. **Urheber beim Passiv** → El libro fue escrito .... un autor desconocido.

POR	PARA

el premio	der Preis	**pasear**	spazieren gehen
la labor social	die Sozialarbeit	**la opinión**	die Meinung
tener ganas de	Lust haben zu / auf	**desconocido**	unbekannt

283 Vervollständigen Sie die folgenden Antworten mit *por* oder *para*.

1. ¿Por qué has traído esos pasteles?
   a. Pues .... tomárnoslos mañana .... la tarde con el café.
   b. ¿Los pasteles? Son un regalito .... ti.
   c. Porque había un hombre vendiéndolos .... la calle .... muy poco dinero.
2. ¿Sabes dónde está Raúl?
   a. Ha salido de viaje .... Málaga.
   b. Está todavía en la oficina preparando un proyecto .... mañana.
   c. En el trabajo. Es que su jefe está enfermo y tiene que dirigir la reunión .... él.
3. ¿Cuántos años tiene Marisa?
   a. Ya tiene 50 años pero está muy joven .... su edad.
   b. No lo sé. .... mí no es importante la edad de la gente.
   c. Creo que tiene ya 64 y .... eso se va a jubilar muy pronto.

el pastel	der Kuchen, das Törtchen	**la reunión**	die Sitzung
la oficina	das Büro	**jubilarse**	in Rente gehen

284 *Por* oder *para*? Setzen Sie die passende Präposition ein, um diese E-Mail zu vervollständigen.

¡Hola Paqui!

He intentado llamarte .... teléfono pero todo el tiempo ha estado comunicando. Así que te mando estas líneas .... darte el notición: ME HAN DADO EL PUESTO DE TRABAJO. Esta mañana he recibido una carta en la que me comunicaban que había sido elegida .... unanimidad .... todos los miembros de la junta directiva .... el puesto .... mis cualidades profesionales y humanas. También me decían que .... el miércoles tendrían ya preparado el contrato .... que yo fuera a firmarlo. Imagínate cómo estoy de contenta. Bueno, más tarde intentaré llamarte otra vez.

Besitos,
Nuria

estar comunicando	besetzt sein	**la junta directiva**	der Vorstand
el puesto de trabajo	der Arbeitsplatz	**el contrato**	der Vertrag
la unanimidad	die Einigkeit, die Einstimmigkeit	**firmar**	unterschreiben
el miembro de la junta	das Vorstands-mitglied	**imaginarse**	sich vorstellen

→ Gr LGr S. 555–558

Weitere Präpositionen: *ante, bajo, contra, entre, hacia, hasta, según, sobre, sin, tras*

285 **Verbinden Sie die spanischen Sätze mit ihrer deutschen Übersetzung.**

1.	Esta noche salimos *hacia* Badajoz.	a.	Er hat etwas *auf* dem Bett vergessen.
2.	Siempre llega a casa *hacia* las siete.	b.	Er lebte viele Jahre *unter* einer Diktatur.
3.	Tienes tiempo *hasta* el miércoles.	c.	Ich könnte *ohne* dein Geld nicht leben.
4.	*Entre* todos Manolo es el mejor.	d.	Ich weiß nie, *worüber* ich reden soll.
5.	Lo haremos *entre* los dos.	e.	Heute Abend fahren wir *nach* Badajoz.
6.	*Entre* mi casa y la suya hay un parque.	f.	*Nach* dem Essen trinken wir ein Glas.
7.	Ha olvidado algo *sobre* la cama.	g.	Du hast *bis* Mittwoch Zeit.
8.	Nunca sé *sobre* qué hablar.	h.	Der Umfrage *zufolge* wird er gewinnen.
9.	Tú tienes algo *contra* mí.	i.	*Unter* allen ist Manolo der Beste.
10.	*Según* la encuesta ganará él.	j.	Er kommt immer *gegen* sieben nach Hause.
11.	Iré o no *según* el tiempo que haga.	k.	*Angesichts* dieser Situation ging ich.
12.	*Sin* tu dinero no podría vivir.	l.	Wir werden es *zu* zweit machen.
13.	*Tras* la comida tomamos una copa.	m.	Du hast etwas *gegen* mich.
14.	*Ante* esa situación me fui.	n.	*Je nach* Wetter gehe ich oder nicht.
15.	Vivió muchos años *bajo* una dictadura.	o.	*Zwischen* seinem Haus und meinem gibt es einen Park.

286 **Wählen Sie die passende Präposition von der rechts stehenden Liste aus. Eine Präposition müssen Sie zwei Mal verwenden.**

1. Había un hombre .... la puerta esperando a que yo entrara.
2. .... nosotros no podréis conseguir lo que queréis.
3. .... ahora no hemos tenido noticias de nuestra hija.
4. No dejé de hacerle preguntas .... que me dijo la verdad.
5. .... mi profesor, ya no tiene sentido que siga estudiando.
6. No encuentro mi pasaporte .... tantos papeles.
7. Se paró .... la casa y pegó una patada .... la puerta.
8. Estaba echado .... el sofá y me miraba mientras yo trabajaba.
9. ¿........ dónde tengo que girar?
10. Busca el pendiente .... la cama; quizás se te haya caído al desnudarte.

ante
bajo
contra
entre
hacia
hasta
según
sin
sobre
tras

la patada	der Fußtritt	**el pendiente**	der Ohrring
girar	drehen	**desnudarse**	sich ausziehen

→ Gr LGr S. 564–565

Ortsangaben

287 **Ergänzen Sie die zusammengesetzten Ortspräpositionen. Vergessen Sie nicht, dass *de* + *el* zu *del* und *a* + *el* zu *al* wird.**

encima de | lejos de | dentro de | delante de | debajo de | a la izquierda de | detrás de | al lado de | cerca de | frente a / enfrente de

1. Se le cayó todo el zumo .... la falda.
2. Tus notas cada vez son peores porque te pasas todo el día .... el espejo.
3. Cuando era pequeña siempre me escondía .... la mesa.
4. Te he dicho que no está a la derecha, sino .... el frigorífico.
5. Siempre cuelgo el pijama en una percha .... la puerta.
6. Sólo tengo que cruzar la calle para ir a la panadería; es que está .... mi casa.
7. Me senté .... Marcos para poder hacer juntos los ejercicios.
8. Mi trabajo está muy .... mi casa y por eso voy siempre andando.
9. Estaba segura de que tenía las gafas .... ese bolso.
10. No me gusta estar tanto tiempo .... mis hijos, así que hoy mismo vuelvo a casa.

el zumo	der Saft	**colgar**	aufhängen
la falda	der Rock	**la percha**	der Kleiderbügel
el espejo	der Spiegel	**cruzar**	überqueren
esconderse	sich verstecken	**la panadería**	die Bäckerei
el frigorífico	der Kühlschrank	**las gafas**	die Brille

→ Gr LGr S. 566–568

Zeitangaben: *hace / desde / desde hace* (vor / seit)

Vor entspricht im Spanischen ***antes de***, wenn ein Zeitpunkt genannt wird, vor dem etwas geschieht:

*Llegaremos **antes de** las siete.* — Wir werden **vor** sieben Uhr da sein.

Wenn man ausdrücken will, wie lange etwas her ist, wird **vor** durch ***hace*** + Zeitraum wiedergegeben:

*Estuve en Londres **hace** dos meses.* — Ich war **vor** zwei Monaten in London.

Seit entspricht ***desde***, wenn der Beginn der Handlung als Zeitpunkt angegeben wird:

*Trabajo aquí **desde** julio.* — Ich arbeite hier **seit** Juli.

Wird dieser Zeitpunkt durch einen Satz ausgedrückt, dann wird ***desde que*** verwendet:

*Te quiero **desde que** te vi la primera vez.* — Ich liebe dich, **seit** ich dich das erste Mal sah.

Wenn man ausdrücken will, wie lange etwas schon geschieht, wird **seit** durch ***desde hace*** + Zeitraum wiedergegeben:

*Trabajo aquí **desde hace** dos meses.* — Ich arbeite hier **seit** zwei Monaten.

Achtung!

a. ***Hace*** + Zeitangabe + ***que*** + Verb kann sowohl **vor** als auch **seit** bedeuten:
   __Hace__ dos meses __que__ estuve en Londres. — Ich war **vor** zwei Monaten in London.
   __Hace__ dos meses __que__ trabajo aquí. — Ich arbeite hier **seit** zwei Monaten.

b. Vergessen Sie nicht, dass ***hace*** eine Form des Verbes ***hacer*** ist und auch in anderen Zeiten verwendet werden kann:
   *No trabajaba **desde hacía** dos meses.* — Ich arbeitete nicht **seit** zwei Monaten.

288 **Ergänzen Sie die folgenden Sätze mit den Präpositionen aus dem Kästchen.**

desde • desde que • desde hace • hace • hace ... que • antes de • durante *(während)* • después de • dentro de

1. .... el verano paseamos todas las noches por el parque.
2. .... casi dos meses .... no me como un helado.
3. Bueno, voy rápidamente a casa y nos vemos .... una hora en el cine.
4. Está pintando ese cuadro .... un año.
5. .... la entrevista con tu jefe, asegúrate de que está de buen humor.
6. Habla muy bien español .... estuvo viviendo dos años en Argentina.
7. .... la cena me fui a la cama porque estaba agotada.
8. No come absolutamente nada .... el jueves pasado.
9. Lo vi .... tres meses y .... entonces no he sabido nada más de él.
10. .... cuatro días volveremos a reunirnos para tomar una decisión.

pintar	malen	**agotado**	erschöpft
el cuadro	das Gemälde, das Bild	**reunirse**	sich treffen
el buen humor	die gute Laune	**la decisión**	die Entscheidung

→ Gr LGr S. 574–577

Präpositionen mit Verben, Substantiven, Adjektiven und Infinitiven

289 **Welche der folgenden Verben fordern eine Präposition? Ergänzen Sie, wenn nötig, die Präposition und vervollständigen Sie dann die unten stehenden Sätze.**

soñar .... träumen von
intentar .... versuchen
enamorarse .... sich verlieben in
acordarse .... sich erinnern an
recordar .... sich erinnern an, erinnern
disfrutar .... genießen

pensar .... denken an
saber .... schmecken nach
reírse .... lachen über
dejar .... aufhören zu
dudar .... zweifeln an
insistir .... bestehen auf

1. Hace ya mucho tiempo que quiero .... trabajar para .... la vida de verdad.
2. Tienes que .... estudiar más y así .... todo el vocabulario en el examen.
3. ¡No puedes .... un hombre tan mayor! ¡Si podría ser tu abuelo!

4. ¿..................... de cuando éramos jóvenes y no .... el futuro?
5. No puedes .... mí; yo nunca te engañaría.
6. Esta sopa no .... nada. Quizás sepa mejor si le echo un poco de sal.
7. No .... casi nada del sueño, sólo sé que .... un hombre apuestísimo.
8. No está bien .... la gente cuando comete un error.
9. Siempre .... que quería vivir solo, pero sus padres no se lo permitieron hasta que cumplió los 21 años.
10. ¿Cuándo vas a .... molestar a Marta? Ya sabes que tú no le gustas.

engañar	betrügen	**cometer un error**	einen Fehler begehen
saber	schmecken	**molestar**	belästigen
apuestísimo	sehr gut aussehend		

290 Übersetzen Sie die folgenden Sätze.

1. Das ist typisch für dich!
....
2. Er ist an allem schuld, was mir passiert ist.
....
3. Diese Frau ist unfähig, ihr Kind zu beruhigen.
....
4. Meine Kollegin ist neidisch auf meinen Erfolg in der Arbeit.
....
5. Heutzutage ist der Mangel an Wasser ein ernstes Problem.
....
6. Ich habe gerade Felipe gesehen. Er ist bereit, mir zu helfen.
....
7. Im Vergleich zu deinem Bruder ist deine Schwester viel freundlicher zu mir.
....
8. Ich bin allergisch auf Katzen und außerdem habe ich auch Angst vor ihnen.
....
9. Diese Krankheit ist sehr schwer zu bekämpfen.
....
10. Sei nicht so grausam zu deinem Ex-Mann.
....

culpable	schuld(ig)	**la falta / la escasez**	der Mangel
incapaz	unfähig	**grave**	ernst
calmar	beruhigen	**estar dispuesto**	bereit sein
envidioso	neidisch	**la enfermedad**	die Krankheit
el éxito	der Erfolg	**combatir**	bekämpfen
hoy en día	heutzutage	**cruel**	grausam

291 Wählen Sie die richtige Präposition aus.

1. Realizó toda la investigación (1) ………… tres días y luego volvió otra vez (2) ………… su ciudad de origen (3) ………… coche.
   (1) a. en   b. dentro de   c. por
   (2) a. por   b. a   c. en
   (3) a. con   b. en   c. por
2. Cuando llegué (1) ………… mercado le pedí (2) ………… la señora de la fruta que me pusiera tres kilos (3) ………… naranjas.
   (1) a. para   b. a   c. al
   (2) a. para   b. a   c. Ø
   (3) a. de   b. Ø   c. con
3. Su casa es muy bonita (1) ………… dentro, pero (2) ………… fuera parece una ruina.
   (1) a. para   b. por   c. de
   (2) a. para   b. hacia   c. desde
4. ………… ser un niño de tres años habla muy bien.
   a. Según   b. Para   c. De
5. El tranvía pasa (1) ………… el centro y se dirige (2) ………… el norte (3) ………… la ciudad.
   (1) a. en   b. hasta   c. por
   (2) a. hacia   b. en   c. por
   (3) a. de   b. en   c. hasta
6. La tarta la tendrán preparada (1) ………… el viernes y me la venderán (2) ………… muy pocos euros.
   (1) a. en   b. por   c. para
   (2) a. para   b. contra   c. por
7. Tenéis que hacerlo (1) ………… los tres y (2) ………… discusiones.
   (1) a. entre   b. hasta   c. por
   (2) a. tras   b. sin   c. bajo

8. Delante (1) ………… la casa, (2) ………… la izquierda, hay un gran árbol, (3) ………… el cual solemos jugar (4) ………… las cartas (5) ………… verano.

(1) a. desde b. de c. por
(2) a. sobre b. a c. bajo
(3) a. bajo b. en c. detrás de
(4) a. con b. en c. a
(5) a. para b. por c. en

9. (1) ………… mayo estoy intentando dejar (2) ………… fumar.

(1) a. Hace b. En c. Desde
(2) a. a b. con c. de

10. Estuvo durmiendo (1) ………… toda la clase y ni siquiera se avergonzó (2) ………… ello.

(1) a. durante b. en c. antes de
(2) a. con b. según c. de

la investigación	die Nachforschung	**intentar**	versuchen
dentro – fuera	drinnen – draußen	**ni siquiera**	nicht einmal
el tranvía	die Straßenbahn	**avergonzarse**	sich schämen

292 Setzen Sie, wo erforderlich, die passenden Präpositionen ein. In einigen Fällen gibt es mehrere Möglichkeiten.

Era todavía muy pequeña ………… andar sola por el mundo ………… sus padres. ………… sus catorce años ya tenía cuerpo de mujer, pero en realidad seguía siendo una niña. Cuando iba ………… el coche ………… su madre ………… el aeropuerto, no dejaba ………… pensar ………… el largo viaje que haría ………… primera vez sola. Repasaba ………… su cabeza todos los consejos que le habían dado ………… los últimos días. Sus padres habían insistido ………… que no se fiara ………… nadie; su abuela, ………… su parte, le había recordado varias veces ………… que tuviera cuidado ………… el dinero porque, ………… ella, los aeropuertos estaban llenos ………… ladrones que se esconden incluso ………… las piedras. Había intentado ………… mantener la calma ………… todo el trayecto ………… el aeropuerto y lo había conseguido, pero cuando llegó la hora ………… las despedidas no pudo evitar que dos lágrimas le cayeran ………… su carita. Se las limpió rápidamente y se dirigió decidida ………… la puerta ………… embarque ………… volver la cabeza. Ya ………… el avión se sentó ………… una señora mayor que no dejaba ………… mirarla ………… ojos maternales. ………… pronto, ………… saber por qué, estuvo segura ………… que todo iba ………… salir bien y unos minutos ………… despegue se quedó profundamente dormida.

el aeropuerto	der Flughafen	**el trayecto**	die Fahrt, die Strecke
repasar	durchgehen	**conseguir**	gelingen, es schaffen
el consejo	der Rat(schlag)	**la despedida**	der Abschied
fiarse	(ver-)trauen	**evitar**	vermeiden
tener cuidado	aufpassen	**la lágrima**	die Träne
el ladrón	der Dieb	**la cara**	das Gesicht
esconder	verstecken	**el embarque**	das Einsteigen, die Einschiffung
incluso	sogar		
la piedra	der Stein	**maternal**	mütterlich
mantener la calma	die Ruhe bewahren	**el despegue**	der Start

ZAHLEN UND ZEITANGABEN

→ Gr LGr S. 623–643

Zahlen

Sowohl die **Grund**- als auch die **Ordungszahlen** werden in der Umgangssprache häufig benutzt:

*mis **dos** mejores amigos*	meine **zwei** besten Freunde
*una **segunda** oportunidad*	eine **zweite** Chance

293 Grund- oder Ordnungszahl? Ordnen Sie die Ausdrücke dem passenden Feld und der richtigen Zahl zu. Beachten Sie dabei die fett hervorgehobenen Besonderheiten.

la primer**a** vez • el tercer puesto• cuatro preguntas • siete días • la noven**a** sinfonía • ocho pisos • cinco kilómetros • un décim**o** de lotería • seis cadenas • diez números de lotería • el octav**o** piso • un**a** vez • en el séptim**o** cielo • la sext**a** cadena • tres puestos • nueve sinfonías • en el quint**o** pino • la cuart**a** pregunta

Grundzahlen	Ordnungszahlen
1	1
2	2
3	3
4	4
5	5
6	6
7	7
8	8
9	9
10	10

el puesto	der Platz	**el piso**	das Stockwerk
el décimo (de lotería)	das Zehntellos (Lotterie)	**la vez**	das Mal
		el cielo	der Himmel
la cadena	das Programm (Fernsehen, Rundfunk)	**quinto pino**	weit weg

Die Grundzahlen sind in Verbindung mit einem Substantiv unveränderlich, bis auf ***uno***: ***un*** *amigo* – ***una*** *amiga*.
Die Ordnungszahlen richten sich in Geschlecht und Zahl nach ihrem Bezugswort: *la segunda oportunidad*, *en el quinto pino* usw.
Das ***-o*** entfällt vor einem maskulinen Substantiv im Singular bei der Grundzahl ***uno*** (***un*** *amigo*) und bei den Ordnungszahlen ***primero*** und ***tercero*** (***primer*** *amor*, ***tercer*** *capítulo*).

294 Vervollständigen Sie die Sätze mit der ausgeschriebenen Zahl.

1. Los .... (4) libros que leído en vacaciones son muy buenos.
2. Estamos en el .... (1º) piso y todavía tenemos que subir al .... (3º).
3. Dice un refrán que las .... (2ª) partes no son buenas.
4. Sólo hemos visto a .... (1) niño de la clase y a .... (1) profesora.
5. Mi mujer y .... (8) amigas suyas harán un viaje a Grecia.
6. La .... (5ª) sinfonía de Beethoven es mi preferida.
7. Mi .... (1º) examen es mañana y el último dentro de un mes.
8. Esta vez no ha podido ganar la carrera y ha terminado en el .... (3º) puesto.

subir	hinaufgehen	**preferido**	Lieblings-
el refrán	das Sprichwort	**ganar**	gewinnen

295 A Hier sind die Zahlen ab 11. Können Sie aus den fett hervorgehobenen Besonderheiten einige Regeln zur Zahlenbildung bzw. zu Ausnahmen ableiten? Die Lösung finden Sie ausnahmsweise im Erklärtext im Anschluss.

11	once	23	veinti**tré**s ....
12	doce	26	veinti**sé**is ....
13	trece	30	treinta
14	catorce	31	treinta **y** uno ....
15	quince	32	treinta **y** dos ....
16	dieci**sé**is	40	cuarenta
17	dieci**s**iete	50	cincuenta
18	dieci**o**cho	60	s**e**senta ....
19	dieci**n**ueve	70	s**e**tenta ....
20	veinte	80	ochenta
21	veinti**u**no	90	n**o**venta ....
22	veinti**dó**s	100	cien

101 cien**to** uno ……………………

115 cien**to** quince ……………………

200 doscien**tos** ……………………

400 cuatrocien**tos** ……………………

500 **quin**ientos ……………………

700 **se**tecien**tos** candidatos ……………………

900 n**o**vecien**tas** candidatas ……………………

1 000	mil personas
1 000 000	un millón **de** personas ……………………
2 000 000	dos millon**es** **de** personas ……………………
1 000 000 000	un millardo **de** euros ……………………
2 000 000 000	dos millardo**s** **de** euros ……………………
1 000 000 000 000	un billón **de** euros ……………………
2 000 000 000 000	dos billon**es** **de** euros ……………………

Man unterscheidet zwischen einfachen (von *uno* bis *quince*) und zusammengesetzten Zahlen (z. B. *dieciséis* oder *noventa y nueve*).
Bis *treinta* (30) werden die Grundzahlen zusammengeschrieben. Ab *treinta y uno* (31) werden sie getrennt geschrieben und durch die Konjunktion **y** verbunden.
Zusammengesetzte und zusammengeschriebene Zahlen mit *dos*, *tres* und *seis* folgen den allgemeinen Betonungs- und Akzentregeln. Dementsprechend erhalten sie einen grafischen Akzent.
Zusammengesetzte Zahlen werden durch Addition gebildet außer bei den Zehnern.
Mehrstellige Zahlen werden durch Multiplikation gebildet: 400 = 4 (x) 100 = *cuatrocientos*.
Die Hunderter stimmen im Geschlecht mit dem Substantiv überein: *setecient**os** candidat**os**, novecient**as** candidat**as***.
Mil ist unveränderlich. *Millón*, *millardo* und *billón* haben dagegen auch eine Pluralform (*millon**es***, *millardo**s*** und *billon**es***) und werden mit dem nachfolgenden Substantiv durch die Präposition *de* verbunden: *cinco millon**es** **de** euros*.

295 Schreiben Sie die folgenden Zahlen aus.

B

29 →	……………………	277 →	……………………
35 →	……………………	599 →	……………………
57 →	……………………	777 →	……………………
79 →	……………………	999 →	……………………
92 →	……………………	2 505 →	……………………
126 →	……………………	2 627 823 →	……………………

296 **Üben Sie jetzt nach dem angegebenen Modell die drei Grundrechenarten auf Spanisch und tragen Sie die Ergebnisse schriftlich ein.**

15 – 6 = 9	*Quince menos seis son nueve.*
13 x 2 = 26	*Trece (multiplicado) por dos son veintiséis.*
33 + 55 = 88	*Treinta y cinco más cincuenta y cinco es igual a ochenta y ocho.*
22 + 48 = 60	*Veintidós más cuarenta y ocho son sesenta.*

1. 5 x 5 = 25 ....
2. 16 + 20 = 36 ....
3. 90 – 23 = 67 ....
4. 8 x 9 = 72 ....
5. 440 – 60 = 380 ....
6. 333 + 222 = 555 ....
7. 800 – 23 = 777 ....
8. 1 480 + 1 519 = 2 999 ....

Im Gegensatz zum Deutschen werden im Spanischen für die Bezeichnung von (Adels-)Titeln (Könige, Kaiser, Päpste), Jahrhunderten und Kapitelnummerierungen römische Zahlen verwendet.
In anderen Fällen werden lateinische Zahlen mit einem hochgestellten ° bzw. ª verwendet, z. B. für Reihenfolge, Stockwerke usw.
In der Umgangssprache werden die Ordnungszahlen meist nur bis 10 verwendet, danach werden die Grundzahlen gebraucht.

297 **Übersetzen Sie die folgenden Sätze ins Deutsche. Geben Sie dabei die Ordnungs- bzw. die Grundzahl im spanischen Satz schriftlich so wieder, wie sie auf Spanisch ausgesprochen wird.**

1. En aquella época el emperador era Carlos I (..........) de España y V (..........) de Alemania.

   ....

2. Benedicto XVI (..........) nació en Baviera.

   ....

3. El 1° (..........) es Fernando Alonso y el 2° (..........) Sebastian Vettel.

   ....

4. El restaurante está en la 8ª (..........) planta.

   ....

5. Colón descubrió América a finales del siglo XV (..............................).

....

6. El capítulo VI (..............................) es igual al artículo II (..............................).

....

el emperador	der Kaiser	Colón	Kolumbus
la planta	das Stockwerk	descubrir	entdecken
el Papa	der Papst	igual a	gleich wie

Zeitangaben

Die Uhrzeit wird im Spanischen folgendermaßen angegeben: 3. Person Singular bzw. Plural des Verbs *ser* (sein) + bestimmter Artikel *la* bzw. *las* + entsprechende Grundzahl. Bei *la una* (ein Uhr), *mediodía* (Mittag) und *medianoche* (Mitternacht) wird *ser* im Singular verwendet: *Ya es la una (en punto) de la noche. / Es la una menos cuarto. / Es la una y media. / Es mediodía. / Es medianoche.*

In allen anderen Fällen wird das Verb im Plural verwendet: *Ahora son las cuatro y media. / Son las siete (en punto) de la tarde.*

Die Zeiten vor und nach der vollen Stunde werden jeweils mit *menos* und *y* angegeben. Halbe Stunden richten sich anders als im Deutschen nach der vollen vergangenen Stunde:

Ahora son las cuatro y media.	Jetzt ist es halb fünf.

Die Präposition *a* entspricht dem deutschen „um“:

*Mi tren sale **a** las 10. / ¿**A** qué hora llegará usted?*	Mein Zug geht **um** 10. / **Um** wie viel Uhr werden Sie ankommen?

Nur bei offiziellen Zeitangaben wird die 24-Stunden-Uhr verwendet:

El último vuelo es a las 22:30.	Der letzte Flug geht um 22.30 Uhr.

298 A **Testen Sie sich: Übersetzen Sie die folgenden Sätze vom Spanischen ins Deutsche und umgekehrt, indem Sie die entsprechende Spalte zudecken.**

1. ¿Qué hora es?	Wie viel Uhr ist es? / Wie spät ist es?
2. Ya es la una (en punto) de la noche.	Es ist schon (genau) ein Uhr.
2. ¿A qué hora llegará usted?	Um wie viel Uhr werden Sie ankommen?
3. Llegaré a (la) medianoche.	Ich werde um Mitternacht ankommen.
4. Ahora son las cuatro y media.	Jetzt ist es halb fünf.
5. La clase termina a la dos menos cuarto.	Der Unterricht endet um Viertel vor zwei.
6. El último vuelo es a las 22:30.	Der letzte Flug geht um 22.30 Uhr.
7. Te espero hasta las seis y veinte.	Ich warte auf dich bis zwanzig nach sechs.
8. Es mediodía.	Es ist Mittag.
9. Era las siete (en punto) de la tarde.	Es war (genau) sieben Uhr abends.

298 B **Schreiben Sie die folgenden Uhrzeiten aus:** ***Es ... / Son ...***

08:15 → ……………………………

11:20 → ……………………………

11:45 → ……………………………

12:00 → ……………………………

12:55 → ……………………………

15:30 → ……………………………

El avión llega a las 19:05 → ……………………………

23:45 → ……………………………

299 **In dieser Übung geht es um weitere Zeitangaben (Datum, Wochentage, Monate, Jahreszeiten, Jahr und Jahrhundert). Übersetzen Sie die Sätze ins Spanische.**

1. Heute ist der 1. Mai. ……………………………
2. Morgen ist der 2. Mai. ……………………………
3. Ich komme am 23. Dezember an. ……………………………
4. Madrid, den 16. April 2008 ……………………………
5. Vom 6. bis zum 9. bin ich nicht da. ……………………………
6. (Im Jahr) 1999 war ich in Barcelona. ……………………………
7. Im 21. Jahrhundert ist nicht alles anders. ……………………………

8. Im 8. Jahrhundert kamen die Araber an. ....
9. Am Montag fahre ich weg. ....
10. Sonntags schlafe ich länger. ....
11. Im Oktober / Herbst bin ich im Urlaub. ....
12. Urlaub vom 15. bis zum 30.08.2014 ....

llegar	ankommen	**los árabes**	die Araber
distinto / diferente	anders	**el siglo**	das Jahrhundert
el otoño	der Herbst		

300 Vervollständigen Sie die Übersetzungen mit ausgeschriebenen Zahlen, um noch einmal abschließend dieses Kapitel zu üben.

1. Im fünften und im dritten Stock wohnt im Moment niemand.
   .... *no vive nadie de momento.*
2. Der zwölfte Oktober ist in vielen spanischsprachigen Ländern Nationalfeiertag zur Erinnerung an den zwölften Oktober 1492, der Tag, an dem Christoph Kolumbus in Amerika ankam.
   .... *es fiesta nacional en muchos países hispanohablantes en recuerdo del* ...., *el día en que Cristóbal Colón llegó a América.*
3. Benedikt der 16. war der erste deutsche Papst seit vielen Jahrhunderten.
   Benedicto .... *Papa alemán desde hace siglos.*
4. 550 + 172 sind 722 Kronen.
   .... *coronas.*
5. Anfang des 8. Jahrhunderts kamen die Araber in Spanien an und wurden Ende des 15. Jahrhunderts vertrieben.
   .... *llegaron los árabes a España y fueron expulsados* ....
6. Seit dem Eintritt Spaniens in die EU im Jahr 1985 hat das Land viele Millionen Euro Hilfe bekommen.
   Desde la entrada de España en la UE (Unión Europea) en el año
   .... *el país ha recibido*
   .... *de ayuda.*

7. Vom 1. bis zum 31.8. montags geschlossen.

....

8. Ich schlafe viel länger an den Wochenenden, vor allem am Sonntag, und in den Ferien.
Duermo mucho más ...., *sobre todo* ....,
y ....

LÖSUNGEN

Aussprache und Schreibung

1 [b] whisky, [θ] poco, [k] cesta, [g] gesto, [x] Goya, [r] rata, [rr] pero

2 A rápidamente, carácter, programa, oficina, lápiz, imagen, difícil, todavía, petróleo, caos, violín, cumpleaños, país, último, ojo, pierna, panadería, alfiler, sábado, alemán, árbol, traído, balcón, balcones, gramática, caída, miel, baúl, medio, día

2 B
1.b. Quizás ese pianista dé un concierto en la catedral.
2.a. Quiero más dinero.
3.a. Sé la verdad.
4.a. Tú no sabes nada.
5.b. He hablado con él.
6.b. No es para mí.
7.a. ¿Cuál prefieres?
8.a. Aún no he terminado.
9.b. Éste no es su coche.
10.a. Sólo quiero saludarte.

3 rá-pi-da-men-te, ca-rác-ter, pro-gra-ma, o-fi-ci-na, lá-piz, i-ma-gen, di-fí-cil, to-da-ví-a, pe-tró-le-o, ca-os, vio-lín, cum-ple-a-ños, pa-ís, úl-ti-mo, o-jo, pier-na, pa-na-de-rí-a, al-fi-ler, sá-ba-do, a-le-mán, ár-bol, tra-í-do, bal-cón, bal-co-nes, gra-má-ti-ca, ca-í-da, miel, ba-úl, me-dio, dí-a

4 Querida Verónica:
¿Cómo estás? Yo me lo estoy pasando muy bien en Córdoba. He conocido a un chico muy simpático, que se llama Víctor, con el que ya he hecho varias excursiones a otras ciudades de Andalucía. Mañana, si hace buen tiempo, vamos a ir a Cádiz a la playa. También nos acompañará un chico inglés que, por cierto, es guapísimo.
¿Y tú? ¿Cuándo te vas de vacaciones? Tú estarás en Canadá cuando yo regrese a casa. ¡Qué suerte!
Bueno, un besito y hasta pronto.
Bárbara

Substantive

5 *maskulin:* pelo, diente, brazo, dedo, té, periódico, bolígrafo, queso, sofá, plato, cuchillo, equipaje, bolso, vino
feminin: cara, pierna, cabeza, boca, lengua, noche, revista, puerta, ventana, costumbre, calle, bolsa

6 1. coche 2. uniforme 3. torre 4. carne 5. llave 6. nieve 7. tomate 8. fuente 9. nombre 10. pie
maskulin: coche, uniforme, tomate, nombre, pie
feminin: torre, carne, llave, nieve, fuente

7 1. congelador → Gefrierschrank 2. impresión → Eindruck 3. multitud → Menge 4. tórax → Brustkorb 5. prótesis → Prothese 6. actriz → Schauspielerin 7. montón → Haufen 8. carnet → Ausweis 9. refrán → Sprichwort 10. vez → Mal 11. amistad → Freundschaft
Feminin sind in der Regel Substantive auf **-ión**, **-triz**, **-ad**, **-ez**, **-ud**, **-is**.
Maskulin sind in der Regel Substantive auf **-ón**, **-x**, **-or**, **-t**, **-án**.

8 *maskulin:* 3. melón – melones 6. cuadro – cuadros 7. viaje – viajes 8. nivel – niveles 10. balcón – balcones 12. tren – trenes
feminin: 1. planta – plantas 2. virtud – virtudes 4. sangre – sangres 5. universidad – universidades 9. acción – acciones 11. lección – lecciones

9 ley – leyes; jamón – jamones; jardín – jardines; teléfono – teléfonos; jersey – jerséis; reloj – relojes; farmacia – farmacias; ciudad – ciudades; rubí – rubíes; botella – botellas; mostrador – mostradores; rey – reyes; déficit – déficit; tabú – tabús / tabúes; buey – bueyes; menú – menús

10

R	A	D	I	O	P	D	T	I	P
Ñ	Z	I	I	N	C	C	W	R	A
P	I	P	R	A	A	H	O	X	R
O	C	L	I	M	A	B	Q	U	T
E	M	O	A	H	L	A	O	J	I
M	E	M	Z	E	Ñ	O	T	U	S
A	L	A	M	E	T	S	I	S	T
A	L	A	G	R	I	M	A	B	A

maskulin: diploma, artista, poema, día, problema, sistema, clima
feminin: lágrima, artista, mano, radio, cama, alma

11 *maskulin:* día, jueves, domingo, lunes; mar / océano, Índico, Cantábrico, Mediterráneo; árbol, naranjo, roble, pino; número, doce, cuarenta, millón; color, azul, rosa, verde; monte, Teide, Mulhacén, Aneto; vino, cava, aguardiente, mosto
feminin: letra, zeta, eñe, elle

12 hija, profesor, bailarín, jefa, gato, abuela, perra, español, presidenta, alemana, doctor, niño
-o → -a: hijo – hija, gato – gata, abuelo – abuela, perro – perra, niño – niña
-e → -a: jefe – jefa, presidente – presidenta
+ -a: profesor – profesora, bailarín – bailarina, español – española, alemán – alemana

13 -esa: príncipe – princesa, conde – condesa, duque – duquesa, alcalde – alcaldesa
-isa: Papa – Papisa, sacerdote – sacerdotisa, poeta – poetisa
-triz: actor – actriz, emperador – emperatriz
-ina: gallo – gallina, héroe – heroína, rey – reina
mujer-: piloto – (mujer-)piloto, policía – (mujer-)policía

14 ***Substantive mit zwei verschiedenen Formen (maskulin – feminin):*** **papá – mamá** (Papa – Mama), **marido – mujer** (Ehemann – Ehefrau), **toro – vaca** (Stier – Kuh), **padrino – madrina** (Pate – Patin), **macho – hembra** (Männchen – Weibchen), **caballo – yegua** (Hengst – Stute)
Substantive mit einer einzigen Form (männlich und weiblich): **periodista** (Journalist/-in), **estudiante** (Student/-in), **colega** (Kollege / Kollegin), **malabarista** (Jongleur/-in), **artista** (Künstler/-in), **víctima** (Opfer), **cantante** (Sänger/-in), **guía** ([Reise-]Führer/-in), **turista** (Tourist/-in)
*Erkennbare Endungen für Substantive mit einer einzigen Form für beide Geschlechter sind **-ista** und **-ante**.*

15 lunes → lunes, inglés → ingleses, luz → luces, imagen → imágenes, régimen → regímenes, alemán → alemanes, crimen → crímenes, espécimen → especímenes, virus → virus, juez → jueces, autobús → autobuses, mes → meses
a. inglés → ingleses, imagen → imágenes, alemán → alemanes, crimen → crímenes, autobús → autobuses, anís → anises
b. régimen → regímenes, espécimen → especímenes
c. luz → luces, juez → jueces
d. lunes → lunes, virus → virus

16 1. hombres 2. padres 3. gafas 4. deberes 5. tenazas 6. tijeras 7. señas 8. hijos
Lösungswort: GENTE, *z. B.* La gente despistada olvida a veces cosas importantes.

17

Fußtritt	puntapié	m
Klatschmaul	correveidile	m
Friedhof	camposanto	m
Verachtung	menosprecio	m
Querstraße	bocacalle	f
Unsinn	sinrazón	f
Leibwächter	guardaespaldas	m
Tausenfüß(l)er	ciempiés	m
Fleck(en)entferner	quitamanchas	m
miserables Leben	malvivir	m
Dosenöffner	abrelatas	m
Bauernfänger	engañabobos	m

18 rascacielos (Wolkenkratzer) → rascacielos, videocasete (Videokassette) → videocasetes, llave inglesa (Schraubenschlüssel) → llaves inglesas, sacacorchos (Korkenzieher) → sacacorchos, lente de contacto (Kontaktlinse) → lentes de contacto, hora punta (Hauptverkehrszeit) → horas punta, cantautor (Liedermacher) → cantautores, bebé probeta (Retortenbaby) → bebés probeta, máquina de escribir (Schreibmaschine) → máquinas de escribir, malestar (Unwohlsein / Unbehagen) → malestares

19 *maskulin:* el israelí / los israelíes; el lunes / los lunes; el carácter / los caracteres; el tema / los temas; el camión / los camiones; el puente / los puentes; el lago / los lagos; el plan / los planes; el mapa / los mapas; el roble / los robles; el Papa / los Papas; el abrelatas / los abrelatas
feminin: la luz / las luces; la fuente / las fuentes; la flor / las flores; la nieve / las nieves; la bocacalle / las bocacalles; la moto / las motos; la juventud / las juventudes; la víctima / las víctimas; la papa / las papas; la crisis / las crisis

Artikel

20 1. el cine – los cines 2. el ama de casa – las amas de casa 3. las amigas – la amiga 4. la crisis – las crisis 5. el garaje – los garajes 6. los quioscos – el quiosco 7. el cheque – los cheques 8. los jardines – el jardín 9. el hacha – las hachas 10. la habitación – las habitaciones

21 1. el tercero → der Dritte 2. lo tercero → das Dritte 3. los pantalones → die Hosen 4. el estudiante → der Student 5. la estudiante → die Studentin 6. el suyo → der seine 7. lo suyo → das seine 8. el lunes → Montag 9. los lunes → montags 10. el alma → die Seele 11. el malo → der Böse 12. lo malo → das Böse 13. la mía → die meine 14. las monedas → die Münzen 15. el capital → das Vermögen 16. la capital → die Hauptstadt

22 1. al 2. de la 3. del 4. a los, del 5. a la

23 A 1.o. 2.d. 3.h. 4.n. 5.k. 6.j. 7.p. 8.l. 9.b. 10.e. 11.a. 12.c. 13.i. 14.m. 15.g. 16.f.

23 B
1. (A mí) Me gustan mucho las flores.
2. A los diez kilómetros tuvimos que dar la vuelta.
3. Toco la guitarra todos los días.
4. Mi madre tiene los ojos negros.
5. Son las tres y cuarto.
6. Tengo que llamar a la señora López.
7. El viernes comemos juntos.
8. El 30% de los alumnos ha suspendido.
9. El rojo es mi color favorito.
10. ¿Jugamos hoy al fútbol?

24
1. Morgen ist der zweite Januar.
2. Am zweiten Januar fahre ich in die Slowakei.
3. Ich fahre immer mit dem Auto zum Einkaufen.
4. Ich bin in der Türkei im Urlaub gewesen.
5. Familie Pérez wohnt nicht mehr in der Schweiz.

25 ***mit Artikel:*** Los Países Bajos, La Habana, El Congo, El Cairo
ohne Artikel: Suiza, Eslovaquia, Mongolia
mit oder ohne Artikel: (Los) Estados Unidos, (El) Japón, (El) Senegal, (El) Ecuador, (El) Yemen, (El) Afganistán, (La) India, (La) China, (El) Paraguay, (El) Uruguay, (El) Pakistán, (El) Canadá, (El) Brasil, (El) Camerún

26
1. La señora Alcántara viaja el 7 de agosto a Alemania en tren. / El 7 de agosto la señora Alcántara viaja en tren a Alemania.
2. Las chicas probaron todos los quesos en Suiza. / En Suiza las chicas probaron todos los quesos.
3. Me gustan los monumentos de El Cairo.
4. El mate en (la) Argentina no es muy caro. / En (la) Argentina el mate no es muy caro.
5. Los miércoles siempre cenan a las 9 con sus padres. / Los miércoles a las 9 siempre cenan con sus padres.
6. A los 8 años todavía no sabía escribir. / Todavía no sabía escribir a los 8 años.
7. Mi abuelo tiene las manos grandes.
8. El 15% de la población bebe demasiado.

27 un: tema, armario, vestido, dentista, haba
una: dentista, tesis, idea
unos: meses, comestibles, lugares
unas: tesis, hadas, gafas

28
2. Me he comprado unos guantes.
3. He sacado una cerveza del frigorífico.
4. Por mi cumpleaños me han regalado una radio.
5. Mi pueblo está a unos doscientos kilómetros de Madrid.
6. Mi hermano se ha roto un brazo.

29
1. He comprado medio kilo de carne.
2. Penélope Cruz es una actriz española.
3. Tenemos un coche nuevo.
4. Me puedes dar otro libro.
5. Marta es una de la hijas de mi amiga María.
6. ¿Tenéis coche?
7. Ya tengo novio.
8. Necesito otro bañador.

*In den Sätzen **1**, **4**, **6**, **7** und **8** wird im Spanischen kein unbestimmter Artikel benutzt.*

30 1. un 2. Los 3. Las 4. Los 5. una 6. unos 7. una 8. El

31 1.a./f. 2.a. 3.b. 4.c. 5.a. 6.b. 7.a. 8.b./d. 9.c. 10.b. 11.b. 12.a.

32 1. Ø 2. la 3. Ø 4. (la) 5. Ø 6. (la) 7. El 8. (La)
mit Artikel: 2 und 7
ohne Artikel: 1, 3 und 5
mit oder ohne Artikel: 4, 6 und 8

33 ¡Ni por todo el oro del mundo! → Nicht für alles Gold der Welt!
hablar de lo divino y de lo humano → über Gott und die Welt reden
estar hasta las narices → die Nase voll haben
Poderoso caballero es don dinero. → Geld regiert die Welt.
llamar al pan, pan y al vino, vino → die Dinge beim rechten Namen nennen
ser la mano derecha de alguien → die rechte Hand von jemandem sein

no mover un dedo → keinen Finger krumm machen
como un jarro de agua fría → wie eine kalte Dusche

Adjektive

34 hombre educado → mujer educada; señor guapo → señora guapa; joven holgazán → joven holgazana; niño parlanchín → niña parlanchina; abuelo gruñón → abuela gruñona; padre trabajador → madre trabajadora; chico danés → chica danesa; profesor francés → profesora francesa; ciudadano español → ciudadana española

35 señor guapo → señores guapos,
señora guapa → señoras guapas;
joven holgazán → jóvenes holgazanes,
joven holgazana → jóvenes holgazanas;
niño parlanchín → niños parlanchines,
niña parlanchina → niñas parlanchinas;
abuelo gruñón → abuelos gruñones,
abuela gruñona → abuelas gruñonas;
padre trabajador → padres trabajadores,
madre trabajadora → madres trabajadoras;
chico danés → chicos daneses,
chica danesa → chicas danesas;
profesor francés → profesores franceses,
profesora francesa → profesoras francesas;
ciudadano español → ciudadanos españoles,
ciudadana española → ciudadanas españolas

36 1. una persona **débil** / **fuerte** 2. unos niños **felices** / **tristes** 3. unas mujeres **jóvenes** / **viejas** 4. un examen **difícil** / **fácil** 5. una esposa **fiel** / **infiel** 6. un hombre **realista** / **idealista** 7. unos coches **veloces** / **lentos** 8. un tema **simple** / **complicado** 9. unas respuestas **similares** / **distintas** 10. un tío **hipócrita** / **sincero** 11. una comida **dulce** / **salada** 12. una mesa **grande** / **pequeña**

37

I	A	P	I	O	P	D	N	I	P	D
Ñ	N	I	O	N	C	O	W	R	A	O
P	I	T	R	S	R	H	O	R	H	R
O	C	L	E	R	I	B	U	U	T	M
E	M	O	A	L	L	B	O	J	I	I
E	A	M	A	R	I	L	L	O	S	L
L	L	A	M	A	T	G	I	E	T	O
B	I	R	A	Q	U	I	E	S	A	N
A	Z	Y	R	U	A	S	E	N	I	A
M	U	I	N	G	L	E	S	O	T	I
A	S	F	O	D	A	G	L	E	D	E

1. m/S: **iraquí** m/P: **iraquíes**
f/S: **iraquí** f/P: **iraquíes**
2. m/S: **inteligente** m/P: **inteligentes**
f/S: **inteligente** f/P: **inteligentes**
3. m/S: **marrón** m/P: **marrones**
f/S: **marrón** f/P: **marrones**
4. m/S: **amarillo** m/P: **amarillos**
f/S: **amarilla** f/P: **amarillas**
5. m/S: **posible** m/P: **posibles**
f/S: **posible** f/P: **posibles**
6. m/S: **amable** m/P: **amables**
f/S: **amable** f/P: **amables**
7. m/S: **inglés** m/P: **ingleses**
f/S: **inglesa** f/P: **inglesas**
8. m/S: **rubio** m/P: **rubios**
f/S: **rubia** f/P: **rubias**
9. m/S: **delgado** m/P: **delgados**
f/S: **delgada** f/P: **delgadas**
10. m/S: **dormilón** m/P: **dormilones**
f/S: **dormilona** f/P: **dormilonas**

38
2. Manolo es muy cortés.
3. Los leones son feroces.
4. La película es divertida.
5. Los bomberos son valientes.
6. El niño es regordete.
7. Lola es muy pesada.
8. Las ciudades son ruidosas.

39
1. Toda la familia está muy cansada después del viaje.
2. Estas salchichas son alemanas y están realmente buenas.
3. Esos turistas parecen norteamericanos.
4. La blusa te queda muy bonita.
5. El examen les resulta muy difícil a los alumnos.
6. Creemos necesaria la limpieza de la ciudad.
7. Consideramos muy buenas las ideas del alcalde.
8. Siempre llevas los pantalones sucios.

40
1. Tengo una falda y unos pantalones rojos.
2. Federico y Mónica no son italianos.
3. La chica es amable y divertida.
4. La casa de mi padre es grande, luminosa y muy cara.
5. Necesita un coche y un piso baratos.
6. Tenemos una mesa y una silla rotas.
7. El libro y la película parecen muy divertidos.
8. Tenéis un hijo y una hija adoptivos.
9. Es un pueblo bonito, tranquilo y pintoresco.
10. Juan y Juana están enfadados y muy cansados.

41
1. Las **grandes** ciudades como Madrid tienen mucho tráfico. / Las ciudades **grandes** como Madrid tienen mucho tráfico.
2. El **famoso** pintor Pablo Picasso era de Málaga.

3. El estudiante **belga** todavía no sabe bien español.
4. Necesito **medio** kilo de fresas para el pastel.
5. Mis padres viven en el **octavo** piso. / Mis padres viven en el piso **octavo**.
6. He comprado dos mesas **cuadradas** para el salón.
7. Es la **última** naranja que me queda.
8. Es la **primera** bicicleta que tengo.
9. Tenemos que resolver un problema **muy difícil**.
10. Nunca he tenido un coche **verde**.

42
1. a. un **solo** niño → ein einziges Kind
   b. un niño **solo** → ein Kind, das allein ist, ohne Begleitung
2. a. un **triste** trabajador → ein armseliger Arbeiter
   b. un trabajador **triste** → ein trauriger Arbeiter
3. a. una **simple** respuesta → bloß / nur eine Antwort
   b. una respuesta **simple** → eine einfache Antwort
4. a. una **pobre** muchacha → ein bedauernswertes Mädchen
   b. una muchacha **pobre** → ein armes (mittelloses) Mädchen
5. a. **cierto** rumor → ein gewisses Gerücht
   b. un rumor **cierto** → ein sicheres Gerücht
6. a. unas **viejas** amigas → Freundinnen, die man schon lange kennt
   b. unas amigas **viejas** → Freundinnen, die schon alt sind
7. a. **grandes** mujeres → bedeutende Frauen
   b. mujeres **grandes** → große Frauen
8. a. un **dichoso** jefe → ein verdammter Chef
   b. un jefe **dichoso** → ein glücklicher Chef
9. a. ¡**Valiente** madre! → Was für eine schlechte Mutter!
   b. una madre **valiente** → eine mutige Mutter
10. a. todo el **santo** jueves → den lieben langen Donnerstag
    b. todo el Jueves **Santo** → der ganze Gründonnerstag

43 1. buen 2. gran / buena 3. tercer 4. primera 5. cualquier / alguna 6. San 7. mal 8. algunas

44
1. ¿No conoces a ese chico? Es un **famoso** torero **cordobés**.
2. Esa **linda** chica **mexicana** es la prima de Jorge.
3. La bandera **española** es **roja y gualda**.
4. La danza **clásica europea** es de una **gran** belleza.
5. Es el **primer** libro **inglés** que leo.
6. Tiene un carácter **frío y calculador** que no me gusta en absoluto.
7. Nos han regalado una mesa y unas sillas **antiguas muy bonitas**.
8. Todos los días se bebe **medio** litro de cerveza **alemana**.
9. He leído bastante sobre la **interesante** situación **política francesa actual**.
10. Ese **dichoso** problema **económico** no me deja dormir.

45 1. **rara** vez 2. **mala** suerte 3. **buena** suerte 4. ¡**Buen** viaje! 5. tener una información de **primera** mano 6. tener la cabeza **dura** 7. No es **ninguna** pera en dulce. 8. una idea **fija** 9. El que ríe el **último** ríe mejor. 10. irse con las manos **vacías**

46 1.c. 2.b. 3.a. 4.b. 5.c. 6.c. 7.b. 8.b. 9.b. 10.c.

Vergleichsstrukturen

47 A
2. Lucas es **tan poco** alegre **como** Víctor.
3. El profesor analizó el texto **tan** profundamente **como** el alumno.
   El profesor analizó el texto **igual de** profundamente **que** el alumno.
4. Mi coche está **tan** limpio **como** la moto de Juan.
   Mi coche está **igual de** limpio **que** la moto de Juan.

47 B
1. Santiago tiene **tantas** deudas **como** su mujer.
   Santiago tiene **las mismas** deudas **que** su mujer.
2. Teresa tiene **tan poca** ropa **como** Sonia.
3. Carmen ha comprado **el mismo** libro **que** Eva.

47 C
1. Enrique bebe **tanto como** Pepa.
   Enrique bebe **igual que** Pepa.
   Enrique bebe **lo mismo que** Pepa.
2. Gil duerme **tan poco como** Asu.
3. Carlos se peina (muy bien) todas las mañanas **como** quiere su madre.

48
2. Marta anda **igual de** lentamente **que** María.
3. Marta cocina **tan poco como** María.
4. Marta tiene **tantos** zapatos rojos **como** María.
5. Marta tiene los ojos **tan** negros **como los** de María.
6. Marta tiene **los mismos** apellidos **que María**.
7. Marta bebe **tanta** cerveza **como** María.
8. Marta toca la guitarra y el piano **tan** mal **como** María.

9. Marta fuma **tan poco como** María.
10. Marta tiene **tan pocas** ganas de estudiar **como** María.

49
1. Mi abuela era más severa que mi abuelo.
2. Mi abuelo era menos alegre que mi abuela.
3. Jorge habla más pausadamente / lentamente que tú.
4. La orquesta toca hoy menos lentamente / más rápido que ayer.
5. Es más fácil hablar que callar.
6. En esta empresa hay más mujeres que hombres.
7. Trabajan más en invierno que en verano.
8. Actualmente se viaja más que antes.

50 1. que 2. de 3. de 4. de 5. de 6. que 7. de 8. que

51 A 1.d. 2.f. 3.b. 4.a. 5.c. 6.e.

51 B
2. No, son las que menos trabajaron (de todas).
3. Sí, esto es lo más bonito de todo.
4. No, es la que trabaja más rápidamente.
5. No, es la idea más tonta que has tenido nunca.
6. Sí, es el que tiene menos libros (de nosotros).

52 mejor, el mayor, el menor, peor, inferiores

53
2. El año pasado rodó un corto **buenísimo**.
3. Estas lentejas están **malísimas**.
4. Los plátanos están todavía **verdísimos**.
5. Ya se lo he dicho **clarísimamente**.
6. Siempre hace las cosas **tranquilísimamente**.
7. Me he comprado una falda **modernísima**.
8. Nuestro jefe es **locuacísimo**.
9. Me respondieron **simpatiquísimamente**.
10. Estas alumnas están **preparadísimas**.

54
1. Este restaurante es **caro caro**.
2. La protagonista de la peli es **remala**.
3. El nuevo proyecto es **increíblemente interesante**.
4. Esas sillas son **horrorosamente feas**.
5. Esos chicos son **sumamente tontos**.
6. La situación es **enormemente complicada**.
7. Con esa chaqueta estás **requeteguapo**.
8. Es de una calidad **superbuena**.
9. Es **extraordinariamente listo** para los negocios.
10. Tu habitación está **verdaderamente sucia**.

55
1. tener **más** paciencia **que** Job
2. estar **más** delgado **que** un fideo
3. beber **como** un cosaco
4. **Más** vale pájaro en mano **que** ciento volando.
5. mostrar su **mejor** cara
6. ser **peor que** la marabunta
7. hablar **más que** un loro
8. haber salido de lo **peor**
9. ser **muy** leal
10. tener **más** cara **que** espalda

56 1.c. 2.b. 3.b. 4.c. 5.a. 6.c. 7.b. 8.c. 9.a. 10.b.

Possessiva

57 A

Person	männlich	weiblich
1. Singular: *yo*	***mi** coche* ***mis** coches*	***mi** empresa* ***mis** empresas*
2. Singular: *tú*	***tu** coche* ***tus** coches*	***tu** empresa* ***tus** empresas*
3. Singular: *él / ella /usted*	***su** coche* ***sus** coches*	***su** empresa* ***sus** empresas*
1. Plural: *nosotros/-as*	***nuestro** coche* ***nuestros** coches*	***nuestra** empresa* ***nuestras** empresas*
2. Plural: *vosotros/-as*	***vuestro** coche* ***vuestros** coches*	***vuestra** empresa* ***vuestras** empresas*
3. Plural: *ellos / ellas / ustedes*	***su** coche* ***sus** coches*	***su** empresa* ***sus** empresas*

57 B Alle Formen richten sich im Numerus nach dem Besitzobjekt. Nur die Formen der 1. und 2. Person Plural richten sich nach dem Genus des Besitzobjektes.

58 1. su 2. tus 3. sus 4. su 5. mis 6. vuestras 7. su 8. nuestras

59 A

Person	männlich	weiblich
1. Singular: *yo*	*un coche **mío*** *coches **míos***	*una empresa **mía*** *empresas **mías***
2. Singular: *tú*	*un coche **tuyo*** *coches **tuyos***	*una empresa **tuya*** *empresas **tuyas***
3. Singular: *él / ella / usted*	*un coche **suyo*** *coches **suyos***	*una empresa **suya*** *empresas **suyas***
1. Plural: *nosotros/-as*	*un coche **nuestro*** *coches **nuestros***	*una empresa **nuestra*** *empresas **nuestras***
2. Plural: *vosotros/-as*	*un coche **vuestro*** *coches **vuestros***	*una empresa **vuestra*** *empresas **vuestras***
3. Plural: *ellos / ellas / ustedes*	*un coche **suyo*** *coches **suyos***	*una empresa **suya*** *empresas **suyas***

59 B Alle Formen richten sich im Numerus und Genus nach dem Besitzobjekt (s. 59 a).

60 A 1. nuestros 2. tuya 3. suyas 4. mía, vuestra 5. suyas 6. suyo 7. nuestro 8. suyo

60 B en presencia **mía** / en ausencia **mía**, en nombre **vuestro**, por cuenta **suya**, por parte **suya**, a favor **nuestro**, de parte **mía**, en lugar **tuyo**, por culpa **tuya**

61 1.g. 2.f. 3.e. 4.h. 5.a. 6.c. 7.b. 8.d.

62 A 1.d. 2.f. 3.a. 4.b. 5.g. 6.c. 7.e.

62 B amigo **mío**, dos mensajes **tuyos**, con **tus** chistes, algún amigo **nuestro**, es amigo **tuyo**, este amigo **tuyo**, y **su** hermana, la amiga **suya**, con **mi** coche, ¡... amigo **mío**!

63 1. el suyo 2. la vuestra 3. los suyos 4. la nuestra 5. mío 6. la tuya, la suya

Demonstrativa

64

	Singular	Plural
Maskulinum	***este** vaso*	***estos** vasos*
Femininum	***esta** mesa*	***estas** mesas*
Maskulinum	***ese** vaso*	***esos** vasos*
Femininum	***esa** mesa*	***esas** mesas*
Maskulinum	***aquel** vaso*	***aquellos** vasos*
Femininum	***aquella** mesa*	***aquellas** mesas*

65 1. **esos** libros 2. **aquellas** chicas 3. **esta** película 4. **aquel** hombre 5. **esa** casa 6. **aquellos** árboles 7. **estos** regalos 8. **ese** perro

66
1. *Este, esta, estos, estas* beziehen sich auf Personen und Gegenstände, die sich in der Nähe des Sprechenden befinden. Deshalb werden sie oft im Zusammenhang mit den Ortsadverbien *aquí / acá* (= hier) und den Personalpronomen und Verbformen der 1. Person (*yo, nosotros/-as*) verwendet.
2. *Ese, esa, esos, esas* beziehen sich auf Personen und Gegenstände, die sich in der Nähe des Angesprochenen befinden. Deshalb werden sie oft im Zusammenhang mit dem Ortsadverb *ahí* (= da) und den Personalpronomen und Verbformen der 2. Person (*tú, vosotros/-as, usted, ustedes*) verwendet.
3. *Aquel, aquella, aquellos, aquellas* beziehen sich auf Personen und Gegenstände, die sich weder in der Nähe des Sprechenden noch des Angesprochenen befinden. Deshalb werden sie oft im Zusammenhang mit den Ortsadverbien *allí / allá* (= dort) und den Personalpronomen und Verbformen der 3. Person (*él, ella, ellos/-as*) verwendet.

67 1. esa 2. aquel 3. Esta 4. esas 5. aquellas 6. Esta 7. Aquellos 8. Ese

68 1.c. 2.e. 3.h. 4.f. 5.g. 6.a. 7.d. 8.b.

69 A ***In der Nähe des Sprechenden:*** m/S. éste; f/S. ésta; m/P. éstos; f/P. éstas; *Adverb:* aquí / acá
In der Nähe des Angesprochenen: m/S. ése; f/S. ésa; m/P. ésos; f/P. ésas; *Adverb:* ahí
Weit entfernt von beiden: m/S. aquél; f/S. aquélla; m/P. aquéllos; f/P. aquéllas; *Adverb:* allí / allá

69 B 1. Éstos 2. ésa 3. Ésas 4. Aquél 5. Aquéllos 6. éste

70 1. eso, Esto 2. aquello 3. eso 4. Eso 5. Esto, eso, aquello 6. Eso 7. Esto 8. aquello

Indefinita

71 A **JEDE/-R/-S bezieht sich auf**
- die Gesamtheit ...
  ALS PRONOMEN **todos / todas** — ALS ADJEKTIV **todos los / todas las**
- einzelne Bestandteile ...
  ALS PRONOMEN **cada uno / una** — ALS ADJEKTIV **cada**
- ein beliebiges Element ...
  ALS PRONOMEN **cualquiera** — ALS ADJEKTIV **cualquier(a)**
- eine Handlung, deren ...
  ALS ADJEKTIV **cada**

71 B 1. Todos los 2. Cada uno 3. cualquier 4. cada 5. cada 6. Todas las tardes 7. cada 8. cualquiera 9. Cada 10. todos / todas

72 1.e. 2.g. 3.j. 4.i. 5.h. 6.a. 7.d. 8.f. 9.b. 10.c.

73 1. algún 2. ninguno 3. Algunos 4. algunas 5. ninguna / alguna 6. ningún 7. alguna 8. ninguna

74 1. nada 2. algo 3. alguno 4. ninguno, nada 5. alguien 6. nadie / ninguno 7. nadie / ninguno, nada 8. alguien

75 1. nada 2. Algo 3. nada 4. algo 5. nada 6. algo 7. algo 8. nada 9. algo 10. nada

76 1. Otro, otro 2. unos, los demás 3. Los demás, unos 4. mismo, varias / diversas / distintas / diferentes 5. diferentes / distintas 6. diversas / varias / distintas / diferentes 7. varias / diversas / diferentes / distintas 8. la misma 9. Ambos, los mismos 10. tal / semejante, semejante / tal

Personal- und Reflexivpronomen

77 1. yo 2. tú 3. él 4. ella 5. ello 6. usted 7. nosotros 8. nosotras 9. vosotros 10. vosotras 11. ellos 12. ellas 13. ustedes
Lösungswort: El Salvador
Die 3. Person Singular und die 1., 2. und 3. Person Plural haben im Spanischen auch eine feminine Form.
Im Spanischen gibt es eine Singular- und eine Plural-Höflichkeitsform.

78
1. ¿Dónde vive **usted**? – **Ø** Vivo en un pequeño pueblo español.
2. ¿Has sido **tú** la que ha limpiado el baño? – Sí, he sido **yo**.
3. ¿Cuándo habéis llegado **Ø**? – **Ø** Hemos llegado hace una hora.
4. ¿Vais a ir tu marido y **tú** a la fiesta? – No, **Ø** no vamos a ir.
5. ¿Habéis encargado **Ø** la tarta? – No, la hemos hecho **nosotras** mismas.
6. ¿Bailaron tus padres en la boda de ayer? – Sí, incluso **ellos** bailaron.
7. ¿Almorzasteis **Ø** ayer en casa? – No, **Ø** lo hicimos en el trabajo.
8. **Yo** no suelo acostarme tarde, ¿y tú? – **Yo** tampoco.
9. ¿Es tu hermana mayor que tú? – No, **yo** soy mayor que **ella**.
10. ¿Quería tu novio ir a pie? – Sí, **él** quería ir a pie, pero **yo** no.

79

Objektpron.	direktes Objektpron.	indirektes
yo	**me** *mich*	**me** *mir*
tú	**te** *dich*	**te** *dir*
él	**lo** *ihn*	**le** *ihm*
ella	**la** *sie*	**le** *ihr*
usted	**lo / la** *Sie*	**le** *Ihnen*
nosotros/nosotras	**nos** *uns*	**nos** *uns*
vosotros/vosotras	**os** *euch*	**os** *euch*
ellos	**los** *sie*	**les** *ihnen*
ellas	**las** *sie*	**les** *ihnen*
ustedes	**los / las** *Sie*	**les** *Ihnen*

80 1. nos, Nos 2. me 3. la 4. Os 5. lo 6. te 7. los 8. las 9. te 10. los

81
1. Hoy **los** he llevado al cine.
2. Los Suárez **la** han comprado.
3. Ya **la** he llamado.
4. Todavía no **lo** sé.
5. Hace dos años que no **los** veo.
6. Amalia **lo** ha escrito en dos horas.
7. Todavía no **las** conozco.
8. **Las** he movido para poder limpiar mejor el suelo.

82 1. os 2. me 3. le 4. te 5. Les 6. nos 7. le 8. les 9. nos 10. me

83 2. te 3. se 4. se 5. se 6. nos 7. os 8. se 9. se 10. se

84
2. Tú y tu amigo **os** habéis saludado en la calle.
3. Nosotros y los niños **nos** besamos.
4. Salvador y Nuria **se** prometieron amor eterno.
5. Tú y yo **nos** ayudamos a aprender español.
6. Mis padres y mis abuelos no **se** hablan.
7. Vosotros y vuestros tíos **os** escribís.
8. El policía y el ladrón **se** mataron.

85
1. La situación del enfermo **Ø** ha empeorado mucho y ya ni siquiera **se** puede sentar en la cama.
2. Ayer el jefe **Ø** despidió a Pepe y hoy éste ha venido porque **se** quería despedir de todos nosotros.
3. ¿**Te** has vestido ya? ¿O **te** has arrepentido de haberme dicho que me ibas a acompañar al médico?
4. **Nos** hemos dado cuenta de que los alumnos **se** divierten mucho en clase.
5. El próximo lunes **se** encontrarán otra vez porque **Ø** tienen que encontrar una solución definitiva a la situación actual.
6. Lo siento, **me** estoy durmiendo porque anoche no **Ø** dormí nada y esta tarde tampoco **Ø** he podido descansar.
7. Ya sé que estás muy cansado porque **te** estás mudando de piso, pero si **te** quejas todo el tiempo es todavía peor. Así que si **te** callas, será mucho mejor.
8. Hoy **me** quedo en casa porque ayer **Ø** quedé con unos amigos y **me** acosté muy tarde.
9. **Me** he aburrido muchísimo en la fiesta de Carlos. No **Ø** recuerdo haber estado en mi vida en una fiesta tan aburrida.

10. ¿No os acordáis de que Ø habíamos acordado no tratar más este tema?
11. No te tienes que cambiar de ropa para ir a cambiar Ø dinero.
12. Me llamo Juan Márquez y Ø llamo para recordarle que hoy a las 10 tiene una cita con nosotros.

reflexiv: sentarse *(sich setzen)*, despedirse *(sich verabschieden)*, arrepentirse *(bereuen)*, vestirse *(sich anziehen)*, darse cuenta de *(bemerken)*, divertirse *(sich amüsieren)*, encontrarse *(sich treffen)*, dormirse *(einschlafen)*, mudarse *(umziehen)*, quejarse *(sich beklagen)*, callarse *(schweigen)*, quedarse *(dableiben)*, acostarse *(ins Bett gehen)*, aburrirse *(sich langweilen)*, acordarse de *(sich erinnern an)*, cambiarse *(umziehen)*, llamarse *(heißen)*.
nicht-reflexiv: empeorar *(sich verschlechtern)*, despedir *(kündigen)*, encontrar *(finden)*, dormir *(schlafen)*, descansar *(sich ausruhen)*, quedar *(sich verabreden)*, recordar *((sich) erinnern)*, acordar *(vereinbaren)*, cambiar *(wechseln)*, llamar *(rufen)*.

86
2. No, lo siento, no te lo puedo prestar / no puedo prestártelo.
3. Sí, claro, me las puede hacer / puede hacérmelas.
4. Sí, creo que no me lo has traído.
5. Sí, ya se lo he comprado.
6. Sí, se / os lo recomiendo.
7. Sí, sí, ya nos la han preparado.
8. No, no te la he preparado.

87
- Manolo, ¿Le has preguntado ya al jefe si nos reunimos mañana?
- Sí, se lo he preguntado, pero todavía no lo sabe.
- ¿Y cuándo nos lo va a decir?
- No te preocupes. Supongo que nos lo dirá antes de irse a casa.
- Es que yo lo tengo que saber antes de que me llame Marta.
- ¿Y por qué?
- Pues porque si mañana hay reunión, tendré que prepararla esta noche y no podré ir a cenar con ella.
- Bueno, si no os veis un día tampoco pasa nada, ¿no?
- Hombre, es que hoy hace un año que nos conocimos.

88
1. No se la dijo.
2. Se lo podemos dar. / Podemos dárselo.
3. Se lo sigue contando. / Sigue contándoselo.
4. Se la he comprado.
5. Lo escribí en el acta.
6. ¿Se la estás escribiendo? / ¿Estás escribiéndosela?
7. Se lo tenemos que vender. / Tenemos que vendérselo.
8. ¿Los puedes guardar en tu cajón? / ¿Puedes guardarlos en tu cajón?

89
1. ¡No se lo digan!
2. ¡Pídalo!
3. ¡Esperémosla!
4. ¡No te preocupes!
5. ¡Compréndeme, por favor!
6. ¡No lo bebas!
7. ¡Échate! / ¡Acuéstate!
8. ¡No lo escriba!

90
1. Son para mí. 2. Está enamorada de ti. 3. Lo hago por él. 4. Me enfadé con ella. 5. Para usted. 6. Sólo en sí mismo. 7. Entre nosotros, claro. 8. De nosotras. 9. ¡Por vosotros! 10. A vosotras, claro. 11. A ellos. 12. No, sólo en ellas. 13. Con ustedes. 14. De sí mismos.

91
1.d. Ø Ha preguntado por ella.
2.j. A ellos no los invites. / A ella(s) no la(s) invites.
3.e. A mí me da igual.
4.h. Según tú yo tengo la culpa.
5.i. Puedes contar conmigo.
6.b. A nosotros no nos gusta nada eso.
7.f. A vosotros ya os lo he dicho.
8.a. A usted(es) no le(s) interesa mi trabajo. / A ella(s) no le(s) interesa mi trabajo.
9.g. Con él no quiero hablar.
10.c. ¡Compra un helado para ella(s) / ellos!

92
1. Los libros de poesía ya los he encargado.
2. A Salvador no lo veo desde hace dos días.
3. Lo que me dijiste no lo he hecho todavía.
4. Las plantas ya las he regado.
5. El dinero ya se lo he dado.
6. La taza la he roto yo.
7. La verdad todavía no la sabemos.
8. Lo que pienso de él ya se lo he dicho.

93
1.b./c. 2.a. 3.a. 4.c. 5.c. 6.b. 7.c. 8.b./c. 9.b./c. 10.b.

94
El señor García fue al mercado porque Ø quería hacer una paella y Ø necesitaba los ingredientes para prepararla. Ø Había comprado el arroz el día anterior y por eso ya no tenía que comprarlo / ya no lo tenía que comprar esa mañana. Cuando el señor García / Ø llegó al mercado, sacó una lista del bolsillo. En ella estaban escritas todas las cosas que Ø necesitaba: tomates, pimientos, judías verdes, calamares, gambas, almejas y mejillones. Esta vez quería hacer una paella de mariscos y por eso decidió ir primero a un puesto donde los vendieran.

Para **él** era muy importante que los mariscos estuvieran frescos y que **Ø** no fueran muy caros. Por fin **Ø** encontró un puesto de mariscos donde **los** vendían a un buen precio y **Ø** eran buenos. **El señor García** / **Ø** preguntó quién era el último, se puso en la cola y esperó en **ella** hasta que **le** llegó su turno. Cuando el dueño del puesto le preguntó **al señor García** / **Ø** qué quería, **él le** dijo que le pusiera un cuarto de kilo de calamares y explicó al dueño del puesto que **los** necesitaba para una paella y que para hacer**la** también necesitaba un cuarto de kilo de almejas y otro de mejillones.
El dueño del puesto **le** puso los calamares, las almejas y los mejillones. El señor García **le** pagó todo y se despidió de **él**. Al señor García ya sólo le faltaba buscar un puesto de verduras, comprar**las** en **él**, pagar**las** y volver rápido a casa para hacer la paella.

95
1. En Sevilla hay una gran catedral gótica y junto a **ella** una torre y un patio árabes. **(v)**
2. Los españoles **se** acuestan más tarde que los alemanes. **(v)**
3. El catalán **lo** hablan sólo los catalanes. **(f)**
4. Las Meninas **las** pintó Velázquez. **(v)**
5. La Sagrada Familia de Barcelona **la** terminó de construir Gaudí. **(f)**
6. Las Fallas es una fiesta típica de Valencia y en **ella** se queman muchas figuras. **(v)**
7. Todos los españoles tienen dos apellidos y el segundo de **ellos lo** reciben de su madre. **(v)**
8. Extremadura **se** encuentra en el norte de España. **(f)**

Relativpronomen

96
1. Mi padre**,** que ya había desayunado**,** se fue muy temprano a trabajar.
2. Hay muchas personas **Ø** que no tienen trabajo.
3. Éste es el vestido **Ø** que he comprado.
4. Es un hombre **Ø** a quien todas las mujeres quieren.
5. Mi hermano**,** que ya tiene 30 años**,** todavía sigue viviendo con mis padres.
6. El balonmano es un juego **Ø** que no entiendo.
7. Hoy me he encontrado con Marta**,** a la que no veía desde hacía años.
8. Mi nueva vecina**,** que es de Chile**,** me ha visitado hoy.

97
2. Ahí vive un abogado **que** trabaja en mi empresa.
3. Manolo, **que** es ingeniero, es un hombre muy inteligente.
4. Hablamos con el doctor Pérez, **que** había estado ausente dos meses.
5. El móvil **que** me regalaste el mes pasado no funciona.
6. Víctor está escribiendo un libro **que** trata de un tema histórico.
7. Tienes que doblar la ropa **que** te he dejado sobre la cama.
8. Ayer estuve en Cádiz, **que** es una ciudad con mucha luz.
9. Los niños, **que** estaban muy cansados, se fueron a la cama.
10. He comprado unas sillas **que** son perfectas para la mesa de la cocina.

98
2. Ana trabaja en el hospital **en (el) que** mi madre es directora.
3. Ángel tiene un nuevo jefe, **del que** hemos hablado hoy.
4. Tengo un proyecto **para el que** he conseguido ayuda económica.
5. Hoy voy a visitar al nuevo vecino, **(al) que** tú ya conoces.
6. Han encarcelado a los ladrones **contra los que** declararon dos testigos.
7. Los niños comieron una tarta **que** yo había hecho.
8. Hoy ha llegado un nuevo informe, **sobre el que** quiero hablar contigo.
9. He visto una película **que** mi marido me recomendó.
10. Mañana cenamos con los López, **con los que** también almorzamos ayer.

99
2. Una maceta es un recipiente **en el que** se pone una planta.
3. Un mecánico es la persona **a la que** te diriges cuando tu coche no funciona.
4. Un carpintero es la persona **con la que** hablas cuando quieres una mesa a medida.
5. Un lápiz es un instrumento **con el que** escribo mis deberes de matemáticas.
6. Un basurero es una persona **que** pasa todos los días con un camión y recoge lo que tú no quieres.
7. Un ciclista es una persona **que** gana dinero montando en bicicleta.
8. Una copa es un recipiente **en el que** se bebe vino.

100 Esta tarde he terminado el libro **que** me regalaste por mi cumpleaños. Es un libro para **quien** le gusten mucho las historias románticas y yo, la verdad, prefiero otro tipo de novelas. La protagonista, Amanda, es una mujer **que** conoce a su media naranja en un cementerio. Él, Amador, va allí para visitar la tumba de su mujer, **que** / **quien** había muerto hacía un año, y a **quien** había amado con toda su alma. Amanda también había perdido en un accidente de tráfico a dos amigos con **quienes** había compartido una gran parte de su vida. Cuando Amanda pasó por el lado de Amador, dejó caer su pañuelo, **que** él recogió solícitamente y le devolvió mirándola a los ojos, **que** estaban igual de tristes que los suyos. Fue amor a primera vista. ¡Qué romántico!

101
1. Es el cardiólogo al **que** fui después de tener el infarto.
2. Quiero hablar contigo de **lo que** me pasó ayer.
3. Es la única persona en **la que** / **quien** puedo confiar.
4. Trabajo en una editorial para **la que** traduzco libros al español.
5. Ése es un argumento **que** no nos convence.
6. No me digas que ésa es la mujer con **la que** / **quien** te quieres casar.
7. Su mujer se ha ido con otro, **lo que** le ha causado un gran trauma.
8. He denunciado al arquitecto **que** construyó mi casa.
9. Éste es el problema sobre **el que** hemos estado hablando toda la tarde.
10. Ayer vi al conductor del coche contra **el que** choqué.

102
1. Esta noche no he podido pegar un ojo, por **lo cual** ahora estoy muerta.
2. Tomaré las vacaciones en agosto, mes en **el cual** media España no trabaja.
3. Está casada desde hace 8 años con Antonio, **al cual** ama con locura.
4. Iré a hablar con mis tíos, en **los cuales** confío plenamente.
5. He ido a visitar a Fernando, **el cual** ya no trabaja en mi empresa.
6. Son aventuras amorosas de la juventud sobre **las cuales** no quiero hablar.
7. Me dijo que me iba a ayudar, **lo cual** es buena señal.
8. Es el profesor con **el cual** empecé a interesarme por la historia.

103 1. los 2. el 3. la 4. cual 5. del 6. quien 7. que 8. mediante 9. lo 10. quienes

104
1. La ventana **que** da a la calle está rota.
2. Hoy me ha invitado a cenar el chico **que** conocí ayer.
3. El libro **a que** / **al que** / **al cual** hacéis referencia todavía no lo he leído.
4. Mi padre, **quien** / **el cual** / **que** tenía muy buenas notas en el colegio, nunca pudo ir a la universidad.
5. La persona **de la que** / **de quien** / **de la cual** hablas es muy conocida en toda la ciudad.
6. La película **de que** / **de la que** / **de la cual** me hablaste todavía no la han estrenado en mi ciudad.
7. El restaurante **para el que** / **para el cual** trabajo está siempre llenísimo.
8. Las dos chicas **con quienes** / **con las que** / **con las cuales** me viste son mis dos mejores amigas.

105
2. Mercedes, **cuyo padre** murió hace unos días, ha vuelto hoy otra vez al trabajo.
3. El hombre **cuya mujer** ha muerto se llama viudo.
4. La película que vi ayer, **de cuyo título** no me acuerdo, no me gustó.
5. El abuelo de Carmen, **en cuya casa** viví dos meses, me ha vuelto a invitar.
6. Los enfermos **cuyas enfermedades** eran incurables eran trasladados a otra sala.
7. Estuvimos en Ratisbona, **delante de cuya catedral** vimos al Papa.
8. El señor Roca, **con cuyo hijo** me he casado, no quiere saber nada de mí.

106
1. La ciudad desde **donde** te escribo es preciosa.
2. Me han dicho que siempre le dan todo **cuanto** pide.
3. Lo hace **como** tú.
4. El hotel en **donde** pasaré las vacaciones es bastante caro.
5. El miércoles es **cuando** descanso.
6. Sevilla es una de las ciudades por **donde** pasa el Guadalquivir.
7. Había invitado a **cuantas** personas había querido.
8. Un domingo fue **cuando** nos separamos.
9. Se ha comportado **como** me habían dicho que lo haría.
10. Todos **cuantos** hablan no saben nada del tema.

107 1. El que / Quien 2. Los que / Quienes 3. Lo que 4. quienes / cuantos / los que 5. El que / Quien 6. quienes / los que 7. las que 8. las que

108 1.b. 2. (1) a., (2) a./b./c. 3.b./c. 4.a./c. 5. (1) a./c., (2) b./c. 6.c. 7.a./b. 8.c. 9. (1)b., (2) a./b. 10.b./c.

109 Al construir las casas hay que tener en cuenta el medio ambiente, que / el cual ha estado olvidado durante tantos años. En nuestra casa, por ejemplo, tenemos en la planta baja un generador que produce la electricidad que la casa necesita. También en la planta baja tenemos dos cisternas enormes que recogen el agua de lluvia, con la cual / con la que se puede limpiar el inodoro y lavar la ropa. En nuestra casa, como en todas, se produce basura, cuyo reciclaje es, claro está, muy importante para nosotros. Todos los vecinos separamos el plástico, el metal, el papel, el vidrio y la basura orgánica, que distribuimos en bolsas o contenedores, que / los cuales también están en la planta baja. Bueno, menos el contenedor de basura orgánica que está en el patio, en el que / en el cual / donde tenemos además muchas flores y plantas. Por desgracia, en nuestra casa también hay otro tipo de basura que no se puede reciclar. De todas formas estamos muy contentos con nuestra casa «ecológica», a la que / a la cual ya le han concedido más de un premio.

110 1.e. 2.g. 3.h. 4.c. 5.d. 6.b. 7.f. 8.a.

Interrogativa

111 1. En qué 2. Quiénes 3. A quién 4. En qué 5. De quién 6. De qué 7. Con quién 8. Con quién 9. A qué 10. En quién

112 1. Cuánta 2. En cuántas 3. Por cuánto 4. Para cuántas 5. Cuántos 6. A cuánto 7. Cuánto 8. Cuántas

113 1.k. Qué 2.c. Desde cuándo 3.h. Cuánto 4.l. De quién 5.g. Por qué 6.i. A quién 7.j. Adónde 8.b. Cuál 9.f. Dónde 10.e. Quiénes 11.a. Cuántas 12.d. Cómo

114 1. Qué 2. Qué / Cuáles 3. Cuál 4. Cuál 5. Cuál
6. Qué 7. Qué 8. Cuál 9. Qué 10. cuál

115
1. ¿Cuántos años tiene usted?
2. ¿Cuánto cuesta ese piso?
3. ¿Qué altura tiene esa pared?
4. ¿Te gusta Madrid? / ¿Qué te parece Madrid?
5. ¿Qué hora es?
6. ¿Cuánto pesas?
7. ¿Qué distancia hay a la universidad? / ¿Cuánto hay de aquí a la universidad?
8. ¿Cuántas veces has estado en España?
9. ¿Desde cuándo vives en Salamanca?
10. ¿Cuánto (tiempo) dura la película?
11. ¿Cuánto tiempo vas a trabajar todavía?
12. ¿Os gusta el nuevo profesor? / ¿Qué os parece el nuevo profesor?

116 1. con quién 2. cómo 3. desde cuándo 4. por qué 5. adónde, cuándo 6. cuál 7. cuánto 8. qué

117 a.5. Qué b.7. Cuántos c.4. Qué d.8. Qué e.1. Qué f.6. Cómo / cuánto g.2. Quién h.3. Cuánto / cómo

118
Sr. Díaz: Buenos días, señora Ruiz, ¿Cómo está usted?
Sra. Ruiz: Bien, gracias, ¿y usted?
Sr. Díaz: Bien, bien. Bueno, ¿en qué puedo ayudarla?
Sra. Ruiz: ¿No ha recibido usted el proyecto que le he enviado?
Sr. Díaz: ¿Qué proyecto?
Sra. Ruiz: El proyecto de reforma del departamento.
Sr. Díaz: ¿De qué departamento?
Sra. Ruiz: Pues del departamento de ventas, señor Díaz. Usted me encargó que analizara cómo se podría trabajar de una forma más efectiva.
Sr. Díaz: ¡Ah! Sí, sí. ¿Y cuándo me lo ha enviado usted?
Sra. Ruiz: Hace dos días.
Sr. Díaz: ¡Qué extraño! Yo no he recibido nada.
Sra. Ruiz: Bueno, no importa. Aquí tiene una copia.
Sr. Díaz: ¡Uy! ¡Cuántas páginas! ¿Con quién ha realizado usted este trabajo?
Sra. Ruiz: Con nadie, lo he hecho sola.
Sr. Díaz: Bueno, pues muchas gracias. Me lo leeré y después le diré qué me ha parecido.
Sra. Ruiz: Vale, señor Díaz. Adiós.
Sr. Díaz: Adiós, señora Ruiz.

Verben

Indikativ

119 **hablar:** habl-o, habl-as, habl-a, habl-amos, habl-áis, habl-an
leer: le-o, le-es, le-e, le-emos, le-éis, le-en
vivir: viv-o, viv-es, viv-e, viv-imos, viv-ís, viv-en

120 **yo:** viajo; **tú:** abres, escribes; **él, ella, usted:** besa; **nosotros/-as:** comemos, recibimos; **vosotros/-as:** vivís, vendéis; **ellos/-as, ustedes:** comprenden
Infinitiv-Formen: viajar, abrir, escribir, besar, comer, recibir, vivir, vender *und* comprender

121 **trabajar:** trabajo, trabajas, trabaja, trabajamos, trabajáis, trabajan
aprender: aprendo, aprendes, aprende, aprendemos, aprendéis, aprenden
escribir: escribo, escribes, escribe, escribimos, escribís, escriben
beber: bebo, bebes, bebe, bebemos, bebéis, beben
hablar: hablo, hablas, habla, hablamos, habláis, hablan

122 **tú:** 3. hablas, 7. vives, 11. sufres
vos: 1. comunicás, 2. decidís, 9. descansás, 14. aprendés
usted: 5. lee, 10. llama, 12. viaja
vosotros/-as: 2. decidís, 4. bebéis, 8. trabajáis
ustedes: 6. escriben, 13. comen, 15. esperan

123 **vos:** Estimado amigo, Creés, trabajás, mirás, te, respondés, escribís, tu, causás, Vos vivís, te, llamás vos
usted: Estimado amigo, Cree, trabaja, mira, le, responde, escribe, su, causa, Usted vive, le, llama usted
vosotros/-as: Estimados amigos, Creéis, trabajáis, miráis, os, respondéis, escribís, vuestro, causáis, Vosotros/-as vivís, os, llamáis vosotros/-as
ustedes: Estimados amigos, Creen, trabajan, miran, les, responden, escriben, su, causan, Ustedes viven, les, llaman ustedes

124 A

C	O	N	D	U	Z	C	O	P	S
S	F	I	L	J	D	A	R	R	C
T	R	A	I	G	O	I	E	O	A
M	E	S	T	O	Y	G	T	D	T
A	Z	P	S	Ñ	X	O	I	U	S
K	C	O	N	O	Z	C	O	Z	P
I	O	T	A	C	R	E	Z	C	O
W	Q	N	Z	N	P	A	M	O	N
U	A	O	C	R	I	P	U	A	G
S	T	R	O	X	S	A	L	G	O

conducir: conduzco; **traer:** traigo; **estar:** estoy; **conocer:** conozco; **crecer:** crezco; **salir:** salgo; **ofrecer:** ofrezco; **nacer:** nazco; **dar:** doy; **caer:** caigo; **producir:** produzco; **poner:** pongo

124 B 1. deshago 2. te caes, me caigo 3. estoy 4. ofrezco 5. pones, doy 6. supongo, conocen 7. reconozco, salgo 8. traigo, me pongo

125 A **ser:** soy, eres, es, somos, sois, son
ir: voy, vas, va, vamos, vais, van
haber: he, has, ha, hemos, habéis, han
saber: sé, sabes, sabe, sabemos, sabéis, saben
decir: digo, dices, dice, decimos, decís, dicen
oír: oigo, oyes, oye, oímos, oís, oyen
tener: tengo, tienes, tiene, tenemos, tenéis, tienen
venir: vengo, vienes, viene, venimos, venís, vienen
ver: veo, ves, ve, vemos, veis, ven
oler: huelo, hueles, huele, olemos, oléis, huelen

125 B
2. viene: *3. Person Singular von* venir *(kommen)*
3. veis: *2. Person Plural von* ver *(sehen)*
4. **sé**: *1. Person Singular von* saber *(wissen)*
5. tengo: *1. Person Singular von* tener *(haben)*
6. **hue**len: *3. Person Plural von* oler *(riechen)*
7. oyes: *2. Person Singular von* oír *(hören)*
8. dice: *3. Person Singular von* decir *(sagen)*
9. **es**: *3. Person Singular von* ser *(sein)*
10. **voy**: *1. Person Singular von* ir *(gehen)*

126 1. **sé**, **vais** 2. oyes, hago 3. tienes, dicen 4. salgo, veo 5. pongo, **hue**le 6. **Es**, conozco 7. propongo, está 8. doy, traigo

127 1.c. es – Soy 2.e. Hay 3.g. Hay que 4.b. Tiene 5.a. tenemos 6.h. Tiene que 7.d. tienes – Tengo 8.f. Tenemos

128 **pensar:** pienso, piensas, piensa, pensamos, pensáis, piensan
probar: pruebo, pruebas, prueba, probamos, probáis, prueban
querer: quiero, quieres, quiere, queremos, queréis, quieren
poder: puedo, puedes, puede, podemos, podéis, pueden
preferir: prefiero, prefieres, prefiere, preferimos, preferís, prefieren
dormir: duermo, duermes, duerme, dormimos, dormís, duermen

129 A Siento, puedo, empieza, pido, sirve, Prefiero, pienso, duelen, duele, elegimos, elijo, nos queremos, quiero

129 B te sentís, podés, me siento, duele, demostrás, sirve, Compruebo, mueve, sigo, sos, Vuelvo, sonrío, pensás, sueño, Me despido, devuelvo, tenés

130 1. construye 2. convenzo 3. concluye 4. consigo / (persigo) 5. Persigo / Consigo 6. dirijo, dirige 7. escojo / consigo, convence 8. Corrijo

131 A **preguntar:** pregunt-é, pregunt-aste, pregunt-ó, pregunt-amos, pregunt-asteis, pregunt-aron
comer: com-í, com-iste, com-ió, com-imos, com-isteis, com-ieron
vivir: viv-í, viv-iste, viv-ió, viv-imos, viv-isteis, viv-ieron

131 B **preguntar:** pregunté, preguntaste, preguntó, preguntamos, preguntasteis, preguntaron
comer: comí, comiste, comió, comimos, comisteis, comieron
vivir: viví, viviste, vivió, vivimos, vivisteis, vivieron

Schlüsse:
- Die Betonung der 1. und 3. Person Singular liegt auf der letzten Silbe, die der anderen Personen auf der vorletzten, was die Akzentsetzung erklärt.
- Die zweite und die dritte Verbklasse haben dieselben Endungen.
- Die Verben auf *-ar* und *-ir* haben dieselbe Form für die 1. Person Plural des Indikativ Präsens und des *pretérito indefinido*.
- Die Endung der 2. Person Singular ist die einzige, die von den allgemeinen Markierungen für diese Person (*-s*) abweicht.
- Bitte beachten Sie, da oft verwechselt: Beim *presente de indicativo* endet die 1. Person Singular auf *-o*, während beim *pretérito indefinido -ó* die Endung für die 3. Person Singular ist.

132 A **hablar:** habl-é, habl-aste, habl-ó, habl-amos, habl-asteis, habl-aron
beber: beb-í, beb-iste, beb-ió, beb-imos, beb-isteis, beb-ieron
escribir: escrib-í, escrib-iste, escrib-ió, escrib-imos, escrib-isteis, escrib-ieron

132 B 1. soñé 2. entendí, contaste 3. comieron 4. imprimimos 5. preguntó 6. salí 7. terminó, salieron 8. decidieron 9. Llamasteis 10. Cenaron, recomendamos

133
1. a. -e → -i- venir: vine, viniste, vino, vinimos, vinisteis, vinieron.
   b. -a → -i- hacer: hice, hiciste, hizo, hicimos, hicisteis, hicieron.
   c. -o → -u- poder: pude, pudiste, pudo, pudimos, pudisteis, pudieron.
   d. -c → -j- reducir: reduje, redujiste, redujo, redujimos, redujisteis, redujeron.
2. a. -ab → -up- saber: supe, supiste, supo, supimos, supisteis, supieron.
   b. -er → -is- querer: quise, quisiste, quiso, quisimos, quisisteis, quisieron.

134 **estar:** estuve, estuviste, estuvo, estuvimos, estuvisteis, estuvieron
andar: anduve, anduviste, anduvo, anduvimos, anduvisteis, anduvieron
ser / ir: fui, fuiste, fue, fuimos, fuisteis, fueron
dar: di, diste, dio, dimos, disteis, dieron
tener: tuve, tuviste, tuvo, tuvimos, tuvisteis, tuvieron
haber: hube, hubiste, hubo, hubimos, hubisteis, hubieron
poner: puse, pusiste, puso, pusimos, pusisteis, pusieron
decir: dije, dijiste, dijo, dijimos, dijisteis, dijeron
Der Unterschied zwischen den regelmäßigen und unregelmäßigen Verbformen in der 3. Person Singular des pretérito indefinido *besteht darin, dass letztere ein* -o *als Endung bei den Verben auf* -er *und* -ir, *aber keine Diphthongierung* -ió *aufweisen, mit Ausnahme der Form* fue *(war / ging):* vino, hizo, pudo, redujo, quiso, tuvo, puso, dijo *usw.*

135 1. trajeron 2. Anduve 3. dijo 4. te pusiste 5. Estuvo 6. fue 7. tuve 8. me fui 9. Visteis 10. hubo

136 1. empecé, almorcé 2. me equivoqué, pegué 3. se durmieron 4. pagué, expliqué, dijiste / habías dicho 5. jugué, cayó 6. creyó / creía, siguió, averiguó 7. leyó, oyó, repitió 8. busqué, construyeron 9. fue, nos vimos, crucé, pidió, saqué, di, se sintió, se cayó, se murió 10. llegué, me santigüé, crucé, di

137 nació, Tuvo, estudió, empezó, jugó, llegó, fue, preguntó, dio, comenzó, fue, hizo, trabajó, obtuvo, dio, interpretó, eligieron, consiguió, volvió, pudo

138 el 1 de mayo de 1969, primero, ya desde muy joven, Durante unos años, una noche, a la salida de una discoteca, acto seguido, en el año 1990, en 1992, En los siguientes años ... regularmente, en 2001, en 2004, A partir de entonces

139 A **hablar:** habl-aba, habl-abas, habl-aba, habl-ábamos, habl-abais, habl-aban
comprender: comprend-ía, comprend-ías, comprend-ía, comprend-íamos, comprend-íais, comprend-ían
escribir: escrib-ía, escrib-ías, escrib-ía, escrib-íamos, escrib-íais, escrib-ían

139 B
1. Die zweite und die dritte Verbklasse haben dieselben Endungen.
2. Die Betonung aller Personen liegt auf dem ersten Vokal der Endung, was die Akzentsetzung erklärt.

140
hacía, brillaba, había, salían, esperaban, sonreía, tenía, Sentía, olía, percibía, llegaban, Parecían, podía, identificaba

141
ser: era, eras, era, éramos, erais, eran
ir: iba, ibas, iba, íbamos, ibais, iban
ver: veía, veías, veía, veíamos, veíais, veían

142
éramos, íbamos, pasaba, me iba, se levantaba, salía, iba, estaba, despertaba, preparaba, hacía, nos quedábamos, jugábamos, leíamos, veíamos, parecía, se paraba, eran

143 A
Relato / Narración ***(Erzählung)***: agruparon, empecé, decidí, me encontré, miré, miró, me senté, empezó, compartimos
Descripción ***(Beschreibung)***: me comía, tiraba, había, soñaba, pasaba, hacía, reían, corrían, saltaban, cantaban, miraban, necesitaban, leía

143 B
Das Wichtigste bei dieser Zusammenfassung ist, dass sie kein beschreibendes Verb enthält und dass die Verbformen korrekt sind. Die Sätze können natürlich anders formuliert sein.
En el colegio agruparon a los niños por edades. Pronto un niño empezó a quedarse solo en los recreos, hasta que un día decidió cambiar de sitio y se encontró con una niña leyendo a la sombra de un árbol. Los dos se miraron y él se sentó a su lado. Ella siguió leyendo en voz alta. Desde ese día, la niña y él compartieron todo.

143 C
1. pretérito indefinido 2. pretérito imperfecto

143 D
Estaba, Desayunaba, oyó, llegaba, Salió, miró, vio / veía, Volvió, se sentó, continuó, Miraba / Miró, nadaban, jugaban, iba cayendo / fue cayendo

144
quería *(höflich)* / quiere, quería *(höflich)* / quisiera *(noch höflicher)* / quiero, vine, estaban, dio, estaban, quería, servían, deseaba *(höflicher)* / desea, quería

145 A
Verben auf *-ar* → *-ado*
Verben auf *-er* → *-ido*
Verben auf *-ir* → *-ido*

145 B
1. Im Gegensatz zur deutschen Bildung der zusammengesetzten Zeiten mit „haben" oder „sein" wird im Spanischen ausschließlich das **Hilfsverb** haber verwendet: *¿**Habéis venido** en metro?* **Seid** ihr mit der U-Bahn **gekommen**?
2. Die regelmäßigen Verben auf *-er* und *-ir* bilden ihr Partizip auf *-ido*.
3. Das **Partizip ist unveränderlich**.
4. Beim *pretérito perfecto* – wie übrigens bei allen zusammengesetzten Zeiten – gehören Hilfsverb und Partizip zusammen, anders als im Deutschen, wo zwischen Hilfsverb und Partizip andere Wörter eingefügt werden können: *¿Ya **has leído** el libro? / ¿**Has leído** ya el libro? / ¿**Has leído** el libro ya?* **Hast** du das Buch schon **gelesen**? / **Hast** du schon das Buch **gelesen**?

146
sein → **gewesen** = *sido* ← *ser*
sehen → **gesehen** = *visto* ← *ver*
sagen → **gesagt** = *dicho* ← *decir*
machen → **gemacht** = *hecho* ← *hacer*
gehen → **gegangen** = *ido* ← *ir*
zurückkehren → **zurückgekehrt** = *vuelto* ← *volver*
stellen / setzen → **gestellt** / **gesetzt** = *puesto* ← *poner*
zerbrechen → **zerbrochen** = *roto* ← *romper*
lösen → **gelöst** = *resuelto* ← *resolver*
öffnen → **geöffnet** = *abierto* ← *abrir*
schreiben → **geschrieben** = *escrito* ← *escribir*
sterben → **gestorben** = *muerto* ← *morir*
zudecken → **zugedeckt** = *cubierto* ← *cubrir*

147
1. he visto, te has comprado 2. has abierto, se ha caído, se ha roto 3. han escrito, han resuelto 4. hemos ido, hemos tenido 5. he dicho, ha hecho 6. habéis vuelto, ha visto, ha puesto 7. ha muerto, han cubierto, ha sido 8. hemos rehecho, se ha pospuesto

148
indefinido: ayer, el mes pasado, anoche, hace mucho tiempo, el lunes pasado, ayer por la mañana, una vez, en 2005
pretérito perfecto: ya, esta mañana, este año, últimamente, hoy, todavía no, este fin de semana, hoy por la tarde
indefinido y pretérito perfecto: nunca, siempre, alguna vez, muchas veces

149 A
1. he podido 2. nos hemos encontrado 3. dieron 4. ha comprado 5. ha tenido 6. fuimos 7. Has encontrado 8. se despertaron 9. arrestó 10. dijisteis, habéis hecho

149 B
1. he estado 2. entendí 3. he querido 4. apoyaron 5. visitamos 6. hemos visitado 7. han estado 8. estuvo

150 he empezado, he estado, ha encantado, me moví,
he cruzado, he pasado, estuvimos, pasamos, dimos, cenamos, perdimos, demoramos / habíamos demorado

151 1. Habíamos estudiado 2. se había ido 3. había visto
4. Había ido 5. había tenido 6. había empezado
7. había dado 8. habían llegado

152 1. llegó *(normal)* / hubo llegado *(stilistisch / literarisch)*, huyeron 2. huyeron 3. habían huido 4. leyó *(normal)* / hubo leído *(stilistisch / literarisch)* 5. había contado 6. os despedisteis *(normal)* / os hubisteis despedido *(stilistisch / literarisch)* 7. hubo encajado *(stilistisch / literarisch, wie auch* luego que*)* 8. me levanté / me había levantado, había terminado

153 nació, era, había ido / fue, había conocido / conoció, era, se dedicaba, tenía, creció, empezó, hizo, prosiguió, era, tenía, se sentía, Se mudó, había vivido, volvió, encontró, necesitaba, ayudaba, tenía, escuchaba, habían luchado, Subió, era, cruzaban, fueron, publicó, se ha hecho, se ha comprometido, se ha convertido

154 A 1.b. 2.c. 3.e. 4.a. 5.d. 6.i. 7.f. 8.j. 9.g. 10.h.

154 B

	poder	saber	tener
indefinido	*schaffen*	*erfahren*	*bekommen*
imperfecto	*können*	*wissen*	*haben*

	conocer	sentirse mal
indefinido	*kennenlernen*	*schlecht werden*
imperfecto	*kennen*	*sich schlecht fühlen*

155 A **empezar:** empezaré, empezarás, empezará, empezaremos, empezaréis, empezarán
ofrecer: ofreceré, ofrecerás, ofrecerá, ofreceremos, ofreceréis, ofrecerán
servir: serviré, servirás, servirá, serviremos, serviréis, servirán
jugar: jugaré, jugarás, jugará, jugaremos, jugaréis, jugarán
ser: seré, serás, será, seremos, seréis, serán
dormir: dormiré, dormirás, dormirá, dormiremos, dormiréis, dormirán
llevar: llevaré, llevarás, llevará, llevaremos, llevaréis, llevarán
ir: iré, irás, irá, iremos, iréis, irán

155 B 1. jugaré 2. será 3. irán 4. empezaremos
5. servirán 6. llevará 7. ofreceréis 8. dormirás

156

U	T	E	N	D	R	E	I	S	P
R	H	D	I	O	P	D	T	S	P
D	Z	A	I	N	C	C	W	A	S
S	I	A	R	B	A	H	O	B	A
O	C	R	I	E	A	B	Q	R	R
E	M	O	E	H	M	A	D	A	D
M	E	M	Z	E	Ñ	O	T	N	N
E	R	D	N	O	P	S	S	S	E
S	A	L	D	R	E	M	O	S	V
E	N	A	R	R	E	U	Q	I	P

1. haremos 2. pondré 3. tendréis 4. sabrán
5. vendrás 6. habrá 7. podrá 8. querrán
9. diré 10. saldremos

157 1. irá 2. llamará 3. saldrá 4. pondrá, se quedará 5. propondrá 6. se levantarán 7. hará
8. dirá

158 1. habrá terminado 2. habrá encontrado 3. se habrán ido 4. habrán empezado 5. se habrá divorciado 6. habrán vendido, habrán comprado 7. habrá crecido 8. se habrán casado

159 1. escribiréis 2. se habrá quedado 3. habrá llegado 4. jugaremos 5. comerás 6. habré entregado 7. hablaremos 8. limpiarás
9. habrá descubierto 10. habrán merendado

160 A **decir → *diré*:** diría, dirías, diría, diríamos, diríais, dirían
hacer → *haré*: haría, harías, haría, haríamos, haríais, harían
haber → *habré*: habría, habrías, habría, habríamos, habríais, habrían
poder → *podré*: podría, podrías, podría, podríamos, podríais, podrían
poner → *pondré*: pondría, pondrías, pondría, pondríamos, pondríais, pondrían
querer → *querré*: querría, querrías, querría, querríamos, querríais, querrían
saber → *sabré*: sabría, sabrías, sabría, sabríamos, sabríais, sabrían
salir → *saldré*: saldría, saldrías, saldría, saldríamos, saldríais, saldrían
tener → *tendré*: tendría, tendrías, tendría, tendríamos, tendríais, tendrían
venir → *vendré*: vendría, vendrías, vendría, vendríamos, vendríais, vendrían

160 B 1. saldría 2. harías, tendría 3. Podríamos
4. diría 5. vendrían 6. pondríais 7. querría
8. cabríamos

161 1. se volverían 2. trabajarían 3. intentaría, perdería 4. iríamos 5. tendría, saldría
6. podríais 7. harías, haría 8. comería
9. regalaría 10. trataríamos

162 1. habrían hecho, habrían invitado 2. habría salido 3. habrían abierto 4. habrían remozado 5. habrían mandado 6. Habrían construido 7. habrían plantado 8. habrían visto

163
1. Por favor, ¿me podría pasar el pan?
2. Primero terminaréis los deberes.
3. Cuando mis hijos lleguen, ya habré hecho yo el almuerzo.
4. Vosotros no habríais ido a la ciudad.
5. En diciembre ya habrás encontrado un puesto de trabajo.
6. A ella le gustaría mucho venir con nosotros a pasear, pero no tiene tiempo.
7. Ayer nos habría gustado mucho jugar al fútbol.
8. ¡Eso no lo diréis!
9. En tu lugar yo no bebería tanto.
10. Antes de que llegue el jefe, ya habremos revisado los documentos.
11. Él habría leído el periódico, pero ya era muy tarde.
12. ¿Lo harías por mí?

164
2. **Habrá perdido** las gafas, como siempre.
3. Juan **estaría** varias horas hablando con sus padres.
4. Mis vecinos ya **habrían tenido** un hijo antes de casarse.
5. Isabel ya **estaría** en casa pues las luces estaban encendidas.
6. Mónica siempre se está comprando cosas. **Tendrá** mucho dinero.
7. María ya **habría terminado** los deberes cuando llegó Juan.
8. Carlos **estará** enfermo y por eso no ha venido a trabajar.
9. Los niños **estarán jugando** en la calle.
10. **Habrán estado** otra vez en el cine sin decírmelo.

165 1.c. habrá tenido 2.e. Estará 3.f. habrá tenido 4.j. dolerá 5.h. habrá dicho 6.i. Tendrá 7.b. estará diciendo 8.a. Querrá 9.d. Estará despidiéndose 10.g. volverá

166 A Anoche mis padres no volvieron a casa hasta las dos de la madrugada. **Habrían estado** juntos todo el día pues celebraban su aniversario de boda. Por la mañana **desayunarían** juntos y después **pasearían** un buen rato por el parque. A mi madre le gustan mucho los museos, así que por la tarde **irían** a ver una exposición y después **se tomarían** un café en una terraza de la Plaza Mayor. Por la noche **cenarían** juntos y **bailarían** hasta muy tarde, como hacían cuando eran más jóvenes.

166 B Mi hermana había quedado ayer conmigo, pero no apareció porque tuvo que terminar un trabajo para la editorial. Supongo que **se levantaría** temprano, **se ducharía** y **desayunaría. Querría** arreglarse pronto para venir a recogerme, pero de pronto **se acordaría** de que tenía de plazo hasta el día siguiente para entregar un trabajo. **Se pondría** al instante a trabajar pensando que acabaría pronto y podríamos todavía vernos, pero al final **se daría** cuenta de que no era posible. Pero, ¿por qué no me **llamaría** para decírmelo?

167 1.c. 2.a. 3.a. 4.b. 5.c. 6.b./a. 7.b. 8.a. 9.c. 10.c

Subjuntivo

168 **tomar:** tome, tomes, tome, tomemos, toméis, tomen
comer: coma, comas, coma, comamos, comáis, coman
subir: suba, subas, suba, subamos, subáis, suban
beber: beba, bebas, beba, bebamos, bebáis, beban
hablar: hable, hables, hable, hablemos, habléis, hablen

169 A **salir:** salga, salgas, salga, salgamos, salgáis, salgan
servir: sirva, sirvas, sirva, sirvamos, sirváis, sirvan
construir: construya, construyas, construya, construyamos, construyáis, construyan
venir: venga, vengas, venga, vengamos, vengáis, vengan
empezar: empiece, empieces, empiece, empecemos, empecéis, empiecen
probar: pruebe, pruebes, pruebe, probemos, probéis, prueben
jugar: juegue, juegues, juegue, juguemos, juguéis, jueguen
mentir: mienta, mientas, mienta, mintamos, mintáis, mientan
dormir: duerma, duermas, duerma, durmamos, durmáis, duerman
ofrecer: ofrezca, ofrezcas, ofrezca, ofrezcamos, ofrezcáis, ofrezcan

169 B **dar:** dé, des, dé, demos, deis, den
estar: esté, estés, esté, estemos, estéis, estén
ir: vaya, vayas, vaya, vayamos, vayáis, vayan
haber: haya, hayas, haya, hayamos, hayáis, hayan
ser: sea, seas, sea, seamos, seáis, sean
saber: sepa, sepas, sepa, sepamos, sepáis, sepan

170 **hacer:** hicieron → (yo) hiciera / hiciese
saber: supieron → (nosotros) supiéramos / supiésemos
comprar: compraron → (vosotros) comprarais / compraseis
venir: vinieron → (tú) vinieras / vinieses
querer: quisieron → (usted) quisiera / quisiese
leer: leyeron → (ellos) leyeran / leyesen
vender: vendieron → (él) vendiera / vendiese
decir: dijeron → (ustedes) dijeran / dijesen
poder: pudieron → (nosotras) pudiéramos / pudiésemos
traducir: tradujeron → (tú) tradujeras / tradujeses
creer: creyeron → (yo) creyera / creyese
dormir: durmieron → (vosotras) durmierais / durmieseis
pedir: pidieron → (ella) pidiera / pidiese
tener: tuvieron → (ustedes) tuvieran / tuviesen
preferir: prefirieron → (tú) prefirieras / prefiriese

171 **Presente de indicativo** (yo) → llego, sé, traigo, toco, cierro, destruyo, muevo, convenzo, siento, tengo, soy, muero
Presente de indicativo (nosotros) → tocamos, somos, traemos, sabemos, morimos, convencemos, tenemos, destruimos, llegamos, sentimos, movemos, cerramos
Presente de subjuntivo (yo) → mueva, sepa, muera, llegue, toque, sea, cierre, destruya, tenga, convenza, traiga, sienta
Presente de subjuntivo (nosotros) → cerremos, traigamos, sintamos, tengamos, muramos, seamos, toquemos, destruyamos, lleguemos, sepamos, movamos, convenzamos
Pretérito indefinido (ellos) → destruyeron, movieron, convencieron, llegaron, murieron, sintieron, supieron, fueron, trajeron, cerraron, tuvieron, tocaron
Imperfecto de subjuntivo (yo) → sintiera, convenciera, trajera, tuviera, muriera, supiera, llegara, moviera, tocara, destruyera, fuera, cerrara

172 1. hayan abierto 2. se haya despertado 3. haya olvidado 4. nos hayamos perdido 5. os hayáis confundido 6. te hayas enterado 7. hayan salido 8. se haya ido

173
1.h. En ese caso os **hubiera traído** las fotos.
2.g. En su lugar tú no **hubieras hecho** lo mismo.
3.d. Me **hubiera gustado** ir con vosotros.
4.c. Nosotros **hubiéramos comprado** otra cosa.
5.f. Vosotros **hubierais conseguido** el primer premio.
6.a. Mis vecinos no me **hubieran prestado** nunca su coche.
7.e. Usted lo **hubiera escrito** mucho mejor.
8.b. En esa situación ustedes no **hubieran tenido** miedo.

174
1. Quizás **llueva** esta tarde.
2. Tal vez Javier ya no me **quiera**.
3. Posiblemente no **haya encontrado** la calle.
4. No estoy segura, pero probablemente **llegue** la primera a la meta.
5. A lo mejor **ha conseguido** el puesto de trabajo.
6. Quizás **hayan ido** esta noche al cine.
7. Acaso **tengamos** suerte y **ganemos** algún dinerito en la lotería.
8. Probablemente **diga** la verdad y el culpable **sea** otro.

175
a. 1. ¡Ojalá **te cures** pronto!
2. ¡Ojalá no **sea** nada malo!
3. ¡Ojalá **vuelvas** pronto a casa!
b. 1. ¡Ojalá no **haya pasado** nada!
2. ¡Ojalá no **haya tenido** un accidente!
3. ¡Ojalá no **haya perdido** el dinero del autobús!
c. 1. ¡Ojalá **estuviera** ahora en la playa!
2. ¡Ojalá **pudiera** viajar a Italia!
3. ¡Ojalá no **tuviera** que levantarme temprano!
d. 1. ¡Ojalá no lo **hubiera hecho**!
2. ¡Ojalá no **me hubiera peleado** con el jefe!
3. ¡Ojalá no **me hubiera gastado** todo el dinero!

176
1. ¡Quién **tuviera** un BMW último modelo!
2. ¡Quién **fuera** tan guapo como un modelo!
3. ¡Quién **hubiera viajado** por todo el mundo!
4. ¡Quién **ganara** 10.000 euros al mes!
5. ¡Quién **se hubiera casado** con una mujer multimillonaria!
6. ¡Quién **hubiera podido** comprar una casa en el centro de Barcelona!
7. ¡Quién **tuviera** una azotea enorme!
8. ¡Quién **pudiera** comer todos los días en un restaurante!

177 1.d. 2.f. 3.h. 4.g. 5.b. 6.c. 7.a. 8.e.

178 1. Pase, pase 2. oyen, han / habrán vuelto 3. sepa, tenemos / tendremos 4. Haga, haga 5. hubiera hecho 6. fuera 7. descanses, sueñes 8. haya ido 9. haya llegado 10. se estropee, os quedéis

179 Maite: ¡No quiero que siempre me **digas** lo que tengo que hacer!
Manoli: No te he dicho lo que tienes que hacer, sólo te he aconsejado que **llames** por teléfono antes de ir.

Manoli: Te he pedido ya cientos de veces que **recojas** tu cuarto antes de salir.
Maite: Lo siento, mamá. Ahora no tengo tiempo. Bernardo me ha llamado suplicándome que **vaya** a su casa para hacer con él los problemas de matemáticas.

Manoli: Ya sabéis muy bien que os he prohibido a ti y a tu hermano que **comáis** delante del televisor.
Maite: ¡Nunca nos permites que **hagamos** las cosas que nos gustan!

Manoli: (Al teléfono) Hola, hija, soy mamá. Te llamo porque el jefe me ha pedido que **me quede** un rato más y voy a llegar un poco más tarde a casa.
Maite: Vale, mamá. ¿Nos dejas que **veamos** la tele hasta que llegues?
Manoli: Bueno, pero sólo os dejo que la **veáis** un rato, ¿vale?

180 1. salude 2. tengamos 3. puedan 4. dé 5. ganen 6. haya dicho 7. haga 8. esté 9. provoque 10. cambie

181 1. han olvidado 2. hayáis conseguido 3. sepas 4. llegan / llegarán 5. habéis ordenado 6. quiere 7. hayamos podido 8. hay 9. prefieres 10. se divierta

182
2. Es injusto que mi madre **tenga** que trabajar más en la casa que mi padre.
3. Parece que mi prima **va a conseguir** el trabajo.
4. Es una lástima que Gregorio no **pueda** venir a verme esta tarde.
5. Es lógico que la gente **proteste** por la subida de los precios.
6. Es cierto que Nuria **ha abandonado** a su marido.
7. Puede ser que este verano **haga** mucho calor.
8. Es importante que los niños **aprendan** sus lecciones todos los días.
9. Está claro que en España cada vez **hay** más zonas desérticas.
10. Es necesario que el médico te **haga** un chequeo cuando te encuentras mal.

183 1. voy a ayudar 2. llevan 3. hayáis estado 4. haya cambiado 5. piensa 6. se jubilan 7. quieran 8. se ha divorciado

184
2. Beatriz **insistía** en que **fuéramos** con ella de vacaciones.
3. Me **sorprendió** que los trabajadores ya **supieran** todo lo que se **había decidido** en la reunión.
4. Siempre **se quejaban** de que no los **trataran** con el suficiente respeto.
5. Me **pareció** extraordinario que te **hubieran ascendido** de puesto.
6. No **podía** creer que otra vez nos **hubieran puesto** una multa.
7. Nos **habían recomendado** que **tomáramos** el tren de las 11 de la mañana.
8. No **podían** soportar que siempre les **dijeran** lo que **tenían** que hacer.
9. Les **habían rogado** que la próxima vez **llegaran** puntualmente.
10. Me **había prohibido** terminantemente que le **contara** a Paco lo que **había pasado**.

185 1. fuera 2. felicitara 3. sonrieran 4. fuera 5. regalara 6. recogieran 7. cocinara 8. saludaran

186
1. ¡Ojalá no pierda el tren!
2. Temíamos que Pedro no pudiera venir.
3. Quería acompañarlo pasara lo que pasara.
4. ¡Ojalá fuéramos más jóvenes!
5. No quería que todo el vecindario supiera lo que había pasado.
6. ¡Qué pena / lástima que Paquito no se haya convertido en campeón del mundo!
7. No creía que tuvieran razón.
8. Era conveniente que todos nosotros obedeciéramos.
9. ¡Ojalá hubieran venido!
10. Me molestaba que él siempre quisiera tener razón.

187 1.c. 2.a./b. 3.b. 4.a. 5.b. 6.c. 7.a. 8.c. 9.b. 10.c.

188 1.c. 2.a. 3.e. 4.b. 5.f. 6.d.

189 1. que 2. Como 3. porque 4. Dado que 5. pues 6. Ya que 7. Puesto que 8. que

190 1. sea 2. tenía 3. tenga, es 4. es, haya estudiado 5. encontremos 6. encontramos 7. vayas 8. vas

191 1. tengo 2. empezamos 3. cuente / contara / haya contado / hubiera contado 4. contara / haya contado 5. hay / habrá 6. estaba 7. puede 8. confiara / haya confiado

192 1. viven 2. parece 3. se despierten 4. me enteré 5. conozco 6. parezca 7. tienes 8. se agotan

193 1.c. 2.a. 3.d. 4.b. 5.f. 6.e.

194
1. He venido a / (para) ver el partido.
2. Hemos ampliado los horarios para que los clientes no se quejen.
3. Quieren terminar pronto los estudios para empezar a trabajar.
4. Javi, ¿bajas a / (para) comprar el pan?
5. Tenéis que ir al banco a que / (para que) os informen.
6. Ernesto le ha preparado una fiesta a Esperanza para que se lleve una sorpresa y olvide los problemas.
7. Pasamos luego a / (para) tomar un café.
8. Baja la llama para que no se queme el arroz.

195 1.c. 2.a. 3.b. 4.e. 5.f. 6.d.

196 1. sepamos 2. empieza 3. es 4. podamos 5. sepan, sepan 6. diga 7. te aseguro 8.repitas

197 1.c. 2.d. 3.a. 4.b. 5.f. 6.e.

198 B 1. Subjuntivo 2. Indicativo 3. Indicativo

199 1. estudio 2. salgamos 3. salgáis 4. hagas 5. se entere 6. llamo 7. trabajo 8. pidas 9. os enteréis 10. acabamos

200 1. hicieran 2. entró 3. digáis 4. llegamos 5. ven 6. vea 7. ves 8. ponga 9. dijerais 10. llegue

201 pelar, cortar, esté, estén hechas, añadir, mezclar, echar, estén, poner, pongas, dorar, esté, llegue

202 1. perderé 2. trabaja 3. veremos 4. Iremos 5. coméis 6. existe 7. Llegaremos 8. alimenta 9. tienes 10. olvides 11. llamaste 12. Toma

203
1. Si no consiguiera el permiso de conducir, perdería mi trabajo.
2. Si uno trabajara demasiadas horas, no se rendiría lo suficiente.
3. Nos veríamos la semana que viene en casa de Nuria sólo si mejorara mi dolor de espalda.
4. Iríamos con vosotros al concierto, si pasarais antes a recogernos.
5. Si comierais pescado en malas condiciones, podríais intoxicaros.
6. Si existiera alguna esperanza, ésa estaría en la juventud.
7. Llegaríamos mucho antes si fuéramos en tren.
8. Si uno se alimentara con comida basura, engordaría.

204
2. Si me hubiera tocado la lotería, tendría dinero.
3. Si no hubiera tenido un accidente de coche con toda su familia, su mujer no habría / hubiera muerto.
4. Si hubiéramos regado las plantas la semana pasada, no se habrían / hubieran secado.
5. Habría árboles / algún árbol en el pueblo si no hubieran sido talados todos.
6. Si hubiera tenido algún libro de Miguel Delibes en casa, habría / hubiera sabido algo de este autor.
7. Si hubiera conseguido comprar la casa de sus sueños, no viviría todavía en un piso.
8. Si no se hubieran bebido una botella de güisqui, no estarían ahora borrachos.
9. Si hubiera trabajado con ordenadores, le habrían / hubieran dado el trabajo.
10. Si no hubiéramos atracado un banco, no estaríamos ahora en la cárcel.

205 1.f. 2.d. 3.i. 4.h. 5.j. 6.b. 7.c. 8.a. 9.e. 10.g.

206 1. fuera 2. hubiera arreglado 3. moriría 4. tocó 5. ve 6. estaríamos 7. tienes que 8. Regálame 9. se enfadará 10. tomaría

207
1. Si tuviéramos otro niño, Sara no estaría tan sola.
2. Conseguiréis / Obtendréis / Sacaréis una buena nota si aprendéis bien la materia.
3. Si me hubieras escuchado, no habrías / hubieras tenido ningún problema.
4. Uno tiene que quedarse / se tiene que quedar en casa si la fiebre es muy alta.
5. La vida sería mucho más bonita si siempre hiciera sol.
6. Habría / hubiera vendido mi casa si la oferta hubiera sido un poco mejor.
7. Si no sabes qué le puedes regalar a Antonio, pregúntale a su mujer.
8. Si te hubieras levantado más temprano, ya estarías ahora preparado / listo.
9. Si no tuvieran un perro, podrían ir con más frecuencia de vacaciones.
10. Si se esfuerzan de verdad, lo conseguirán.

208 1. consiga 2. trabaje 3. mejore 4. paséis 5. comáis 6. exista 7. vayamos 8. coma, se alimente 9. tengas 10. vayas

209
1. En caso de que no **consiguiera** el permiso de conducir, **perdería** mi trabajo.
2. Bastaría con que uno **trabajara** demasiadas horas, para no rendir lo suficiente.
3. Nos **veríamos** la semana que viene en casa de Nuria siempre que **mejorara** mi dolor de espalda.
4. **Iríamos** con vosotros al concierto, a condición de que **pasarais** antes a recogernos.
5. No os **podríais** intoxicar, a menos que **comierais** pescado en malas condiciones.
6. En caso de que **existiera** alguna esperanza, ésa **estaría** en la juventud.
7. **Llegaríamos** mucho antes siempre y cuando **fuéramos** en tren.
8. Uno no **engordaría** a no ser que **comiera** en exceso o **se alimentara** con comida basura.
9. En caso de que **tuvieras** problemas, **sería** mejor que hablaras con nosotros.
10. En caso de que **fueras** hoy al supermercado, no olvides comprar tomates y cebolla.

210 1. oiga 2. comente 3. necesite, sea 4. se cumplan 5. considere 6. sean 7. se encuentre 8. observe

211 1. Nein 2. Subjuntivo 3. Ja 4. Indicativo

212 1. sabe 2. hable 3. lleva 4. tiene, es 5. dice 6. quiera 7. entienda 8. quiera 9. pueda 10. es 11. hace 12. sea 13. es

213 estás, sepa, conociste / (has conocido), sabe, sea, guste, haga, estabas, pidió / había pedido / pedía, has, sabe, quiere, tiene, desea, tengo

214
1. **No** tengo amigos que **sepan** lo que quieren.
2. **No** hay muchos que **digan** la verdad. (=) Hay **pocos** que **digan** la verdad.
3. **No** había personas **ni** cosas por las que **mereciera** la pena vivir.
4. Allí **no** conocí a **nadie** que **supiera** bailar flamenco.
5. **No** vio **nada** especial en ella que le **llamara** la atención.
6. **No** me encontré con **nadie** que **hubiera estado** en la guerra.
7. **No** conocía **ninguna** playa solitaria que **tuviera** una arena blanquísima.
8. En el circo **nunca** había **ningún** payaso que nos **hiciera** reír.

215
Mikel: Sé que seguramente te **parecerá** una tontería lo que voy a decirte, pero me encantaría **estar** un mes en una isla desierta solo y que luego **llegaras** tú a visitarme.
Raquel: ¡Qué bonito! Me estás diciendo entonces que durante todo un mes quieres estar tranquilito mientras yo desaparezco tranquilamente de la circulación. Primero deseas que **me vaya** y después que **vuelva** de visita para **alegrarte** de verme. ¿No crees que **es** demasiado?
Mikel: Yo no he dicho que **pretenda** hacer eso que dices. Veo que no me **entiendes/ has entendido** y no creo que **sea** tan difícil entenderme. Si **trabajaras** tanto como yo, comprenderías muy bien mi necesidad de soledad y descanso.
Raquel: Es increíble que **te atrevas** a decir eso y está claro que **eres** un machista. Siempre que **llegas** del trabajo yo te preparo la cena. Mientras tú **miras** la tele yo **termino** los trabajos de la casa: ¿Cuándo descanso yo?
Mikel: Bueno ... sí, la verdad es que **tienes** razón. Perdóname si **puedes**. Es verdad que no **hay** nadie en casa que **trabaje** tanto como tú. Y tienes tanta razón que a partir de ahora te **ayudaré** más en casa. Cuando **vuelva** de trabajar no esperaré hasta que tú lo **hayas hecho** todo, sino que te ayudaré a terminarlo. Ya no quiero islas desiertas, no porque no **sean** interesantes, sino porque allí te **echaría de menos**.
Raquel: Eso me parece más razonable y ... como errar **es** de sabios y también reconocer los errores ... Entonces, ¿adónde nos vamos de vacaciones, tío listo?

216
Padre: Es evidente que ahora **hace** frío, por eso no es lógico que **te pasees** así de fresco por la calle.
Hijo: Puede que **tengas** razón, papá, pero creo que ya **soy** mayor para **decidir** si **me pongo** una cosa u otra, ¿no? No es necesario que tú me **digas** qué es lo que debo ponerme.
Padre: Perdona, hijo. No creía que **fueras** tan susceptible. Te lo he dicho para que no **te resfríes**, pero si no **quieres** que te **ayude** no te molestaré más, a no ser que tú me lo **pidas**. Así que, en caso de que **cambies** de opinión, ya sabes.
Hijo: Mira, papá, por mucho que **quieras** ayudarme no soporto que me **hables** en un tono tan paternalista, de modo que ya lo **sabes**. Si **hubieras nacido** en mi época y **tuvieras** mi edad, me comprenderías mejor.

Padre: Cuando **seas** padre me comprenderás tú también mejor a mí, y los hijos que **tengas** te dirán las mismas cosas que tú me **dices** a mí ahora. Cuando yo **era** pequeño, mi padre me decía lo mismo, aunque yo entonces tampoco lo **entendiera**. También yo le decía que me **dejara** en paz.

Hijo: Lo ves, papá, es lo que yo te digo. Aunque tal vez **tengas** razón tú también. Por eso, desde hoy aceptaré lo que me **digas** a condición de que me lo **pidas** como a un amigo.

217 Ratisbona, 25 de julio de 2008
Querido Alberto:
¿Cómo va todo? Espero que **estéis** bien cuando **recibáis** esta carta ... y también que me **contestes** tan pronto como **hayas terminado** / **termines** de leerla. Vivimos tan lejos que **nos vemos** menos de lo que a mí me gustaría, pero, aunque la distancia **sea** grande, nunca me olvido de esos años que **pasamos** juntos en Santiago. Recuerdo con nostalgia aquellos veranos en que **íbamos** a la playa desde por la mañana, esa época en que todas las cosas que nos **pasaban** nos parecían maravillosas y que ahora **echo** un poco de menos.
Recuerdo especialmente «el gran día». Era viernes y hacía mucho calor. Por la mañana habíamos hecho nuestro último examen y en aquel momento, en la playa, éramos las personas más felices del mundo.
De pronto aparecieron dos chicas que ya **habíamos visto** al mediodía en la Plaza Mayor. Ellas nos miraron y nos reímos. Como **parecían** mayores y **eran** muy guapas nos pusimos rojos como tomates, sobre todo tú cuando te **pidieron** que les **sacaras** una foto. Menos mal que yo les pregunté si **querían sentarse** con nosotros, no porque lo **hicera** yo, sino porque tú **te quedaste/habías quedado** petrificado, como si **hubieras visto** al demonio. De ahí que yo **me atreviera** a hacer la pregunta, a pesar de que en el fondo **era** tan tímido como tú, si bien no lo **parecía**. Y ya ves, ahora estamos felizmente casados con ellas, de manera que aquella época **continúa** en cierto modo hoy todavía. Aunque **sé** que **es** imposible, a veces me gustaría **vivir** experiencias que **fueran** parecidas a aquellas. Pero en el fondo basta que **hablemos** de esos años para que **recuperemos** casi las mismas sensaciones. También por eso me **gustaría ir** a visitarte pronto o que **vengáis** vosotros aquí, que ya hace meses que no nos vemos. Antes de que **hablemos** por teléfono, mirad qué fechas os van bien y, tan pronto como lo **sepáis**, nos lo decís. En caso de que **queráis** venir vosotros, podéis venir cualquier fin de semana, siempre que lo **tengamos** libre, y a condición de que **traigáis** ese jamón y ese vino tan ricos de tu tierra.
Un fuerte abrazo de los cuatro para toda la familia,
Anxo

Imperativ

218 **correr:** ¡Corre!, ¡Corra!, ¡Corramos!, ¡Corred!, ¡Corran!
descansar: ¡Descansa!, ¡Descanse!, ¡Descansemos!, ¡Descansad!, ¡Descansen!
escuchar: ¡Escucha!, ¡Escuche!, ¡Escuchemos!, ¡Escuchad!, ¡Escuchen!
mirar: ¡Mira!, ¡Mire!, ¡Miremos!, ¡Mirad!, ¡Miren!
trabajar: ¡Trabaja!, ¡Trabaje!, ¡Trabajemos!, ¡Trabajad!, ¡Trabajen!
jugar: ¡Juega!, ¡Juegue!, ¡Juguemos!, ¡Jugad!, ¡Jueguen!
subir: ¡Sube!, ¡Suba!, ¡Subamos!, ¡Subid!, ¡Suban!
seguir: ¡Sigue!, ¡Siga!, ¡Sigamos!, ¡Seguid!, ¡Sigan!,
volver: ¡Vuelve!, ¡Vuelva!, ¡Volvamos!, ¡Volved!, ¡Vuelvan!
traducir: ¡Traduce!, ¡Traduzca!, ¡Traduzcamos!, ¡Traducid!, ¡Traduzcan!
traer: ¡Trae!, ¡Traiga!, ¡Traigamos!, ¡Traed!, ¡Traigan!
dormir: ¡Duerme!, ¡Duerma!, ¡Durmamos!, ¡Dormid!,
¡Duerman!

219 A **poner:** pon, **tener:** ten, **venir:** ven, **ir:** ve, **decir:** di, **ser:** sé, **salir:** sal, **hacer:** haz

219 B 1. Ven 2. Haz 3. Pon 4. Di 5. Sé 6. ten 7. Sal 8. Ve

220
2. Juan, **haz** más deporte.
3. **Comed** menos.
4. Señora Contreras, **duerma** más.
5. **Trabajen** menos.
6. **Sal** más y **olvida** los problemas.
7. Si tiene dolor de cabeza, **tome** una pastilla.
8. Si tienen problemas de estómago, **vayan** a un especialista.
9. **Probad** la homeopatía.
10. Señor Conde, **vuelva** a ir al médico.

221
2. ¡**No fuméis**!
3. ¡**No abra** la ventana!
4. ¡**No lean** esta información!
5. ¡**No charles** en clase!
6. ¡**No volváis** tan tarde!
7. ¡**No hable** así conmigo!
8. ¡**No cierres** la puerta!

222
2. **No trocee** mucho la verdura pues después se va a triturar todo.
3. **Remoje** el trozo de pan en una taza con agua.
4. **No utilice** pan tierno.
5. **Eche** los tomates en la batidora y **bátalos**.
6. **Introduzca** poco a poco el pepino, el pimiento, los ajos y el pan remojado.
7. **No eche** todo a la vez.
8. Cuando esté todo bien batido, **añada** el aceite, el vinagre y la sal, y **bata** todo muy bien.
9. **No utilice** demasiado vinagre.
10. **Vierta** todo en un gran cuenco y **eche** agua para que no esté muy espeso.
11. **Meta** el gazpacho en el frigo.
12. **Sirva** el gazpacho bien frío con trocitos de pepino, pimiento, tomate y pan.

223
1. ¡Pídelo! 2. ¡Pregúntele! 3. ¡Comprémoslo! 4. ¡Devolvedlos! 5. ¡Háganlo! 6. ¡Préstasela! 7. ¡Tráigaselas! 8. ¡Pongámonoslos! 9. ¡Laváoslo! 10. ¡Díganselа!

224
Padre: ¿Nos puede decir, por favor, cómo se va al Cine Emperador?
D.: Sí, claro. **Miren**, para ir al Cine Emperador **tomen** la primera calle a la derecha. Luego **anden** unos 100 metros hasta que lleguen a un puestecillo; allí **giren** a la izquierda. Después de unos 50 metros **crucen** la calle y ahí está el Cine Emperador.
Padre: Muchísimas gracias. Adiós.
D.: No hay de qué. Adiós.
Niño: Oye, mamá, ¿me compras chuches?
Madre: No, **cállate** ahora, que si no, no vamos a encontrar el cine.
Niño: Papi, ¿me das un pañuelo?
Padre: Sí, claro, **tómalo**. ¡Cuidado! No **cruces**, que vienen coches.
Madre: Anda, **dame** la mano y no **te sueltes** de ella.
Niño: Mami, estoy cansado. ¿Me puedo sentar un ratito en el bordillo?
Madre: No, no, no **te sientes**, que no tenemos tiempo. Ya te sentarás en el cine.
Padre: **Mirad**, ya hemos llegado.

225 A
2. Sí, por favor, **pásamela**.
3. Sí, sí, **dádnoslas**.
4. Sí, por favor, **tradúzcanmelo**.
5. Sí, sí, **comprémonoslo**.
6. Sí, claro, **regálaselo**.
7. Sí, claro, **leedla**.
8. Sí, sí, **pruébeselo**.
9. Sí, por favor, **díganmela**.
10. Sí, sí, **tomémonoslo**.

225 B
2. No, no **me la pases**.
3. No, no **nos las deis**.
4. No, no **me lo traduzcan**.
5. No, no **nos lo compremos**.
6. No, no **se lo regales**.
7. No, no **la leáis**.
8. No, no **se lo pruebe**.
9. No, no **me la digan**.
10. No, no **nos lo tomemos**.

226
Ante todo, Alicia, muchas gracias por hacerte cargo de mi pequeña Lulú. Tú ya sabes que es una perrita muy sensible, **trátala** con cariño. Por las mañanas **sácala** un ratito a pasear, pero no **dejes** que se canse mucho ¡Es tan pequeñita! Y, algo muy importante, no **le permitas** que juegue con otros perros porque nunca se sabe si están sanos. Para comer a Lulú le gusta la carne muy troceadita; así que, si no te importa, **córtasela** en trocitos muy pequeños. Para beber le gusta el agua bien fría, por eso **dásela** del frigo. No te importa, ¿verdad? Algo que también le gusta mucho a mi perrita es bañarse, así que, si no es demasiado para ti, **báñala** todas las noches. Ah, algo importantísimo: a Lulú no le gusta dormir sola, así que **acuéstala** en tu cama para que no tenga miedo. Espero que no le importe a tu marido. Bueno, muchísimas gracias y espero que os lo paséis muy bien con mi querida Lulú.

Unpersönliche Verbformen

227
2. Creemos **que les hemos dado** / **haberles dado** lo que se merecían.
3. No os aconsejo **que vayáis / ir** de vacaciones a La Costa Blanca.
4. Les han dicho **que han aprobado** el examen con muy buena nota.
5. Ya sé que **a ti no te gusta acostarte** tarde.
6. Os he escuchado **discutir** en la otra habitación.
7. Intenté **ponerme** en contacto con ustedes, pero no pude **conseguirlo**.
8. No nos han dejado **entrar** / **que entremos** en la discoteca.
9. Suelen **escribirme** por Navidad y por mi cumpleaños.
10. Sabes muy bien **que no estás** preparado para **enfrentarte** a ese problema solo.

228 2. **El lento caer / El caer lento de la lluvia** pone nostálgica a María.
3. **El continuo ladrar / El ladrar continuo de mis perros** no deja dormir a mis vecinos.
4. **El haber ganado** un premio literario lo ha hecho famoso.
5. **El poder** ir a la piscina hoy los alegra mucho.
6. **El trabajar** día y noche ha acabado con su matrimonio.

229 1.h. **Al** mirarla, me di cuenta de su tristeza.
2.e. **Tras** recibir el premio, dará las gracias a todos.
3.b. Comimos **hasta** hartarnos.
4.j. **Después** de recibir la noticia se encerró en su cuarto.
5.g. **Antes de** irte, ayúdame a fregar.
6.c. No pudimos entrar **por** ser menores de edad.
7.i. **De** tanto comer ha engordado.
8.d. **De** no llevar retraso el tren llegará a las dos.
9.a. He venido **a** recoger el libro.
10.f. Estás aquí **para** aprender español.
11.n. **Aun sin** conocerlo, sé que es un buen hombre.
12.m. **A pesar de** estudiar, no aprueba los exámenes.
13.l. **Con** llorar no arreglas la situación.
14.k. **Sin** trabajar no puedes vivir.

230 2. **Aun sin saber / a pesar de no saber** hacerlo, lo intentó.
3. Antes de **irte** al colegio, bájame la basura.
4. **Por haber gastado** tanto / **De tanto gastar** ahora tiene la cuenta corriente en números rojos.
5. **Al bajar** las escaleras me encontré un billete de cien euros.
6. No aprobó el examen **por no haber estudiado** lo suficiente.
7. **A pesar de tener** mucho trabajo, va a acompañarme a la fiesta de mi empresa.
8. **Después de haber terminado** el proyecto, nos iremos unos días de viaje.

231 1. hecho 2. acostumbrada 3. escogidas 4. vendidos, terminados 5. escritas 6. frito, fritas 7. leído, puesto 8. preocupados 9. educadas 10. perseguidos, capturados

232 1. manifiesta 2. soltado 3. juntado, juntos 4. suspensos 5. atendido 6. suspendido 7. fijo 8. manifestado 9. corruptos, corrompido 10. atentos 11. sueltos 12. fijado

233 1. El señor Fernández es un jefe respetado por todos.
2. Una vez terminadas las vacaciones, tendremos que adelgazar.
3. Una vez terminada / Después de la conferencia, bebimos todos una copa de cava.
4. En esta ciudad hay muchas casas construidas por mi padre.
5. Una vez leído el periódico, empecé / me puse a trabajar.
6. Tuve que tirar toda la comida cocinada para la fiesta.
7. Una vez presentado el catedrático, empezaron los brindis.
8. Estos son los libros leídos en el colegio este año.

234 1.e. Se despidió de mí **dándome** la mano.
2.h. Me lo dijo **mirándome** a los ojos.
3.f. Lo vi **yendo** al colegio.
4.a. Nos habló **sintiendo** lo que decía.
5.j. Aprendió mucho inglés **leyendo** libros en ese idioma.
6.i. Al mediodía descansa **durmiendo** un ratito la siesta.
7.b. Se defendió del ladrón **pegando / pegándole** patadas.
8.d. Se pasa el tiempo **pidiendo** dinero a los amigos.
9.c. Siempre se duerme **viendo** la televisión.
10.g. Marcela siempre anda **moviendo** las caderas.

235 2. El vaso se cayó **rompiéndose** en mil pedazos.
3. **Habiendo** limpiado la casa, se echó un rato en el sofá.
4. **Estando** mi marido aquí, no me puede pasar nada.
5. **Llegando** tempranito, conseguirás entradas.
6. **Sabiendo** comportarte, no tendrás problemas en la cena de gala.
7. **Aun ayudándola** su madre, no ha conseguido terminar el trabajo a tiempo.
8. **Aun teniendo** dinero, no comprará esa casa.

236 1. deje de 2. Debemos / Tenemos que 3. Acabo de 4. Voy a 5. se echó / se puso a 6. debes / tienes que, has vuelto a 7. se puso a 8. debe de 9. Hemos quedado en 10. Hay que 11. Acaba de 12. se echaba a

237 estuve esperando, andas viajando, sigo queriendo, va siendo, Llevo, intentando, me voy cansando, sigue manteniendo

238 1. Los pasajeros van **entrando** en el avión poco a poco.
2. Los pasajeros van a **entrar** en el avión dentro de poco.
3. Hace tres años que me dejó mi mujer, pero todavía no he dejado de **quererla**.
4. Ya son las seis y todavía no se ha puesto a **hacer** los deberes.
5. Acabo de **terminar** el libro que me prestaste.
6. No molestes ahora a Jorge porque está **estudiando**.
7. Ricardo anda por ahí **hablando** mal de mí.
8. Los pájaros se echaron a **volar** cuando oyeron el disparo.
9. Los hijos de los vecinos llevan ya tres horas **haciendo** ruido.
10. Hemos quedado en **pagar** los gastos a medias.
11. Mi primo ha vuelto a **enfadarse** con su novia.
12. Deben de **ser** ya las 10 porque ya están **abriendo**.

239 1. llevamos ganados 2. tenemos pensado 3. sigue estropeado 4. anda deprimido 5. tienen prohibido 6. quedó agotado 7. dieron por muerto 8. ha dejado impresionado 9. va hecho 10. trae / tiene preocupada

Passiv und unpersönliche Formen

240 A 1.c. 2.d. 3.b. 4.a. 5.g. 6.h. 7.e. 8.f.

240 B
- 4
- *ser* + Partizip; *estar* + Partizip; *se* + aktive Verbform; 3. Person Plural einer aktiven Verbform

241 1. La exposición fue inaugurada por el ministro.
2. Los ministros han sido recibidos por el jefe del Gobierno.
3. América fue descubierta por Cristóbal Colón.
4. El problema será discutido por los miembros del partido.
5. Sus novelas han sido traducidas a varias lenguas.
6. El ladrón ha sido detenido por la policía esta mañana.
7. Los rumores fueron confirmados ayer por el entrenador.
8. Las leyes de inmigración están siendo revisadas por los parlamentarios.

242 1. Los sucesos han sido vistos por muchas personas.
2. Las actrices fueron recibidas por el público con un gran aplauso.
3. América fue descubierta por Colón en 1492.
4. La policía fue avisada por un testigo.
5. La embajada fue destruida por las bombas.
6. El hospital ha sido construido en dos años.
7. Nuevas huellas han sido encontradas por el detective en el lugar de los hechos.
8. Nuevas pruebas han sido descubiertas.

243 1. está cerrada 2. están ... pintados 3. han sido rechazadas, están ... rechazadas 4. están decepcionadas 5. está confirmada, fue confirmada 6. Estáis preparadas 7. están ... firmados, serán firmados 8. está resuelto

244 se pelan, se cortan, se corta, se pone, se ponen, se añade, se baten, se mezclan, se quita, se saca, se deja, se ha invitado / se invitó / se invita, se han ofrecido / ofrecen, se sirve, se tapa

245 1. uno 2. todo el mundo 3. han abierto 4. uno 5. se dijo 6. dijeron 7. te levantas, te reconoces 8. uno se levanta, se reconoce

246 1. ¿Hay preguntas?
2. Es mejor que me quede aquí.
3. Está lloviendo.
4. Ya es tarde. / Es ya tarde. / Es tarde ya.
5. Es una suerte que estés aquí.
6. Hace frío y viento.
7. Hay que decirlo.
8. Son las 14:00 horas y hace dos grados.

247 han visto, hay, se han publicado / están publicadas, se los puede ver / una los puede ver, hace, es, hay que, todo el mundo, sería una pena, se sabe / sabes, se trabaja, se conoce, se está, son, es, a una le toca / te toca, es mejor, Está bien / Hay que, se tiene, está claro, hay, una preocuparse, quieren

Indirekte Rede

248 A Presente → imperfecto
Pretérito imperfecto → imperfecto
Pretérito perfecto → pretérito pluscuamperfecto
Pretérito indefinido → pretérito pluscuamperfecto
Pretérito pluscuamperfecto → pretérito pluscuamperfecto
Futuro simple → condicional simple
Futuro compuesto → condicional compuesto
Condicional simple → condicional simple
Condicional compuesto → condicional compuesto

248 B

1. a. Me ha contado que **la semana pasada** alguien **llamó** a la puerta cuando **estaba** escribiéndole una carta a **su** madre.
   b. Me contó que **la semana anterior** alguien **había llamado** a la puerta cuando **estaba** escribiéndole una carta a **su** madre.
2. a. Me ha dicho que **vendrá mañana** a **mi** casa a **traerme** los apuntes.
   b. Me había dicho que **vendría al día siguiente** a **mi** casa a **traerme** los apuntes.
3. a. Se queja de que **ayer me estuvo** esperando casi una hora.
   b. Se quejó de que **el día anterior me había estado** esperando casi una hora.
4. a. Reconoce que **compraría** el coche **ahora mismo** si tuviera el suficiente dinero.
   b. Reconocía que **compraría** el coche **en ese / aquel mismo momento** si tuviera el suficiente dinero.
5. a. Me ha vuelto a repetir que no **quiere** que **piense** que no **se interesa** por **mí**.
   b. Me volvió a repetir que no **quería** que **pensara** que no **se interesaba** por **mí**.
6. a. Nos ha prometido que **hoy va** a **venir** a ver**nos**.
   b. Nos había prometido que **ese / aquel día iba** a **venir** a ver**nos**.
7. a. Dice que **supone** que con **esto** ya **habrán terminado** todo el trabajo hasta **la próxima semana**.
   b. Dijo que **suponía** que con **eso** ya **habrían terminado** todo el trabajo hasta **la semana siguiente**.
8. a. Me ha comentado que **esta mañana ha estado** en el médico muy temprano .
   b. Me comentó que **esa / aquella mañana había estado** en el médico muy temprano.
9. a. Me asegura que **ahí / allí** en **su** casa no **habría tenido** ningún problema.
   b. Me aseguraba que **ahí / allí** en **su** casa no **habría tenido** ningún problema.
10. a. Nos asegurarán que **le habían regalado** lo que **quería**.
    b. Nos aseguraron que **le habían regalado** lo que **quería**.

248 C

ir → **venir**, llevar → **traer**, la semana pasada → **la semana anterior**, la próxima semana → **la semana siguiente**, mañana → **al día siguiente**, ayer → **el día anterior**, hoy → **ese / aquel día**, ahora mismo → **en ese / aquel mismo momento**, esto → **eso**, esta mañana → **esa / aquella mañana**, aquí → **ahí / allí**

249

María me dijo que lo **sentía**, pero que no **podría** venir esa noche a mi fiesta de cumpleaños porque al día siguiente **tenía** una entrevista de trabajo. Me explicó que la **habían llamado** ese día para decírselo y que por eso no me **había podido** avisar antes. Admitió que no **esperaba** que la **llamaran** tan pronto pues la solicitud la **había echado** la semana anterior. Me dijo que **esperaba** que no me **enfadara** y que ya nos **veríamos** en otra ocasión.

250

1. Me ha aconsejado que **no lo haga así**.
2. **¡No vayas solo!**
3. Nos pidió que lo **esperáramos un poco**.
4. Le propuso que **fuera al día siguiente**.
5. **¡Tómense un día libre!**
6. **¡Abandone / Abandona la casa!**
7. Me ha exigido que le **devuelva su dinero**.
8. **¡Déjame / Déjeme en paz!**
9. Nos reprocharon que **fuéramos orgullosos**.
10. Me rogó que la **ayudara**.

251

Rosa le respondió que no, que el día anterior **había ido** al teatro, pero que la taquilla **estaba** cerrada. Luis quiso saber cuándo **iba** a comprarlas. Rosa dijo que cuando **pudiera** y añadió que si no le **parecía** bien, que las **comprara** él. Luis la calmó diciéndole que no se **pusiera** así y le explicó que si no las **compraban** pronto, se **quedarían** sin poder ver la obra. Rosa le preguntó entonces (que) por qué no le **pedían** a su madre que se las **comprara**. Luis dijo que no era mala idea y añadió que si su madre **pudiera** comprarlas, no se **tendrían** que preocupar ellos de ello. Rosa le pidió entonces a Luis que la **llamara** y que se lo **preguntara**.

Ser, estar, hay

252

1. ***Estar*** wird mit bestimmten Angaben verwendet: Possessivpronomen und -begleiter (*... **sus** amigos no están ...*), Demonstrativpronomen und -begleiter (*... estaban **esos** libros*), Personennamen (***Bego** y **Blanca** están ...*) und bestimmter Artikel (***Los** tres libros ... estaban ... / **Los** otros están ...*)
2. ***Hay*** wird mit unbestimmten Angaben verwendet: unbestimmter Plural (*¿Hay **hoteles** ...*), Indefinitpronomen und -begleiter (*... no hay **ninguno** / No hay **demasiada** gente ... / ... habrá **mucha** más*), unbestimmter Artikel (*... hay **un** restaurante ...*) sowie mit Zahlwörtern (*... hay **tres** libros*)

253

1. hay 2. están 3. están 4. Hay 5. están
6. hay 7. está, hay 8. están, hay

254

1.k. 2.f. 3.h. 4.b. 5.i. 6.c. 7.j. 8.e. 9.g.
10.l. 11.a. 12.d.

255 1.d. 2.e. 3.a. 4.g. 5.h. 6.c. 7.b. 8.f.

256 *Standort:* 2, 5
physischer Zustand: 3, 4, 6, 8
Gemütszustand: 1, 7

257 Conozco a un chico que se llama Carlos y **es** argentino. **Es** estudiante de literatura inglesa y vive en Dublín. **Es** amigo de mi primo Iván, quien, aunque **es** artista, en verano **está** de recepcionista en un hotel de Mallorca porque sabe idiomas y con el arte no gana mucho dinero. Iván y Carlos se conocieron precisamente trabajando en ese hotel, pues Carlos va allí a trabajar todos los veranos con Alejandra, con quien **está** casado desde hace un año. Al principio yo pensaba que Alejandra **era** una chica soltera y tampoco sabía que **estaba** con Carlos. Hasta que un día ella me dijo que sí, que **estaban** casados desde hacía poco tiempo y que, aunque ella **era** profesora de instituto, lo acompañaba en verano y **estaba** de recepcionista en el hotel para poder **estar** con él.

258 1. es, Es, estamos 2. está, está 3. estaba, estará 4. es 5. Estaremos 6. es 7. es 8. Es, es

259 Hoy **estamos** a 6 de enero. Sí, **es** lunes, seis de enero de 2014 y, por tanto, **es** el último día de la Navidad en España y uno de los más importantes: el día de Reyes. Los niños **están** muy contentos, pues **es** el día en que tradicionalmente reciben los regalos, en recuerdo del oro, el incienso y la mirra que los Reyes Magos, Melchor, Gaspar y Baltasar, llevaron al niño Jesús. Todavía **es** muy temprano y los regalos **están** / **estarán** aún junto a los zapatos que anoche millones de niños y adultos dejaron preparados para la visita real, junto a algo de agua y paja para los camellos y tal vez algún refrigerio para los reyes. Ayer por la tarde **fue** la cabalgata de Reyes y muchos niños pudieron verlos y pedirles los regalos. Esos mismos niños **estarán** / **están** ahora dormidos y dentro de muy pocas horas despertarse y abrir los regalos **será** para ellos el gran acontecimiento del día. Ahora **son** las cuatro de la mañana y yo aquí **estoy** ante el ordenador, escribiendo en mi blog, después de **haber estado** / (**estar**) en una fiesta que en pricipio **era** a la diez de la noche, pero que empezó a las 12 y de la que me he ido a las tres de la mañana. **Estoy** cansado, pero contento pensando en la felicidad de tantos niños que **están** / **estarán** ahora mismo en sus camas, dormiditos, viviendo casi un cuento, como cualquiera de nosotros hace tiempo, cuando **éramos** niños y **estábamos** no tan lejos del adulto que ahora **somos** y muy cerca del milagro que siempre **seremos**.

260 1. está 2. está 3. es 4. está 5. es 6. son 7. están 8. estoy

261 1. es 2. Es 3. estás 4. es 5. está 6. Está 7. es 8. Estoy

262 A 1.c. 2.a. 3.b. 4.f. 5.e. 6.d. 7.h. 8.g.

262 B **Es** una familia muy simpática. Joaquín **es** muy listo y atento. Eva **es** también muy inteligente y encantadora. Sus hijos **son** muy vivos también. Joaquín y Eva **están** orgullosos de ellos. Alguien me habló mal una vez de ellos, pero he comprobado que no **son** nada orgullosos, que **son** muy sencillos, educados y abiertos: siempre **están** listos para ayudar y atentos a lo que les dices.

263 Muchos extranjeros creen que casi todos los españoles **somos** unos aficionados a los toros y al flamenco, que **somos** simpáticos por naturaleza, que siempre **estamos** contentos y que en cualquier situación **estamos** preparados para una fiesta o una siesta. Todas estas afirmaciones **son** generalizaciones fáciles. Aunque **es** verdad que **hay** muchos españoles de los que se puede decir que **son** felices y muy extrovertidos, no **estamos** de fiesta siempre, ni nos pasamos la vida tocando la guitarra o durmiendo una siesta a las tres de la tarde. Entre los españoles **hay** grandes diferencias en la manera de ser, según **sean** / **seamos** del norte o del sur de España, de la costa mediterránea o de la meseta castellana, por poner dos ejemplos generales. De todos modos, también **es** cierto que **hay** rasgos del carácter que unen a los españoles y frecuentemente tienen que ver con la manera de vivir la vida cotidiana: cómo **son** las relaciones familiares, cómo celebramos las fiestas, cómo **son** nuestras comidas, etc.

„Lassen" und „werden" im Spanischen

264 B
1.e. **Le hizo** sentarse y empezar a trabajar.
2.j. **Dejó** la comida encima de la mesa.
3.g. No **se puede** controlar a los niños tan fácilmente.
4.a. Mis amigas **se han teñido** el pelo.
5.i. ¡**Déjanos** entrar, por favor!
6.b. Su hermana siempre **deja sus cosas tiradas** por todos lados.
7.h. ¡**Hablemos** de nuestros problemas!
8.c. **Mandé** colgar un nuevo cuadro abajo.
9.f. **Me he hecho** una falda preciosa.
10.d. ¡**Olvidemos** todo lo que ha pasado!

265
1. ¡Déjame en paz!
2. Se han divorciado.
3. ¡Déjelo tocar el piano!
4. ¡Comamos!
5. Hemos dejado el equipaje en el coche.
6. He hecho / mandado venir al médico.
7. He hecho / mandado pintar mi piso.
8. Me operaré en marzo.
9. En España se puede encontrar una gran cantidad de esos cuadros.
10. ¡Bailemos!
11. Le van a dejar su casa.
12. Te has tomado demasiado tiempo para ese trabajo.

266 1. llegó a ser 2. se puso 3. se cansa 4. se ha vuelto / se volvió 5. ha amanecido 6. llegará a ser 7. se convirtió en 8. se pone 9. ha envejecido 10. se ha quedado 11. se ha hecho 12. se ha hecho / se ha convertido en

267
1. ¡Lavaos las manos! Que se enfría la comida.
2. Con el tiempo ha llegado a ser / se ha convertido en una experta de la gramática española.
3. Se está haciendo tarde. ¡Vámonos a casa!
4. Quiere hacerse monja.
5. Se ha vuelto muy serio desde que su mujer lo dejó por su mejor amigo.
6. Salvador se puso muy rojo cuando me vio.
7. Dolores se ha convertido en una actriz famosa.
8. El viaje en (el) autobús resultará más barato si compramos un bonobús.
9. Se enfadó porque no la habíamos invitado.
10. Se ha quedado muy delgada después de la muerte de su marido.
11. Después de haber recibido / recibir los resultados del examen se pusieron muy tristes.
12. Después del accidente se quedó ciego.

Verneinung und doppelte Verneinung

268
1. ¿Todavía / Aún **no** habéis cenado?
2. **No**, todavía / aún **no** hemos cenado.
3. Tomás y Bea **no** se conocieron allí.
4. Lo vi ayer, pero **no** se lo dije.
5. **No**, **no** nos lo hemos pensado bien.
6. **No** queremos esperarlo / esperarle.
7. Ahora ya **no** se están peleando.
8. ¿**No** tienes **nada** que hacer o qué?

269 A 1.c. 2.a. 3.b. 4.e. 5.f. 6.d. 7.h. 8.g.

269 B
1. Einfache Verneinung, wenn die Verneinungswörter *nadie, nada, nunca / jamás, ninguno/-a/-s* und *tampoco* vor dem konjugiertem Verb stehen.
2. Doppelte Verneinung, wenn die Verneinungswörter *nadie, nada, nunca / jamás, ninguno/-a/-s* und *tampoco* nach dem konjugiertem Verb stehen. In diesen Fällen muss das Verb mit *no* verneint werden, da immer ein Verneinungswort vor dem Verb stehen muss.

270
1. **No** quiere venir **nadie** a la fiesta.
2. **No**, **ningún** dinero hemos visto hasta ahora.
3. **Nada** de lo que dices es verdad.
4. **No** hubiera creído **jamás** que ganaría.
5. **Tampoco** hemos terminado el libro.
6. **Nunca** he estado en Australia
7. **No** me ha llamado **ninguno** de mis amigos.
8. A Paco **no** lo hemos visto **tampoco**.

271 Querida Caridad:
Todavía **nadie** nos ha entregado **ningún** paquete. **Tampoco** nos ha llamado **nadie** ni nos han dejado nota **alguna** / **ninguna**. Pero no te preocupes, que ya llegará. Ya sabes, siempre pasa lo mismo en diciembre: mucha gente envía paquetes en estas fechas y por eso no funciona **nada** como durante el resto del año.
La verdad es que yo misma **jamás** / **nunca** había esperado tanto **tampoco** para enviar los regalos. Pero confiemos en Correos y en que los paquetes lleguen a tiempo. Claro que si no llegan hasta el día 24 tampoco es **ninguna** tragedia / tragedia **alguna**, pues llegarán en cualquier caso hasta Reyes y eso será suficiente. Nada más, sólo quería responder a tu pregunta y aprovecho de paso para desearos la mejor Navidad que hayáis pasado **nunca**.
¡Feliz Navidad y Próspero Año Nuevo!
Reynaldo

Adverbien

272 1. mucho, fatal 2. arriba 3. bastante, demasiado 4. poco 5. muy 6. más 7. Quizás, mañana 8. también
Adverbien des Ortes: arriba
Adverbien der Zeit: mañana
Modaladverbien: fatal
Adverbien der Menge: mucho, bastante, demasiado, poco, muy, más
Adverbien der Zustimmung / Verneinung: también
Adverbien des Zweifels: quizás

273 1.o. 2.j. 3.b. 4.i. 5.a./g. 6.h. 7.k. 8.f. 9.e. 10.c. 11.d. 12.m. 13.n. 14.a./g. 15.l.

Lola: Pepe, ¿has visto mis gafas? No sé dónde las dejé ayer.
Pepe: **Sí**, **anoche** estaban **ahí**, a tu lado. ¿No las ves?
Lola: **No**, **aquí** no están.
Pepe: Pues, **a lo mejor** te las has dejado **abajo**, en la cocina.
¿Qué has dicho? Habla **más alto**, que no te oigo.
Lola: En la cocina **tampoco** están.
Pepe: ¿Has encontrado **ya** las gafas?
Lola: **No**, **todavía** no las he encontrado. **Nunca** me había pasado algo parecido.
Pepe: **Tal vez** estén **fuera**, en el jardín.
Lola: ¡Aquí están! Muchas gracias.

274 tímid**amente**, abiert**amente**, final**mente**, real**mente**, gracios**amente**, rápid**amente**, últim**amente**, complet**amente**, libre**mente**, especial**mente**, probable**mente**, exact**amente**

a. La novia se iba acercando **tímidamente** al altar con un bonito vestido que había sido diseñado **especialmente** para ella. La precedían cuatro niños cuyas cabezas estaban **graciosamente** adornadas con flores. **Finalmente** se iba a casar con el hombre al que había elegido **libremente** y con el que **probablemente** sería feliz.
b. Mi novio me dijo el otro día **abiertamente** que no creía más en nuestra relación porque **últimamente** nuestros intereses eran **completamente** distintos. Me enumeró **exactamente** todas las cosas que **realmente** le molestaban de mí y me comunicó que quería irse de casa lo más **rápidamente** posible.

275
1. Estoy muy cansado porque hoy he trabajado mucho.
2. Muchas personas no saben nadar.
3. Has gastado demasiado y ahora tienes demasiadas deudas.
4. Me gusta mucho aprender español.
5. El señor Ramos tiene demasiados enemigos y por eso es su vida muy dura.
6. Esta película es muy interesante.
7. Estos pantalones me parecen demasiado modernos para ti.
8. Como mucho.
9. – ¿Tienes muchos problemas?
   – Sí, tengo muchos.
10. Me gusta mucho tu falda.

276
1. Hay que apostar **fuerte** en la vida.
2. Es un proyecto **poco** inteligente.
3. Hay que luchar muy **duro** en esta sociedad.
4. Hable más **claro** para que lo entienda.
5. No conduzcas tan **rápido**.
6. Saludó **primero** a las damas.
7. Siga **recto** por esta calle.
8. Subió muy **alto** en su empresa.

277
1. Schließlich haben wir ihnen die Wahrheit gesagt.
2. Sie haben den Koffer gründlich durchsucht.
3. Normalerweise steht er sehr früh auf.
4. Wir haben uns zufällig getroffen.
5. Glücklicherweise war der Unfall nicht so schwer.
6. Wollen Sie bar zahlen?
7. Wann werden wir uns wieder sehen?
8. Ich habe die Lektion auswendig gelernt.
9. Wir wohnen immer noch in dem gleichen Haus.
10. Zum Glück sind sie rechtzeitig angekommen.

Präpositionen

278 1. a, a 2. en 3. en 4. en, en 5. a 6. a, en 7. a 8. En, a, a 9. a, a 10. en 11. a 12. a, en

A	EN
Entfernung: 8	***Monat:*** 8
Richtung: 1, 8	***Jahreszeit:*** 3
Ortsangabe: 11, 12	***Ortsangabe:*** 6, 12
Art und Weise: 9	***Art und Weise:*** 10
Mittel: 5	***Transportmittel:*** 4
Zeitpunkt: 6	***Zeitraum:*** 2
Beim Akkusativobjekt: 7, 9	
Beim Dativobjekt: 1	

279
1. Contestamos todas las cartas en tres días.
2. Iremos hoy en tren a casa de Mercedes y de Javier.
3. Después de tres semanas todavía no sabía si había aprobado el examen.
4. He dejado el dinero en / sobre / encima de la mesa. ¿Se lo puedes dar a tu madre?
5. Este año celebraré mi cumpleaños a mi manera.
6. El matrimonio está sentado a la orilla del río.
7. Lo he dicho de broma.
8. ¿Dónde preferirías vivir, en el campo o en la costa?

280
1. No me puedo creer que todavía vivas **con** / **de** tus padres.
2. La verdad es que no recuerdo si este cuadro es **de** Antonio Saura.
3. Él siempre se comportó muy bien **con** todo el mundo.

4. Por favor, al salir cierra la puerta **con** llave.
5. Yo no me casaría con un hombre **de / con** 70 años.
6. No es feliz **con** todo lo que tiene.
7. Me he comprado un piso **de / con** dos dormitorios.
8. Yo no soy **de** tu misma ciudad.
9. Mi novio me ha regalado una pulsera **de** oro.
10. Ya sabes que no me gustan las películas **de** aventuras.
11. Yo no quiero salir **con** el frío que hace.
12. Por favor, póngame usted tres kilos **de** patatas.
13. Tienes que ser más amable **con** los vecinos.
14. Muchas veces no te entiendo porque hablas muy **de** prisa.
15. Durante la película estuve todo el tiempo muerto **de** miedo.

281 1. de / desde 2. Desde 3. De 4. desde 5. Desde 6. desde 7. desde 8. de

282 1. por 2. para, para 3. para 4. por 5. Por 6. por 7. para 8. por 9. Para 10. por, por 11. Para 12. por 13. por

283 1.a. para, por 1.b. para 1.c. por, por 2.a. para 2.b. para 2.c. por 3.a. para 3.b. Para 3.c. por

284 ¡Hola Paqui!
He intentado llamarte **por** teléfono pero todo el tiempo ha estado comunicando. Así que te mando estas líneas **para** darte el notición: ME HAN DADO EL PUESTO DE TRABAJO. Esta mañana he recibido una carta en la que me comunicaban que había sido elegida **por** unanimidad **por** todos los miembros de la junta directiva **para** el puesto **por** mis cualidades profesionales y humanas. También me decían que **para** el miércoles tendrían ya preparado el contrato **para** que yo fuera a firmarlo. Imagínate cómo estoy de contenta. Bueno, más tarde intentaré llamarte otra vez.
Besitos,
Nuria

285 1.e. 2.j. 3.g. 4.i. 5.l. 6.o. 7.a. 8.d. 9.m. 10.h. 11.n. 12.c. 13.f. 14.k. 15.b.

286 1. tras 2. Sin 3. Hasta 4. hasta 5. Según 6. entre 7. ante, ante 8. sobre 9. Hacia 10. bajo

287 1. encima de 2. delante del 3. debajo de 4. a la izquierda del 5. detrás de 6. frente a / enfrente de 7. al lado de 8. cerca de 9. dentro de 10. lejos de

288 1. Durante 2. Hace, que 3. dentro de 4. desde hace 5. Antes de 6. desde que 7. Después de 8. desde 9. hace, desde 10. Dentro de

289 1. dejar **de**, disfrutar **de** 2. intentar, recordarás 3. enamorarte **de** 4. Te acuerdas **de**, pensábamos **en** 5. dudar **de** 6. sabe **a** 7. recuerdo, soñé **con** 8. reírse **de** 9. insistió **en** 10. dejar **de**

290
1. ¡Esto es típico de ti!
2. Él es culpable de todo lo que me ha pasado.
3. Esa mujer es incapaz de calmar a su hijo.
4. Mi compañera de trabajo siente envidia de mi éxito en el trabajo.
5. Hoy en día es la escasez / falta de agua un problema grave.
6. Acabo de ver a Felipe. Está dispuesto a ayudarme.
7. En comparación con tu hermano tu hermana es mucho más amable conmigo.
8. Soy alérgico a los gatos y, además, les tengo miedo.
9. Esta enfermedad es muy difícil de combatir.
10. No seas tan cruel con tu ex-marido.

291 1. (1) a., (2) b., (3) b. 2. (1) c., (2) b., (3) a. 3. (1) b., (2) c. 4.b. 5. (1) c., (2) a., (3) a. 6. (1) c., (2) c. 7. (1) a., (2) b. 8. (1) b., (2) b., (3) a., (4) c., (5) c. 9. (1) c., (2) c. 10. (1) a., (2) c.

292 Era todavía muy pequeña **para** andar sola por el mundo **sin** sus padres. **A** sus catorce años ya tenía cuerpo de mujer, pero en realidad seguía siendo una niña. Cuando iba **en** el coche **de** su madre **al / hacia** el aeropuerto, no dejaba **de** pensar **en** el largo viaje que haría **por** primera vez sola. Repasaba **en** su cabeza todos los consejos que le habían dado **en** los últimos días. Sus padres habían insistido **en** que no se fiara **de** nadie; su abuela, **por** su parte, le había recordado varias veces **Ø** que tuviera cuidado **con** el dinero porque, **según** ella, los aeropuertos estaban llenos **de** ladrones que se esconden incluso **bajo / debajo de** las piedras. Había intentado **Ø** mantener la calma **en** todo el trayecto **hasta** el aeropuerto y lo había conseguido, pero cuando llegó la hora **de** las despedidas no pudo evitar que dos lágrimas le cayeran **por** su carita. Se las limpió rápidamente y se dirigió decidida **hacia / a** la puerta **de** embarque **sin** volver la cabeza. Ya **en** el avión se sentó **al lado de** una señora mayor que no dejaba **de** mirarla **con** ojos maternales. **De** pronto, **sin** saber por qué, estuvo segura **de** que todo iba **a** salir bien y unos minutos **después del** despegue se quedó profundamente dormida.

Zahlen und Zeitangaben

293 ***Grundzahlen:*** 1. una vez 2. mis dos mejores amigos 3. tres puestos 4. cuatro preguntas 5. cinco kilómetros 6. seis cadenas 7. siete días 8. ocho pisos 9. nueve sinfonías 10. diez números de lotería
Ordnungszahlen: 1. la primera vez 2. una segunda oportunidad 3. el tercer puesto 4. la cuarta pregunta 5. en el quinto pino 6. la sexta cadena 7. en el séptimo cielo 8. el octavo piso 9. la novena sinfonía 10. un décimo de lotería

294 1. cuatro 2. primer, tercero 3. segundas 4. un, una 5. ocho 6. quinta 7. primer 8. tercer

295 B
29 → veintinueve
35 → treinta y cinco
57 → cincuenta y siete
79 → setenta y nueve
92 → noventa y dos
126 → ciento veintiséis
277 → doscientos setenta y siete
599 → quinientos noventa y nueve
777 → setecientos setenta y siete
999 → novecientos noventa y nueve
2 505 → dos mil quinientos cinco
2 627 823 → dos millones seiscientos veintisiete mil ochocientos veintitrés.

296
1. cinco (multiplicado) por cinco son veinticinco / es igual a veinticinco
2. dieciséis más veinte es igual a treinta y seis / son treinta y seis
3. noventa menos veintitrés es igual a sesenta y siete / son sesenta y siete
4. ocho (multiplicado) por nueve son setenta y dos / es igual a setenta y dos
5. cuatrocientos cuarenta menos sesenta es igual a / son trescientos ochenta
6. trescientos treinta y tres más doscientos veintidós es igual a / son quinientos cincuenta y cinco
7. ochocientos menos veintitrés es igual a / son setecientos setenta y siete
8. mil cuatrocientos ochenta más mil quinientos diecinueve es igual a / son dos mil novecientos noventa y nueve

297
1. Der Kaiser war damals Karl der Erste (*primero*) von Spanien und der Fünfte (*quinto*) von Deutschland.
2. Benedikt der Sechzehnte (*dieciséis*) wurde in Bayern geboren.
3. Der Erste (*primero*) ist Fernando Alonso und der Zweite (*segundo*) Sebastian Vettel.
4. Das Restaurant ist im achten (*octava*) Stockwerk.
5. Kulumbus entdeckte Amerika Ende des fünfzehnten (*quince*) Jahrhunderts.
6. Das Kapitel 6 (*sexto / seis*) ist genauso wie Artikel 2 (*segundo / dos*).

298 B
08:15 → Son las ocho y cuarto (de la mañana).
11:20 → Son las once y veinte (de la mañana).
11:45 → Son las 12 menos cuarto (de la mañana / del mediodía).
12:00 → Son las 12 del mediodía. / Es mediodía.
12:55 → Es la una menos cinco (del mediodía / de la tarde).
15:30 → Son las tres y media (de la tarde).
El avión llega a las 19:05 → siete y cinco (de la tarde) / a las diecinueve (horas) y cinco (minutos).
23:45 → Son las doce menos cuarto (de la noche).

299
1. Hoy es 1 / uno / 1° / (el) primero de mayo.
2. Mañana es dos de mayo.
3. Llego el 23 (veintitrés) de diciembre.
4. Madrid, 16 (dieciséis) de abril de 2008.
5. Del / Desde el 6 al / hasta el 9 no estoy (aquí).
6. En (el año) mil novecientos noventa y nueve estaba en Barcelona.
7. En el siglo XXI (veintiuno) no es todo distinto.
8. En el siglo octavo / ocho llegaron los árabes.
9. El lunes me voy.
10. Los domingos duermo más (tiempo).
11. En octubre / otoño estoy de vacaciones.
12. Vacaciones del / desde el 15 al / hasta el 30 de agosto de 2014.

300
1. En el quinto y en el tercer piso ...
2. El doce de octubre ... doce de octubre de mil cuatrocientos noventa y dos ...
3. Benedicto XVI (dieciséis) fue el primer ...
4. Quinientas cincuenta más ciento setenta y dos es igual a / son setecientas veintidós ...
5. A principios del siglo VIII (octavo / ocho) ... a finales del siglo XV (quince)
6. ... mil novecientos ochenta y cinco ... muchos millones de euros ...
7. Del / Desde el 1° (primero / uno) al / hasta el 31 de agosto cerrado los lunes.
8. ... los fines de semana, ... los domingos, ... en vacaciones

REGISTER

Die Zahlen geben die Seite an, auf der die Behandlung des jeweiligen Grammatikthemas beginnt bzw. auf der der betreffende Begriff zum ersten Mal erscheint.

GRAMMATISCHE FACHBEGRIFFE

deutsche Begriffe	spanische Begriffe
Adjektiv / Eigenschaftswort	*adjetivo*
Adverb / Umstandswort	*adverbio*
Aktiv / Tatform	*voz activa*
Akzent	*acento*
Artikel / Geschlechtswort	*artículo*
Aspekt / Verlaufsform der Handlung	*aspecto*
Demonstrativbegleiter / hinweisender Begleiter	*adjetivo demostrativo*
Demonstrativpronomen / hinweisendes Fürwort	*pronombre demostrativo*
direktes Objekt / 4. Fall (Akkusativ)	*complemento directo / objeto directo*
feminin / weiblich	*femenino*
Futur / Zukunft	*futuro*
indirekte Frage	*pregunta indirecta*
indirekte Rede	*estilo indirecto*
Hilfsverb	*verbo auxiliar*
indirektes Objekt / 3. Fall (Dativ)	*complemento indirecto / objeto indirecto*
Genus / grammatisches Geschlecht	*género*
Gerundium / Verlaufsform	*gerundio*
Grundzahl	*número cardinal*
Imperativ / Befehlsform	*imperativo*
Indefinitbegleiter / unbestimmter Begleiter	*adjetivo indefinido*
Indefinitpronomen / unbestimmtes Pronomen	*pronombre indefinido*
Indikativ / Wirklichkeitsform	*indicativo*
infinite Verbfom	*forma no personal del verbo*
Infinitiv / Grundform des Verbs	*infinitivo*
Interrogativum / Fragewort	*partícula interrogativa*
Intonation / Satzmelodie	*entonación*
Komparativ / 1. Steigerungsstufe	*comparativo*
Konditional / Bedingungsform / Konjunktiv II	*condicional*

deutsche Begriffe	spanische Begriffe
Konditionalsatz / Bedingungssatz	*oración condicional*
Konjunktion / Bindewort	*conjunción / conector*
maskulin / männlich	*masculino*
Modalverb	*verbo modal*
Modus / Aussageweise	*modo*
Negation / Verneinung	*negación*
Nomen / Hauptwort	*sustantivo*
Numerus / Zahl	*número*
Objektpronomen / persönliches Fürwort als Ergänzung eines Verbs	*pronombre (personal) de objeto*
Ordinalzahl / Ordnungszahl	*número ordinal*
Partizip Perfekt / Mittelwort der Vergangenheit	*participio perfecto*
Partizip Präsens	*participio presente*
Passiv / Leideform	*voz pasiva*
Perfekt / vollendete Gegenwart	*pretérito perfecto (simple / compuesto)*
Personalpronomen / persönliches Fürwort	*pronombre personal*
Plural / Mehrzahl	*plural*
Plusquamperfekt / Vorvergangenheit	*pluscuamperfecto*
Possessivbegleiter / besitzanzeigender Begleiter	*adjetivo posesivo*
Possessivpronomen / besitzanzeigendes Fürwort	*pronombre posesivo*
Präposition / Verhältniswort	*preposición*
Präsens / Gegenwart	*presente*
reflexives Verb / rückbezügliches Verb	*verbo reflexivo*
Reflexivpronomen / rückbezügliches Fürwort	*pronombre reflexivo*
Relativpronomen	*pronombre relativo*
Subjektpronomen / persönliches Fürwort als Subjekt	*pronombre (personal) de sujeto*
Substantiv / Hauptwort	*sustantivo*
Superlativ / 2. Steigerungsform	*superlativo*
unpersönliches Verb	*verbo impersonal*
Verb / Zeitwort	*verbo*
Verbalperiphrase / Umschreibung mit einem Zeitwort	*perífrasis verbal*

Jetzt im
Flexcover!
Hueber
Spanisch

Notizen